はしがき

I　本書のPR

　「ファイナンス理論」は高度に発展している理論で，数学や統計学の知識を不可欠とすることから，文系の学生（および文系卒の社会人）には馴染みにくい学習科目です。本書は「証券アナリスト試験・証券分析」の平成11年度から15年度までの第1次本試験問題を主たる材料にして，問題演習を行うことによって，難解なファイナンス理論を理解できるように工夫したものです。

　「ファイナンス理論」の入門書は少なからずありますが，ファイナンス理論は実際に問題を解くことなしに習得するのは難しいように思います。では，ファイナンス理論についての良い問題集はあるのでしょうか。書店に行って，ファイナンス理論の問題集を見ますと，どれも過去に実際に出題された問題に，解答＆解説を行ってはいるのですが，問題が整理されずにばらばらに掲載され，同じ類いの問題が繰り返し出題されています。これらのタイプの本で問題演習していては，きわめて無駄が多く，ファイナンス理論を体系的に理解するのは困難であるように思いました。また，問題演習を中心に「証券アナリスト試験」の受験勉強している人には問題の掲載が体系的でないので「理解できないまま暗記せざるをえないのでは」と心配になりました。そこで，限られた時間で，無駄なく問題演習ができるように，また問題演習を中心に受験勉強している人にとって，問題を解きながら体系的にファイナンス理論を理解できるように書き上げたのが本書です。

II　本書の特徴と使用法

(1)　「証券アナリスト試験・証券分析」の試験問題の全基本パターンを網羅した問題集

　これまでの問題集は過去問を整理することなく，ただ並べただけのものでした。ですから，同じような問題が繰り返し掲載され，過去には出ていなかったものの，これから出題されるかもしれない重要な問題が掲載されていませんでした。時間が十分あれば，同種の問題であっても，いろいろなパターンを演習することは価値あるかもしれませんが，大半の受験者は限られた時間の中で，複数科目の受験準備をしなければならず，ファイナンス理論の学習，その中でも問題演習に費やすことのできる時間は限られているように思えます。

　本書は過去問を踏まえた上で，試験問題の全基本パターンを網羅しています。各基本パターンについては1問のみ出題していますので，限られた時間で，無駄なく受験勉強できます。すべての問題を解けるようにして下さい。

(2)　「整理して暗記する」ための問題集

　これまでの問題集は過去問を整理することなく，ただ試験年度別に並べただけのものでした。本書は「整理して暗記する」ための問題集であるので，問題の順番，問いの順番がストーリーになっています。整理して暗記するためには，本書の問題・問いを順番通りに演習して下さい。1つの問題を理解できれば次の問題に進み，理解できなければ前の問題に戻って下さい。前の問題に戻り，それでも分からなければ，今まで使用してきた教科書・参考書の当該箇所を復習して下さい。

2004年11月

　　　　　　　　　　　　神戸大学大学院経済学研究科教授　滝川　好夫

（付　記）

　本書の作成にあたっては，税務経理協会の清水香織氏にたいへんお世話になりました。ここに，記して感謝申し上げる次第です。

目 次

はしがき

第1部 ポートフォリオ・マネジメント

第1章 金利と収益率 ･･･ 3
- 問題1-1 単利と複利 ･････････････････････････････････････ 3
- 問題1-2 投資収益率 ･････････････････････････････････････ 4
- 問題1-3 平均投資収益率 ･････････････････････････････････ 5
- 問題1-4 個別証券の予想投資収益率の期待値・分散・標準偏差 ･････ 5

第2章 ポートフォリオの予想収益率 ･･････････････････････････ 9
- 問題2-1 ポートフォリオの収益率の期待値（リターン）と
  標準偏差（リスク） ･････････････････････････････ 9
- 問題2-2 投 資 比 率 ･････････････････････････････････ 16
- 問題2-3 正規分布に従う収益率の信頼区間と下側確率・上側確率 ･･････ 17

第3章 最適ポートフォリオ ････････････････････････････････ 23
- 問題3-1 宝くじと期待効用定理 ････････････････････････ 23
- 問題3-2 リスクに対する態度とリスク回避度 ･･････････････ 25
- 問題3-3 リスク・プレミアム ･･････････････････････････ 27
- 問題3-4 資産選択理論 ････････････････････････････････ 30
- 問題3-5 投資家の期待効用最大化：平均・分散アプローチ ････ 32
- 問題3-6 無差別曲線（等期待効用曲線） ････････････････ 34

問題3－7　効率性フロンティア……………………………………37
問題3－8　シャープ・レシオ………………………………………38
問題3－9　最適ポートフォリオ……………………………………41
問題3－10　分離定理…………………………………………………45

第4章　資本資産価格モデル …………………………………49
問題4－1　資本市場線（CML）……………………………………49
問題4－2　資本資産評価モデル（CAPM）………………………52
問題4－3　CAPM……………………………………………………57
問題4－4　ベータの計算……………………………………………60

第5章　ファンドのパフォーマンスの評価と効率的市場仮説 ……63
問題5－1　金額加重収益率と時間加重収益率……………………63
問題5－2　ファンドのパフォーマンスの要因分析：アロケーション
　　　　　　要因と銘柄選択要因……………………………………66
問題5－3　ファンドのベンチマークに対するベータの値………71
問題5－4　トラッキング・エラー…………………………………72
問題5－5　ポートフォリオのシステマティック・リスクと
　　　　　　アンシステマティック・リスク………………………74
問題5－6　シャープ・レシオ………………………………………78
問題5－7　リバランス………………………………………………79
問題5－8　効率的市場仮説…………………………………………80

第6章　マーケット・モデルと計量経済学 ……………………83
問題6－1　マーケット・モデル……………………………………83
問題6－2　パラメータの推定と決定係数…………………………86
問題6－3　仮説検定：片側検定……………………………………90
問題6－4　ベータの信頼区間と市場リスク・非市場リスク……96

第2部 債券投資

第7章 現在価値・将来価値と内部収益率 ……………………101
- 問題7-1 現在価値と将来価値 ……………………………101
- 問題7-2 内部収益率（Internal Rate of Return：IRR）………103
- 問題7-3 最終利回りを用いた債券価格の計算：現在割引価値 ………103
- 問題7-4 スポット・イールドを用いた債券価格の計算：現在割引価値 ……………………………104

第8章 債券利回りと債券価格 ……………………………109
- 問題8-1 複利最終利回り ……………………………109
- 問題8-2 所有期間利回り ……………………………114
- 問題8-3 実効利回り（利子累積終価利回り）………………116
- 問題8-4 永久債の利回り ……………………………118
- 問題8-5 最終利回りの変化幅 ………………………118
- 問題8-6 債券価格と複利最終利回り：クーポン・レートの影響 ……120
- 問題8-7 金利変化の保有期間利回りへの影響 ………………125

第9章 スポット・レートとフォワード・レート ……………127
- 問題9-1 スポット・レートとフォワード・レート ……………127
- 問題9-2 スポット・レートとフォワード・レートの関係 …………130

第10章 利回りの期間構造 ……………………………133
- 問題10-1 利回りの期間構造理論 ……………………133
- 問題10-2 利回り曲線の性質 ……………………138
- 問題10-3 イールド・カーブ ……………………139
- 問題10-4 利回りの期間構造についての純粋期待仮説 …………140

第11章　リスクと格付け ……143
- 問題11－1　デフォルトの可能性のある債券の評価 ……143
- 問題11－2　信用リスクと社債の対国債スプレッド ……148
- 問題11－3　社債の信用リスク・プレミアム ……150
- 問題11－4　格　付　け ……151

第12章　デュレーションとコンベクシティ ……157
- 問題12－1　デュレーション ……157
- 問題12－2　修正デュレーション ……158
- 問題12－3　複利最終利回りの変化と債券価格の変化 ……159
- 問題12－4　デュレーションの性質 ……162
- 問題12－5　イミュニゼーション戦略 ……163
- 問題12－6　コンベクシティ ……164
- 問題12－7　バーベル・ポートフォリオの構築 ……168
- 問題12－8　バーベル・ブレット戦略 ……170
- 問題12－9　ブレット・ポートフォリオとバーベル（ダンベル）・ポートフォリオ ……172

第3部　株　式　投　資

第13章　株式の価格・投資収益率と投資尺度 ……175
- 問題13－1　株式の予想投資収益率 ……175
- 問題13－2　株式の投資収益率 ……177
- 問題13－3　株式の投資尺度：ＰＥＲとＲＯＥ ……178
- 問題13－4　株式の投資尺度：ＥＰＳとＰＢＲ ……179
- 問題13－5　株式の投資尺度：ＰＣＦＲ ……181
- 問題13－6　株式の予想価格 ……182

第14章　配当割引モデルによる株式の評価 ……………………183
- 問題14－1　配当割引モデルによる株式価値 ……………………183
- 問題14－2　配当割引モデル：ゼロ成長モデル（定額モデル）……………184
- 問題14－3　配当割引モデル：定率成長モデル ……………………186
- 問題14－4　ＣＡＰＭと配当割引モデルによる株式の評価：定率成長モデル ……………………187
- 問題14－5　配当政策と理論株価：モジリアニ＝ミラーの定理 ……189
- 問題14－6　ＣＡＰＭに基づく均衡投資収益率とα値 ……………190

第15章　サステイナブル成長率と成長機会の現在価値 ……………193
- 問題15－1　サステイナブル成長率 ……………………………………193
- 問題15－2　サステイナブル成長率とＲＯＥ …………………………194
- 問題15－3　利益増加額を維持するための増資率 ……………………195
- 問題15－4　成長機会の現在価値（ＰＶＧＯ）………………………195

第4部　デリバティブ

第16章　オプション取引 ……………………………………………201
- 問題16－1　オプション ……………………………………………201
- 問題16－2　オプションの価値：本源的価値と時間価値 ……………204
- 問題16－3　オプションの本源的価値 ………………………………207
- 問題16－4　オプションの価値 ……………………………………208
- 問題16－5　オプションの損益 ……………………………………211
- 問題16－6　オプション・プレミアムの決定要因 …………………217
- 問題16－7　オプション・プレミアムに影響する要因：権利行使価格 …219
- 問題16－8　プット・コール・パリティ ……………………………220
- 問題16－9　オプション価格の決定：二項モデル …………………222
- 問題16－10　ブラック＝ショールズ・モデル ………………………229

第17章　先物取引と先渡取引 …………………………………235
- 問題17-1　先物取引と先渡取引 ……………………………235
- 問題17-2　現物取引と先物取引の比較 ……………………237
- 問題17-3　先物取引における証拠金 ………………………238
- 問題17-4　先物の理論価格 …………………………………239
- 問題17-5　先　渡　価　格 …………………………………241
- 問題17-6　先物為替レート …………………………………243
- 問題17-7　裁　定　取　引 …………………………………247
- 問題17-8　債券先物取引における転換係数（交換比率）……249
- 問題17-9　ヘッジのための先物の売建枚数 ………………250

第18章　スワップ取引 ……………………………………………255
- 問題18-1　スワップ取引 ……………………………………255
- 問題18-2　ス　ワ　ッ　プ …………………………………256
- 問題18-3　スワップの利用 …………………………………259

第19章　転換社債・ワラント債とポートフォリオ・インシュアランス ……………………………………………………261
- 問題19-1　転　換　社　債 …………………………………261
- 問題19-2　ワ ラ ン ト 債 ……………………………………264
- 問題19-3　転換社債とワラント債 …………………………266
- 問題19-4　ポートフォリオ・インシュアランス ……………267
- 問題19-5　ポートフォリオ・インシュアランス：プロテクティブ・プット ……………………………………………………268

付　表
- 表A-1　標準正規分布表（面積） ……………………………273
- 表A-2　ｔ分布表 ……………………………………………274
- 表A-3　複利終価表 …………………………………………275

第 1 部

ポートフォリオ・マネジメント

第1章　金利と収益率

問題1−1：単利と複利

元金100,000円を，年利2％のもとで資金運用したとき，3年後の元利合計はいくらになりますか。単利，年複利，半年複利のそれぞれの場合について計算しなさい。

【解答＆解答の解説】

金利計算には，単利計算と複利計算があります。元本のみに利息がつくことは「単利」，元本のみならず資金運用期間中に生まれる利息に利息がつくことは「複利」とそれぞれ呼ばれています。X_0＝元金，r＝年利（％），X_n＝n年後の元利合計とします。

① 単利計算：$X_n = X_0(1+nr)$
 $100,000 + 100,000 \times 0.02 + 100,000 \times 0.02 + 100,000 \times 0.02$
 $= 100,000 \times (1 + 3 \times 0.02) = 106,000$円　**答え**

② 年複利計算：$X_n = X_0(1+r)^n$
 $100,000 \times (1+0.02) \times (1+0.02) \times (1+0.02)$
 $= 100,000 \times (1+0.02)^3 ≒ 106,121$円　**答え**

③ 半年複利計算：$X_n = X_0(1+\frac{r}{2})^{2n}$
 $100,000 \times (1+\frac{0.02}{2})^2 \times (1+\frac{0.02}{2})^2 \times (1+\frac{0.02}{2})^2$
 $= 100,000 \times (1+\frac{0.02}{2})^{2 \times 3} ≒ 106,152$円　**答え**

問題1−2：投資収益率

NTTの株式を昨年1株60万円で購入し，ちょうど1年後の現在，1万円の配当を受けた後に89万円で売却したとします。現在のNTT株の投資収益率を求めなさい。

【解答＆解答の解説】

「投資収益率＝$\dfrac{収益}{投資額}$」と定義され，P_{t-1}，P_t＝第$t-1$，t時点の株価，D_t＝第t時点に受け取る配当とすると，(P_t-P_{t-1})は「キャピタル・ゲインあるいはキャピタル・ロス」，D_tはインカム・ゲインとそれぞれ呼ばれる収益です。

$$投資収益率＝\frac{(P_t-P_{t-1})+D_t}{P_{t-1}}$$

であり，本問題では，$P_{t-1}=60$，$P_t=89$，$D_t=1$であるので，

$$現在のNTT株の投資収益率＝\frac{(P_t-P_{t-1})+D_t}{P_{t-1}}$$

$$=\frac{(89-60)+1}{60}=0.5\ (50\%)\quad 答え$$

【知っておきましょう】 株式の配当利回りと収益率

① 配当利回り＝$\dfrac{1株当たり年間配当金}{株価}$

② 株式益回り＝$\dfrac{年間配当金＋値上がり益・値下がり損}{株価}$

株式益回りは，「総合利回り」あるいは「投資収益率」と呼ばれています。配当利回りは負になることはありませんが，株式益回りは，株価が値下がりすれば負になることもあります。

問題1-3：平均投資収益率

表1-1は，過去4年間のNTTの年間株式投資収益率を示しています。過去4年間の平均投資収益率を，算術平均と幾何平均によって，それぞれ求めなさい。

表1-1　NTT株の年間投資収益率（％）

1年	2年	3年	4年
20.0	-10.0	5.0	25.0

【解答＆解答の解説】

n期間にわたって観測された投資収益率を$X_1, X_2, \cdots, X_n$とします。$\bar{X}_a$＝算術平均，$\bar{X}_g$＝幾何平均とすると，

$$\bar{X}_a = \frac{1}{n}(X_1 + X_2 + \cdots + X_n)$$

$$\bar{X}_g = \{(1+X_1) \times (1+X_2) \times \cdots \times (1+X_n)\}^{\frac{1}{n}} - 1$$

です。NTT株の算術平均投資収益率，幾何平均投資収益率はそれぞれ，

$$\bar{X}_a = \frac{1}{4}\{0.2 + (-0.1) + 0.05 + 0.25\} = 0.1 (10\%) \quad \boxed{答え}$$

$$\bar{X}_g = \{(1+0.2) \times (1-0.1) \times (1+0.05) \times (1+0.25)\}^{\frac{1}{4}} - 1$$

$$= (1.4175)^{\frac{1}{4}} - 1 \fallingdotseq 0.091 (9.1\%) \quad \boxed{答え}$$

です。

問題1-4：個別証券の予想投資収益率の期待値・分散・標準偏差

(1) 表1-2は，NTT株の予想投資収益率の確率分布を示しています。NTT株の予想投資収益率の期待値，分散および標準偏差を求めなさい。

6 第1部 ポートフォリオ・マネジメント

表1-2 NTT株の予想投資収益率の確率分布

景気状態	不変	好況	不況
確率	0.3	0.5	0.2
予想収益率（％）	5	25	-10

(2) 来期の予想株価の期待値が220円，その分散が3,600円である株式の今期株価が200円に決まったならば，この株式の今期から来期までの収益率の期待値と標準偏差はいくらになりますか。ただし，配当はゼロとする。

(平成11年第7問Ⅰより作成)

【解答＆解答の解説】

(1) 株式の予想投資収益率の期待値，分散および標準偏差

問題1-2，1-3の「投資収益率」は「$\dfrac{実現した収益}{投資額}$」と定義されています。実現した収益を予想収益と読み替えると，

$$予想投資収益率 = \dfrac{予想収益}{投資額}$$

と定義できます。本問題の収益率は「不変であれば，収益率は5％になる見込み」「好況になれば，収益率は25％になる見込み」「不況になれば，収益率は－10％になる見込み」といった具合に「確率変数」です。

「確率分布」の特徴を表す指標として，期待値（平均値）と分散・標準偏差などがあります。期待値はデータの中心，分散・標準偏差はデータのバラツキの程度をそれぞれ示しています。確率変数Xが確率 $\pi_1, \pi_2, \cdots\cdots, \pi_n$ で，$x_1, x_2, \cdots\cdots, x_n$ の値をとるとします。

① NTT株の予想投資収益率の期待値：$E[X] = \Sigma \pi_i x_i$

$E[X] = 0.3 \times 5 + 0.5 \times 25 + 0.2 \times (-10) = 12\%$ 答え

② NTT株の予想投資収益率の分散：$V(X) = E[(X - E[X])^2]$

$V(X) = 0.3 \times (5-12)^2 + 0.5 \times (25-12)^2 + 0.2 \times \{(-10)-12\}^2$
$= 196$ 答え

③ NTT株の予想投資収益率の標準偏差：$\sigma(X) = \sqrt{V(X)}$

$\sigma(X) = \sqrt{196} = 14\%$ **答え**

【知っておきましょう】 確率変数と確率分布

サイコロを振って出た目をXとします。サイコロを振って，どの目が出るのかは確実には分かりませんが，1，2，3，4，5，6の目の各々が出る確率は分かっています。このようなXは「確率変数」と呼ばれ，確率変数とは，ある確率法則に従って，いろいろの値をとりうる変数のことです。確率変数の実現値と，それが起こる確率を対応させた図は，「確率分布」と呼ばれています。確率変数Xが確率π_1，π_2，……，π_nで，x_1，x_2，……，x_nの値をとるとします。これを，確率π_iが確率変数Xのとりうる値によってその値が変わるとみなせば，$\pi_i = f(x_i)$と定式化することができます。$\pi_i = f(x_i)$は「確率関数」と呼ばれ，次の2つの性質をもっています。
① $\pi_i = f(x_i) \geq 0$　　$i = 1, 2, ……, n$
② $\Sigma \pi_i = \Sigma f(x_i) = 1$

---

(2) 株式の予想投資収益率の期待値と標準偏差

P_0＝今期株価，P_1＝来期の予想株価，X＝株式の予想投資収益率とすると，

$$X = \frac{P_1 - P_0}{P_0} = \frac{P_1}{P_0} - 1$$

であり，この株式の今期から来期までの収益率の期待値（μ）と分散（σ^2）は，それぞれ，

$$\mu = E[X] = \frac{E[P_1]}{P_0} - 1 = \frac{220}{200} - 1 = 0.1 \ (10\%) \ \text{答え}$$

$$\sigma^2 = \frac{V(P_1)}{P_0^2} = \frac{3,600}{200^2} = 0.09$$

です。株式の今期から来期までの収益率の標準偏差（σ）は，

$$\sigma = \sqrt{\sigma^2} = \sqrt{0.09} = 0.3 \ (30\%) \ \text{答え}$$

【知っておきましょう】 期待値(平均値), 分散および共分散の演算の公式

確率変数X, Yについて,

① $E[aX+b] = aE[X] + b$ （a.bは定数）
② $E[X+Y] = E[X] + E[Y]$
③ $E[XY] = E[X]E[Y]$ （ただし, X, Yが独立ならば）
④ $E[\bar{X}] = \mu$ （$\bar{X}$は算術平均）
⑤ $V(X) = E[X^2] - \mu^2$
⑥ $V(aX+b) = a^2 V(X)$ （a.bは定数）
⑦ $V(aX+bY) = a^2 V(X) + 2ab\,Cov(X,Y) + b^2 V(Y)$
⑧ $V[X+Y] = V[X] + V[Y]$ （ただし, X, Yが独立ならば）
⑨ $V[\bar{X}] = \dfrac{\sigma^2}{n}$ （$\bar{X}$は算術平均）
⑩ $Cov(X, Y) = E[XY] - E[X]E[Y]$

第2章 ポートフォリオの予想収益率

問題2−1：ポートフォリオの収益率の期待値（リターン）と標準偏差（リスク）

(1) 株式の収益率の期待値は5.5％，標準偏差は12.0％です。また，無リスク資産の利子率は0.5％です。株式と無リスク資産の保有割合をそれぞれ60％，40％として作成したポートフォリオの収益率の期待値と標準偏差を求めなさい。

(平成15年第5問Ⅰより作成)

(2) 各資産クラスの収益率の期待値，標準偏差と相関係数は表2−1のとおりです。

表2−1 各資産クラスの収益率の期待値，標準偏差と相関係数

	期待値	標準偏差	相関係数		
			短期金融資産	国内債券	国内株式
短期金融資産	2％	0％	1	0	0
国内債券	4％	5％	0	1	0.2
国内株式	10％	20％	0	0.2	1

国内債券に資金の70％，国内株式に資金の30％を投資するポートフォリオの収益率の期待値と標準偏差を求めなさい。

(平成15年第5問Ⅳより作成)

(3) ある年金基金が株式，債券，コールの3資産によるアセット・アロケーションを考慮している。3資産のリターン（期待収益率：年率）と

リスク（収益率の標準偏差：年率）の特性が以下のように予想されている。

表2-2　各資産のリターンとリスク

	リターン	リスク
株　式	8％	20％
債　券	4％	5％
コール	2％	2％

表2-3　各資産の収益率間の相関係数

	株　式	債　券	コール
株　式	1	0	0
債　券	0	1	0
コール	0	0	1

株式30％，債券50％，コール20％のアセット・ミックスのリターンとリスクを求めなさい。

(平成12年第7問Iより作成)

(4) 株式Aの期待収益率は年率6％，株式Bの期待収益率は年率4％である。初期資産の50％相当分，株式Bを空売りして，その資金と初期資産とで株式Aを保有するポートフォリオの期待収益率（年率）はいくらになりますか。ただし，手数料はゼロとする。

(平成11年第7問Iより作成)

《解答＆解答の解説》

第1章では，1つの証券の（予想）投資収益率を取り上げました。いくつかの証券の組み合わせは「ポートフォリオ」と呼ばれ，第2章ではポートフォリオの収益率を取り上げます。X_i＝第i証券の予想投資収益率（i＝1, 2, ……, n），X_p＝ポートフォリオの予想投資収益率，w_i＝第i証券への投資比率（$\Sigma w_i = 1$）とすると，

$$X_p = w_1 X_1 + w_2 X_2 + \cdots + w_n X_n = \Sigma w_i X_i$$

です。X_iは確率変数（☞p.7）であるので，X_pは確率変数です。

(1) 1つの危険資産と1つの安全資産

ここでは，1つの危険資産と1つの安全資産からなるポートフォリオの収益率の期待値と標準偏差を考えていますが，より一般的なケースとして2つの危

険資産からなるポートフォリオの収益率の期待値（平均）と標準偏差を考えましょう。この一般的なケースを公式として，理解・暗記しておけば，この種の問題は簡単です。

2つの危険資産A^{21}（ハイリスク・ハイリターン型の株式），A^{22}（ローリスク・ローリターン型の株式）の不確実な収益率X_1，X_2は，正規分布に従っていると仮定します。正規分布の特徴は，平均と分散（標準偏差）の2つのパラメータのみで表すことができることです。つまり，

$X_1 \sim N(\mu_1, \sigma_1^2)$

$X_2 \sim N(\mu_2, \sigma_2^2)$

です。ここで，$X_i \sim N$（Normal Distributionの頭文字：$i = 1, 2$）はX_1，X_2が正規分布に従っていることを意味しています。$\mu_1, \mu_2 = 2$つの危険資産の収益率の平均（リターン），$\sigma_1^2, \sigma_2^2 = 2$つの危険資産の収益率の分散（リスク）です。

$0 \leq w \leq 1$として，$\{wA^{21}+(1-w)A^{22}\}$からなるポートフォリオを考えましょう。ポートフォリオ全体の不確実な収益率Xは平均μ，分散σ^2の正規分布に従っています。ポートフォリオ全体の収益率のリターンとリスクは，それぞれ，

$\mu = w\mu_1 + (1-w)\mu_2$　（リターン）

$\sigma^2 = w^2\sigma_1^2 + (1-w)^2\sigma_2^2 + 2w(1-w)\sigma_1\sigma_2\rho$　（リスク）

です。ここで，$\rho = X_1$とX_2の間の相関係数です。ただし$-1 \leq \rho \leq 1$です。

本問題では，$\mu_1 = 5.5\%$，$\mu_2 = 0.5\%$，$\sigma_1^2 = (12.0\%)^2$，$\sigma_2^2 = 0$，$w = 0.6$であるので，ポートフォリオの収益率の期待値（μ）と標準偏差（σ）は，

$\mu = w\mu_1 + (1-w)\mu_2 = 0.6 \times 5.5\% + 0.4 \times 0.5\% = 3.5\%$　**答え**

$\sigma = w\sigma_1 = 0.6 \times 12.0\% = 7.2\%$　**答え**

―【知っておきましょう】 2つの予想収益率(確率変数)X_1, X_2の相関係数と共分散―
① 共分散：$Cov(X_1, X_2) = E[(X_1 - E[X_1])(X_2 - E[X_2])]$
② 相関係数：$\rho(X_1, X_2) = \dfrac{Cov(X_1, X_2)}{\sigma(X_1)\sigma(X_2)}$

　2つの変数X_1, X_2の間の相関の度合いは、「散布図」を描けば分かるし、「共分散」を計算して、その符号の正負を見ればある程度分かるのですが、それらの情報では、相関の強弱は分かりません。相関の強弱、正しくは直線的関係の強弱を表している指標が「相関係数」です。

―【知っておきましょう】 2つの予想収益率(確率変数)X_1, X_2の独立―
　2つの確率変数X_1, X_2が独立であれば、$Cov(X_1, X_2) = 0$ですので、$\rho(X_1, X_2) = 0$です。しかし、$\rho(X_1, X_2) = 0$のとき、2つの確率変数X_1, X_2が独立であるとは限りません。

―【知っておきましょう】 相 関 係 数―
　相関係数の大きさについて、次のようなことが言われています。
　$r = 1$　　　　　　：正の完全相関
　$0 < r < 1$　　　　：正の相関
　$0.7 \leqq r < 1$　　：強い正の相関
　$0.4 \leqq r < 0.7$　：やや強い正の相関
　$0.2 \leqq r < 0.4$　：やや正の相関
　$r = 0$　　　　　　：無相関（完全に独立）
　$-1 < r < 0$　　　：負の相関
　$-0.2 < r < 0.2$　　：ほとんど相関なし
　$-0.4 < r \leqq -0.2$：やや負の相関
　$-0.7 < r \leqq -0.4$：やや強い負の相関
　$-1 < r \leqq -0.7$　：強い負の相関
　$r = -1$　　　　　 ：負の完全相関

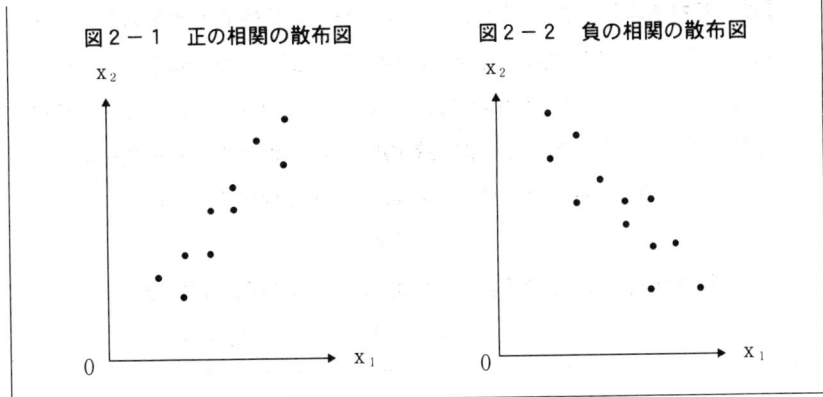

図2-1 正の相関の散布図　　図2-2 負の相関の散布図

(2) 2つの危険資産

短期金融資産は安全資産，国内債券と国内株式は危険資産です。本問題は，2つの危険資産からなるポートフォリオの収益率の期待値（平均）と標準偏差を計算する問題です。ポートフォリオ全体の収益率のリターンとリスクは，それぞれ，

$$\mu = w\mu_1 + (1-w)\mu_2 \quad (\text{リターン})$$

$$\sigma^2 = w^2\sigma_1^2 + (1-w)^2\sigma_2^2 + 2w(1-w)\sigma_1\sigma_2\rho \quad (\text{リスク})$$

であり（☞p.11），本問題では，$\mu_1 = 4\%$，$\mu_2 = 10\%$，$\sigma_1^2 = (5\%)^2$，$\sigma_2^2 = (20\%)^2$，$w = 0.7$，$\rho = 0.2$であるので，ポートフォリオの収益率の期待値（μ）と標準偏差（σ）は，

$$\mu = w\mu_1 + (1-w)\mu_2 = 0.7 \times 4\% + (1-0.7) \times 10\% = 5.8\% \quad \boxed{答え}$$

$$\sigma = \sqrt{\{w^2\sigma_1^2 + (1-w)^2\sigma_2^2 + 2w(1-w)\sigma_1\sigma_2\rho\}}$$
$$= \sqrt{\{(0.7)^2 \times (5\%)^2 + (1-0.7)^2 \times (20\%)^2}$$
$$\overline{+ 2 \times (0.7) \times (1-0.7) \times (5\%) \times (20\%) \times 0.2\}}$$
$$= 7.53\% \quad \boxed{答え}$$

---【知っておきましょう】 2年間の累積収益率の期待値と標準偏差---

ポートフォリオの収益率（年率）の期待値（μ）と標準偏差（σ）を，例えば$\mu=5.8\%$，$\sigma=7.53\%$としましょう。1年目と2年目の収益率間の相関はゼロであるので，2年間の累積収益率の期待値と標準偏差は，

2年間の累積収益率の期待値＝収益率（年率）の期待値（μ）×2
$$=5.8\% \times 2 = 11.6\%$$

2年間の累積収益率の標準偏差＝収益率（年率）の標準偏差（σ）×$\sqrt{2}$
$$=7.53\% \times \sqrt{2} \fallingdotseq 10.65\%$$

(3) 3つの危険資産

本問題は3つの危険資産からなるポートフォリオの収益率の期待値（平均）と標準偏差を計算する問題です。ポートフォリオ全体の収益率のリターンとリスクは，それぞれ，

$$\mu = w_1\mu_1 + w_2\mu_2 + w_3\mu_3 \quad (\text{リターン})$$

$$\sigma^2 = w_1^2\sigma_1^2 + w_2^2\sigma_2^2 + w_3^2\sigma_3^2 + 2w_1w_2\sigma_1\sigma_2\rho_{12}$$
$$+ 2w_2w_3\sigma_2\sigma_3\rho_{23} + 2w_3w_1\sigma_3\sigma_1\rho_{31} \quad (\text{リスク})$$

であり，本問題では，$\mu_1=8\%$，$\mu_2=4\%$，$\mu_3=2\%$，$\sigma_1=20\%$，$\sigma_2=5\%$，$\sigma_3=2\%$，$w_1=0.3$，$w_2=0.5$，$w_3=0.2$，$\rho_{12}=0$，$\rho_{23}=0$，$\rho_{31}=0$であるので，ポートフォリオの収益率の期待値（μ）と標準偏差（σ）は，

$$\mu = 0.3 \times 8\% + 0.5 \times 4\% + 0.2 \times 2\% = 4.8\% \quad \boxed{\text{答え}}$$

$$\sigma = \sqrt{\{w_1^2\sigma_1^2 + w_2^2\sigma_2^2 + w_3^2\sigma_3^2 + 2w_1w_2\sigma_1\sigma_2\rho_{12} + 2w_2w_3\sigma_2\sigma_3\rho_{23} + 2w_3w_1\sigma_3\sigma_1\rho_{31}\}}$$
$$= \sqrt{(0.3)^2(20\%)^2 + (0.5)^2(5\%)^2 + (0.2)^2(2\%)^2}$$
$$= 6.51\% \quad \boxed{\text{答え}}$$

第2章 ポートフォリオの予想収益率　15

―【知っておきましょう】　ポートフォリオのリターンとリスク――

X_i＝第 i 証券の投資収益率（i = 1, 2, ……, n），X_p＝n 個の証券から構成されるポートフォリオの投資収益率，w_i＝第 i 証券への投資比率としましょう。

$X_p = w_1 X_1 + w_2 X_2 + \cdots + w_n X_n$（ポートフォリオの投資収益率）

であり，

$E[X_p] = E[w_1 X_1 + w_2 X_2 + \cdots + w_n X_n]$
$\qquad = w_1 E[X_1] + w_2 E[X_2] + \cdots + w_n E[X_n]$
$\qquad = \Sigma w_i E[X_i]$

　　　　　（ポートフォリオの投資収益率の期待値：リターン）

$V(X_p) = \Sigma w_i^2 V(X_i) + \Sigma \Sigma w_i w_j \mathrm{Cov}(X_i, X_j)$

　　　　　（ポートフォリオの投資収益率の分散：リスク）

です。

(4) 空　売　り

μ_1, μ_2＝2つの危険資産（株式A，株式B）の収益率の期待値（リターン），σ_1^2, σ_2^2＝2つの危険資産の収益率の分散（リスク）とし，$0 \leq w \leq 1$ として，$\{wA^{21} + (1-w)A^{22}\}$ からなるポートフォリオを考えましょう。ポートフォリオ全体の収益率のリターンは，

$\mu = w \mu_1 + (1-w) \mu_2$

です。「初期資産の50％相当分，株式Bを空売りして」というのは，$(1-w) = -0.5$ を意味しています。本問題では，$\mu_1 = 6\%$，$\mu_2 = 4\%$，$\alpha = 1.5$，$(1-w) = -0.5$ であるので，ポートフォリオの収益率の期待値（μ）は，

$\mu = w \mu_1 + (1-w) \mu_2 = 1.5 \times 6\% + (-0.5) \times 4\% = 7\%$　**答え**

問題2−2：投資比率

(1) 無リスク資産を無リスク利子率で借り入れて、株式への投資と組み合わせて期待収益率8％のポートフォリオを作成する。そのためには、無リスク資産を初期資産額に対して何％借り入れる必要がありますか。ただし、無リスク利子率は0.5％です。また、株式の期待収益率は5.5％、標準偏差は12.0％です。

(平成15年第5問Ⅰより作成)

(2) 国内債券の期待収益率は2％、国内株式の期待収益率は9％です。国内債券と国内株式の組み合わせにより、平均で年率5％の収益率を得ようとする投資家は、資産のおよそ何％を国内株式に投資すればよいのですか。

(平成14年第5問Ⅰより作成)

《解答＆解答の解説》

(1) 1つの危険資産と1つの安全資産

2つの危険資産（A^{21}, A^{22}）のケースがより一般的なケースであり、その特殊ケースとして「1つの危険資産と1つの安全資産」を理解しましょう。μ_1, μ_2＝2つの危険資産の収益率の期待値（リターン）とし、$0 \leq w \leq 1$として、$\{wA^{21}+(1-w)A^{22}\}$からなるポートフォリオを考えましょう。ポートフォリオ全体の収益率のリターン（☞p.11）は、

$$\mu = w\mu_1 + (1-w)\mu_2 \quad (\text{リターン})$$

です。本問題では、$\mu=8\%$, $\mu_1=5.5\%$, $\mu_2=0.5\%$であるので、無リスク資産への投資比率（$1-w$）は、

$$8\% = \mu = w\mu_1 + (1-w)\mu_2 = w \times 5.5\% + (1-w) \times 0.5\%$$

より、$w=1.5$, $(1-w)=-0.5$（初期資産額の50％借入）**答え**です。

(2) 2つの危険資産

μ_1, $\mu_2 = 2$つの危険資産（A^{21}, A^{22}）の収益率の期待値（リターン）とし，$0 \leq w \leq 1$として，$\{wA^{21} + (1-w)A^{22}\}$からなるポートフォリオを考えましょう。ポートフォリオ全体の収益率のリターン（☞p.11）は，

$$\mu = w\mu_1 + (1-w)\mu_2 \quad (リターン)$$

です。本問題では，$\mu = 5\%$, $\mu_1 = 2\%$, $\mu_2 = 9\%$であるので，国内株式への投資比率（$1-w$）は，

$$5\% = \mu = w\mu_1 + (1-w)\mu_2 = w \times 2\% + (1-w) \times 9\%$$

より，$w = \dfrac{4}{7}$, $(1-w) = \dfrac{3}{7} = 0.4286$（資産の42.86%の投資）**答え** です。

問題2－3：正規分布に従う収益率の信頼区間と下側確率・上側確率

(1) 株式と無リスク資産からなるポートフォリオの収益率の期待値は3.5%，標準偏差は7.2%です。ポートフォリオの収益率の信頼係数90%の信頼区間を求めなさい。株式の収益率は正規分布に従うものとして，「標準正規分布表」（表A－1：☞p.273）を用いて答えなさい。

(平成15年第5問Iより作成)

(2) 国内株式の期待収益率10%は，1年間の株価指数の上昇率と無リスク利子率との差（超過収益率）を過去30年間について調べ，合計30個のデータについての平均8%を現在の無リスク利子率2%に加えるかたちで推定している。期待超過収益率に関する90%信頼区間はおよそどの範囲になりますか。ただし，超過収益率の標本平均は期待値がμ%で標準偏差が$\dfrac{20\%}{\sqrt{標本数}}$の正規分布に従うものとして，「標準正規分布表」（表A－1：☞p.273）を用いて求めなさい。

(平成15年第5問Ⅳより作成)

(3) ある投資家が3資産を組み合わせて，期待収益率4.5%，標準偏差4.84%のポートフォリオで運用することにした。1年間運用した結果，

収益率がマイナスとなる確率を求めなさい。ポートフォリオの収益率は正規分布に従うものとして、「標準正規分布表」（表A－1：☞p.273）を用いて求めなさい。

（平成15年第5問Ⅳより作成）

(4) ある投資家が2資産を組み合わせて、期待収益率7.2%、標準偏差11.4%のポートフォリオで運用することにした。1年間運用した結果、収益率が10%を上回る確率を求めなさい。ただし、ポートフォリオの収益率は正規分布に従うものとして、「標準正規分布表」（表A－1：☞p.273）を用いて求めなさい。

（平成13年第5問Ⅰより作成）

《解答＆解答の解説》

(1) 「両側α％の信頼区間」の上限と下限

両側α％の信頼区間の上限は「期待値＋（両側α％に対応する$z_{\frac{\alpha}{2}}$)×標準偏差」、下限は「期待値－（両側α％に対応する$z_{\frac{\alpha}{2}}$)×標準偏差」です。($1-\alpha$)は「信頼係数」または「信頼度」（%表示）と呼ばれているので、信頼係数90%は$\alpha=0.1$を意味し、表2－4「標準正規分布のαと$z_{\frac{\alpha}{2}}$」より、$z_{\frac{\alpha}{2}}=1.645$を得ることができます。

本問題では、期待値＝3.5%、標準偏差＝7.2%であるので、信頼係数90%の信頼区間の上限は「3.5%＋1.645×7.2%＝15.344%」、下限は「3.5%－1.645×7.2%＝－8.344%」です。かくて、信頼区間は[－8.344%, 15.344%] **答え** です。

図2－3 信頼係数90％の信頼区間

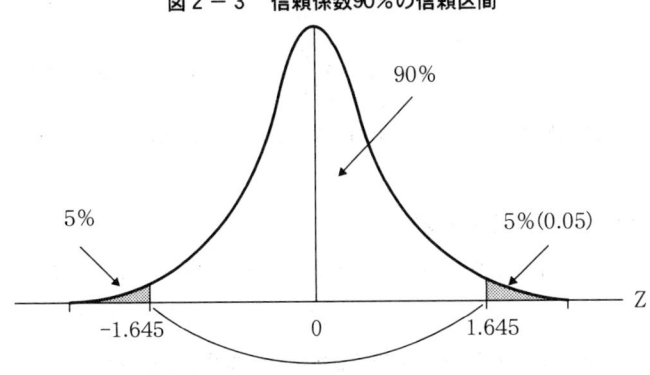

信頼区間

表2－4 標準正規分布のαと$z_{\frac{\alpha}{2}}$

α	.20	.10	.05	.02	.01	.002	.001	.0001	.00001
$z_{\frac{\alpha}{2}}$	1.282	1.645	1.960	2.326	2.576	3.090	3.291	3.891	4.417

(2) 母平均の区間推定（母分散が既知の場合）

本問題は，平均 μ，分散 $\sigma^2[=(20\%)^2]$ の正規分布に従う正規母集団から無作為抽出された30個の標本（X_1, X_2, ……, X_n）について，母平均（μ）の区間推定を考える問題です。標本平均（$\bar{X}$）の平均，分散は，それぞれ $E[\bar{X}]=\mu$，$V(\bar{X})=\dfrac{\sigma^2}{n}=\dfrac{(20\%)^2}{30}$ であり，確率変数 $\bar{X}$ を標準化（基準化）した変数を Z_n とすると，

$$Z_n = \frac{\bar{X}-\mu}{\dfrac{\sigma}{\sqrt{n}}}$$

です。両側 α ％の信頼区間は，

$$\bar{X} - z_{\frac{\alpha}{2}} \frac{\sigma}{\sqrt{n}} < \mu < \bar{X} + z_{\frac{\alpha}{2}} \frac{\sigma}{\sqrt{n}}$$

であり，$(1-\alpha)$ は「信頼係数」または「信頼度」（％表示）と呼ばれているので，信頼係数90％は $\alpha=0.1$ を意味し，表2－4「標準正規分布のαと$z_{\frac{\alpha}{2}}$」より，$z_{\frac{\alpha}{2}}=1.645$ を得ることができます。本問題では，$\bar{X}=8\%$，$\sigma=20\%$，$n=30$ であるので，

$$\bar{X} - z_{\frac{\alpha}{2}} \frac{\sigma}{\sqrt{n}} = 8\% - 1.645 \times \frac{20\%}{\sqrt{30}} = 1.993\%\quad(信頼区間の下限)$$

$$\bar{X} + z_{\frac{\alpha}{2}} \frac{\sigma}{\sqrt{n}} = 8\% + 1.645 \times \frac{20\%}{\sqrt{30}} = 14.006\%\quad(信頼区間の上限)$$

であり，期待超過収益率に関する90％信頼区間は，[1.993％，14.006％] **答え**
です。

(3) 収益率がマイナスとなる確率

期待収益率4.5％，標準偏差4.84％の正規分布は図2－4のとおりであり，収益率（X）がマイナスとなる確率は図2－5の斜線部分の面積です。ここで

図2－4 正規分布（期待収益率4.5％，標準偏差4.84％）で，収益率（X）がマイナスとなる確率

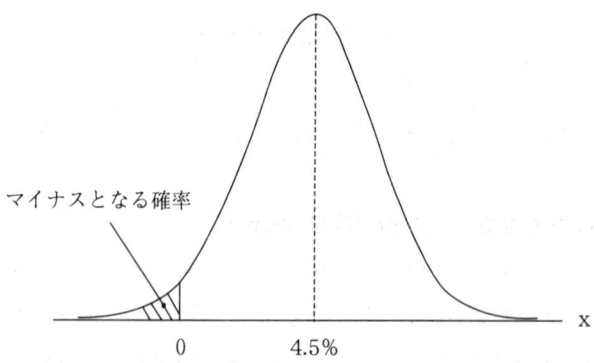

図2－5 標準正規分布で，Zが－0.93以下になる確率

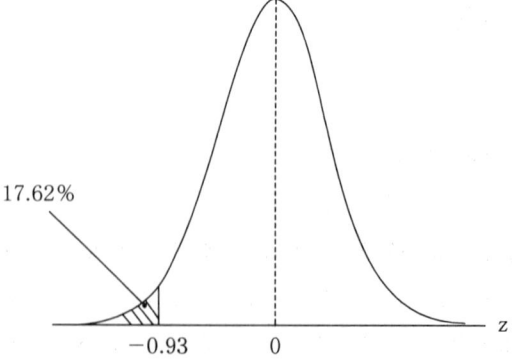

は，「標準正規分布表」(表A－1：☞p.273)を用いて求めなければならないので，Xの正規分布を「標準化」により「標準正規分布」(平均が0，分散が1の正規分布)に変換する必要があります。つまり，

$$Z = \frac{X - \mu}{\sigma}$$

を作れば，Zは標準正規分布に従います。「期待値4.5％，標準偏差4.84％の正規分布で，収益率（X）がマイナスとなる確率」は，「期待値0％，標準偏差1％の標準正規分布で，Zが$\frac{0\% - 4.5\%}{4.84\%} = -0.93$以下になる確率」になり，「Zが－0.93以下になる確率」＝「Zが0.93以上になる確率」＝1－「Zが0.93以下になる確率」＝1－0.8238（表A－1の「標準正規分布表」：☞p.273）＝0.1762＝17.62％ **答え**

(4) 収益率が10％を上回る確率

期待収益率7.2％，標準偏差11.4％の正規分布は図2－6のとおりであり，収益率（X）が10％を上回る確率は図2－7の斜線部分の面積です。ここでは，「標準正規分布表」(表A－1：☞p.273)を用いて求めなければならないので，Xの正規分布を「標準化」により「標準正規分布」(平均が0，分散が1の正規分布)に変換する必要があります。つまり，

$$Z = \frac{X - \mu}{\sigma}$$

を作れば，Zは標準正規分布に従います。「期待値7.2％，標準偏差11.4％の正規分布で，収益率（X）が10％を上回る確率」は，「期待値0％，標準偏差1％の標準正規分布で，Zが$\frac{10\% - 7.2\%}{11.4\%} = 0.25$以上になる確率」になり，「Zが0.25以上になる確率」＝1－「Zが0.25以下になる確率」＝1－0.5987（表A－1の「標準正規分布表」：☞p.273）＝0.4013＝40.13％ **答え**

22 第1部 ポートフォリオ・マネジメント

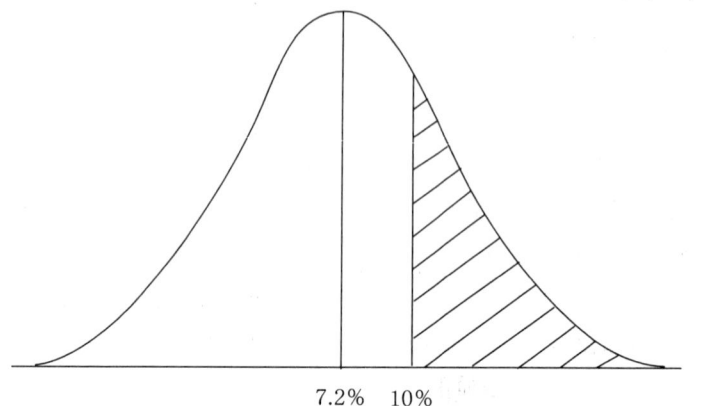

図2-6 正規分布（期待収益率7.2%，標準偏差11.4%）で，収益率（X）が10%を上回る確率

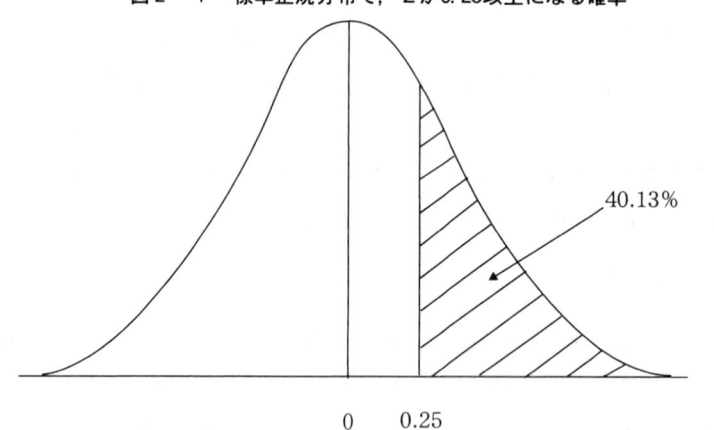

図2-7 標準正規分布で，Zが0.25以上になる確率

第3章 最適ポートフォリオ

問題3－1：宝くじと期待効用定理

確率 π で賞金 x_1 を，確率 $(1-\pi)$ で賞金 x_2 をもたらす宝くじ a は，
$$a = [x; \pi] = [x_1, x_2; \pi, (1-\pi)]$$
で表すことができます。「宝くじ」の例示として，安全資産（貨幣）と危険資産（株式）を取り上げます。貨幣については，期首時点の100万円は，確率1で期末時点には100万円になります。株式については，期首時点の100万円は，期末時点には，確率0.5で120万円（株価上昇），確率0.5で80万円（株価下落）になります。以下の各問に答えなさい。

(1) 2つの宝くじ（安全資産と危険資産）をそれぞれ a^1，a^2 として，安全資産と危険資産を $a = [x; \pi] = [x_1, x_2; \pi, (1-\pi)]$ の形で表しなさい。

(2) ある投資家の効用関数は $u = u(x)$ で与えられています。2つの資産の期待値と期待効用を求めなさい。

(3) 「期待効用定理」を説明しなさい。

【解答＆解答の解説】

(1) 「宝くじ」の記述

「宝くじ」を以下のように，何が，どれだけの確率で生じているのかをまず図式化することが問題を解く出発点です。

① 安全資産（貨幣）

期首時点の100万円－（確率1）→期末時点の100万円

② 危険資産（株式）

期首時点の100万円 〈 （確率0.5）→期末時点の120万円（株価上昇）
　　　　　　　　　　（確率0.5）→期末時点の80万円（株価下落）

2つの宝くじ（安全資産と危険資産）は次のように記述されます。

　　安全資産＝a^1＝[x^1; π^1]＝[100; 1]　**答え**
　　危険資産＝a^2＝[x^2; π^2]＝[x^2_1, x^2_2; π^2_1, π^2_2]
　　　　　　　　　　　　＝[120, 80; 0.5, 0.5]　**答え**

(2) **期待値と期待効用**

ある投資家の効用関数は$u=u(x)$で与えられています。

① 2つの資産の期待値は，

　　$E[x] \equiv \Sigma \pi_s x_s$　（期待値の定義）

で定義されています。

　　$E[x^1] = 1 \times 100 = 100$　**答え**
　　$E[x^2] = 0.5 \times 120 + 0.5 \times 80 = 100$　**答え**

② 2つの資産の期待効用（効用の数学的期待値）は，

　　$E[u(x)] = \Sigma \pi_s u(x_s)$　（期待効用の定義）

で定義されています。

　　$E[u(x^1)] = 1 \times u(100)$　**答え**
　　$E[u(x^2)] = 0.5 \times u(120) + 0.5 \times u(80)$　**答え**

(3) **期待効用定理**

投資家が，不確実性のもとで，一定の合理性の公準を満たす行動をとるならば，（ノイマン＝モルゲンシュテルンの）効用関数$u(x)$が存在して，しかも貨幣と株式の間の選択は，期末時点の資産価値から得られる効用の期待値（主観的確率をウェイトとした加重平均）つまり期待効用，

　　$E[u(x^1)] = 1 \times u(100)$　（貨幣の期待効用）
　　$E[u(x^2)] = 0.5 \times u(120) + 0.5 \times u(80)$　（株式の期待効用）

の大小で行うことができるというのが「期待効用仮説」と呼ばれている理論の内容です。

問題3－2：リスクに対する態度とリスク回避度

不確実性下の選択（安全資産と危険資産の選択）は投資家の「リスクに対する態度」に依存しています。VNM効用関数を$u=u(x)$とします。ここで，x＝期末時点の富の額です。以下の各問に答えなさい。

(1) 横軸にx，縦軸にuをとって，リスク回避者，リスク愛好者，リスク中立者の効用関数を図示しなさい。xの増大に伴い限界効用がどのように変化するのか説明しなさい。

(2) VNM効用関数$u=u(x)$が次のような形をしているとき，その個人はリスク回避者，リスク愛好者，リスク中立者のいずれですか。
① $u=e^x$
② $u=2x$
③ $u=x^{\frac{4}{5}}$

(3) $u=x^a$の絶対的リスク回避度と相対的リスク回避度を求めなさい。

【解答＆解答の解説】

(1) リスク回避者，リスク愛好者，リスク中立者の効用関数の図示

xの増大に伴い，限界効用（$u'(x)=\dfrac{du}{dx}$）はリスク回避者のとき逓減し，リスク愛好者のとき逓増します。リスク中立者のときは，xに関係なく限界効用は一定です。 答え 。

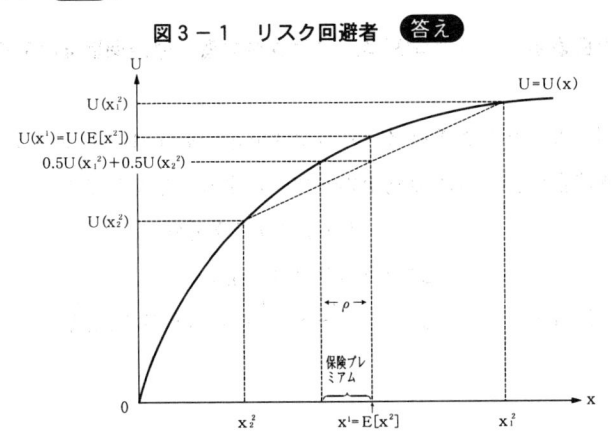

図3－1 リスク回避者 答え

図3-2 リスク愛好者 答え

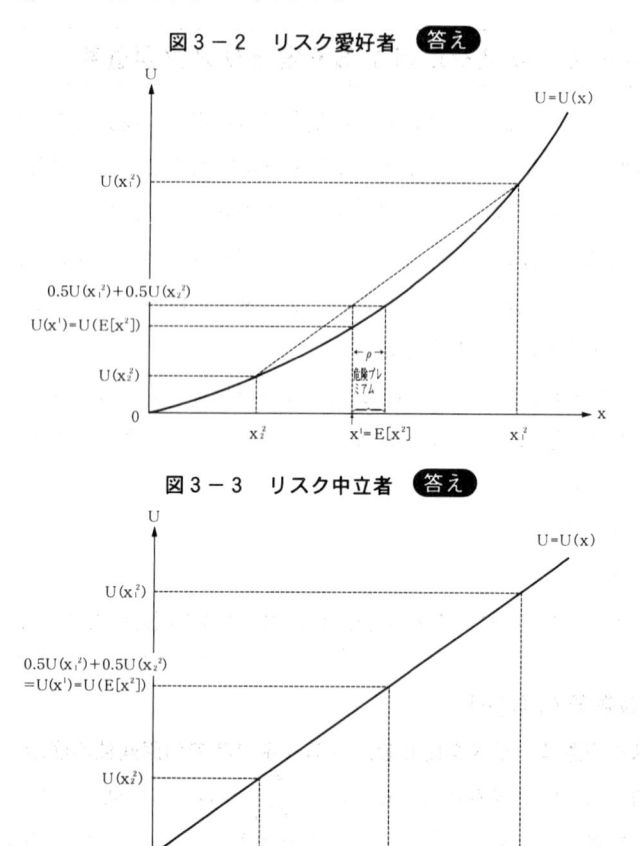

図3-3 リスク中立者 答え

(2) リスク回避者，リスク愛好者，リスク中立者：効用関数の2次の導関数の符号

リスク回避者，リスク愛好者，リスク中立者のいずれであるかは，効用関数の2次の導関数の符号（限界効用の変化）によって分かります。

① $u'=e^x$ $u''=e^x>0$ （リスク愛好）
② $u'=2$ $u''=0$ （リスク中立）
③ $u'=\dfrac{4}{5}x^{-\frac{1}{5}}$ $u''=-\dfrac{4}{25}x^{-\frac{6}{5}}<0$ （リスク回避）

---【数学チェック】 2次の導関数――――――――――――

上記で，$u' = \dfrac{d}{dx}u = \dfrac{du}{dx}$ （1次の導関数）

$u'' = \dfrac{d}{dx}\left(\dfrac{du}{dx}\right) = \dfrac{d^2 u}{dx^2}$ （2次の導関数）

です。

―――――――――――――――――――――――――――

(3) 絶対的リスク回避度と相対的リスク回避度

① 絶対的リスク回避度 $= -\dfrac{u''}{u'} = -\dfrac{a(a-1)x^{a-2}}{a x^{a-1}}$

$= -\dfrac{a-1}{x}$ **答え**

② 相対的リスク回避度 $= -\dfrac{x u''}{u'}$

$= -\dfrac{x\{a(a-1)x^{a-2}\}}{a x^{a-1}}$

$= a - 1$ **答え**

問題3−3：リスク・プレミアム

(1) VNM効用関数 $u = 9\sqrt{x}$ をもっている投資家の次の危険資産

$a = [x ; \pi] = [x_1, x_2 ; \pi_1, \pi_2] = [100, 900 ; \dfrac{5}{8}, \dfrac{3}{8}]$

に対するリスク・プレミアムを求めなさい。また，リスク・プレミアムを図示しなさい。

(2) VNM効用関数 $u = \dfrac{1}{3}x^2$ をもっている投資家の次の危険資産

$a = [x ; \pi] = [x_1, x_2 ; \pi_1, \pi_2] = [10, 50 ; \dfrac{2}{3}, \dfrac{1}{3}]$

に対するリスク・プレミアムを求めなさい。また，リスク・プレミアムを図示しなさい。

【解答&解答の解説】

　正のリスク・プレミアム（保険プレミアム）はリスクに直面することによるリスク回避者の不効用，負のリスク・プレミアム（危険プレミアム）はリスクに直面することによるリスク愛好者の効用をそれぞれ表しています。リスク・プレミアムを求める際には，

① $E[x] \equiv \Sigma \pi_s x_s = x$ の期待値
② $E[u(x)] = \Sigma \pi_s u(x_s) = x$ の期待効用
③ $y = E[u(x)]$ と同水準の効用を確実に得ることのできる富（すなわち，$u(y) = E[u(x)]$）

をまず求めます。リスク・プレミアム（RP）は，

　　$RP \equiv E[x] - y$

として計算されます。

(1) リスク回避者と保険プレミアム

　本問題では，$u' = \dfrac{9}{2} x^{-\frac{1}{2}}$，$u'' = -\dfrac{9}{4} x^{-1} < 0$ であるので，この投資家はリスク回避者です。

$$E[x] = \frac{5}{8} \times 100 + \frac{3}{8} \times 900 = 400$$

$$E[u(x)] = \frac{5}{8} \times u(100) + \frac{3}{8} \times u(900)$$

$$= \frac{5}{8} \times 90 + \frac{3}{8} \times 270$$

$$= \frac{315}{2}$$

であるので，

$$u(y) = \frac{315}{2}$$

を満たす y^* を求めると，$y^* = \dfrac{1,225}{4}$（「確実同値額」）です。したがって，

$$RP \equiv E[x] - y^* = 400 - \frac{1,225}{4} = \frac{375}{4}　（保険プレミアム）　\boxed{答え}$$

が得られます。

図3-4 保険プレミアム

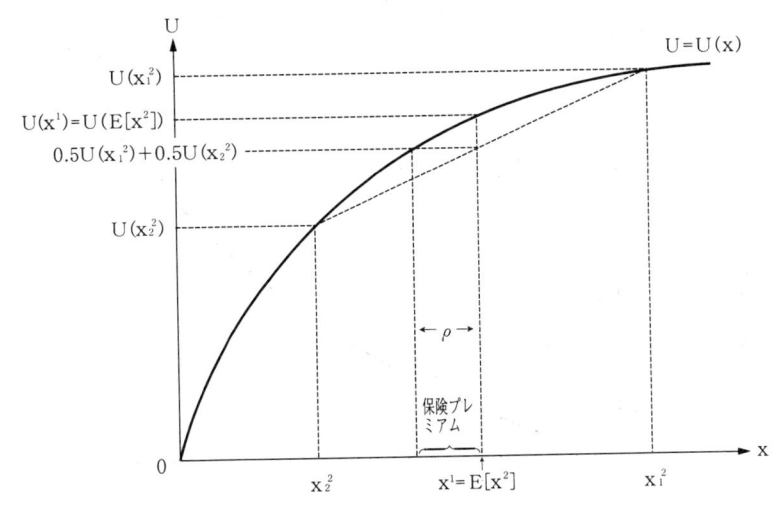

(2) リスク愛好者と危険プレミアム

本問題では，$u'=\dfrac{2}{3}x$，$u''=\dfrac{2}{3}>0$ であるので，この投資家はリスク愛好者です。

$$E[x]=\dfrac{2}{3}\times 10+\dfrac{1}{3}\times 50=\dfrac{70}{3}$$

$$E[u(x)]=\dfrac{2}{3}\times u(10)+\dfrac{1}{3}\times u(50)$$

$$=\dfrac{2}{3}\times \dfrac{100}{3}+\dfrac{1}{3}\times \dfrac{2,500}{3}$$

$$=300$$

であるので，

$$u(y)=300$$

を満たす y^* を求めると，$y^*=30$（「確実同値額」）です。したがって，

$$RP\equiv E[x]-y^*=\dfrac{70}{3}-30=-\dfrac{20}{3}\quad\text{（危険プレミアム）}\quad\boxed{答え}$$

が得られます。

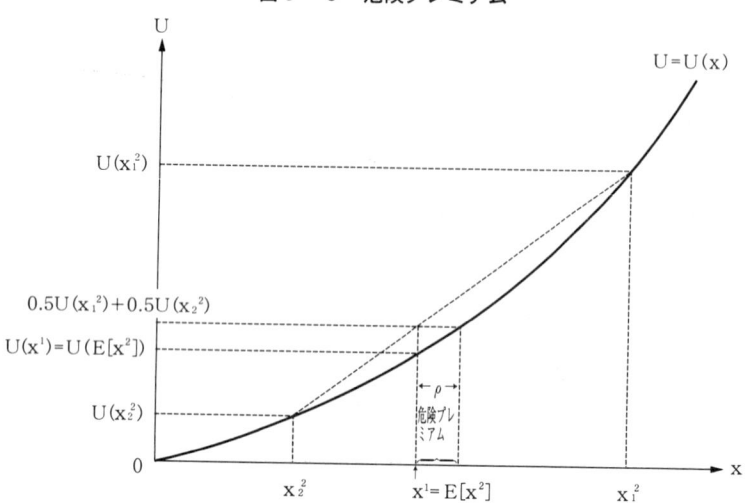

図3－5　危険プレミアム

U軸上：$U(x_1^2)$、$0.5U(x_1^2)+0.5U(x_2^2)$、$U(x^1)=U(E[x^2])$、$U(x_2^2)$

x軸上：x_2^2、$x^1=E[x^2]$、x_1^2

曲線：$U=U(x)$、ρ＝危険プレミアム

問題3－4：資産選択理論

安全資産（貨幣）と危険資産（株式）が次のように記述されています。

安全資産＝$a^1=[x^1; \pi^1]=[100; 1]$

危険資産＝$a^2=[x^2; \pi^2]=[x_1^2, x_2^2; \pi_1^2, \pi_2^2]$
$$=[120, 80; 0.5, 0.5]$$

以下の各問に答えなさい。

(1) 安全資産と危険資産の期待値（リターン）と分散（リスク）を求めなさい。

(2) 投資家が安全資産と危険資産のいずれを選択するのかを説明しなさい。

【解答＆解答の解説】

(1) **資産の期待値（リターン）と分散（リスク）**

① 2つの資産の期待値は、$E[x] \equiv \Sigma \pi_s x_s$ で定義されています。

$E[x^1] = 1 \times 100 = 100$　**答え**

$E[x^2] = 0.5 \times 120 + 0.5 \times 80 = 100$　**答え**

② 2つの資産の分散は、$V(x) = \Sigma \pi_s (x - E[x])^2$ で定義されています。
$V(x^1) = 1 \times (100 - 100)^2 = 0$ 答え
$V(x^2) = 0.5 \times (120 - 100)^2 + 0.5 \times (80 - 100)^2 > 0$ 答え

2つの資産のリターン（期待値）は100で同一ですが、両資産のリスク（分散）は異なっています。

(2) 投資家のリスクに対する態度と資産選択

投資家は期待効用の大小を評価基準として、2つの資産の間の選択を行います。選択は投資家のリスクに対する態度に依存しています。

① リスク回避者

$E[u(x^2)] < E[u(x^1)]$ （株式の期待効用＜貨幣の期待効用）

であるので、安全資産を好みます。リスク回避者は大儲けができるチャンスがあっても、大損する可能性があれば、そのような資産を選ばない投資家です 答え。

② リスク愛好者

$E[u(x^2)] > E[u(x^1)]$ （株式の期待効用＞貨幣の期待効用）

であるので、危険資産を選択します。リターンが同じであれば、リスクの大きい資産を好みます。リスク愛好者は大損を覚悟の上で、大儲けにかける投資家です 答え。

③ リスク中立者

$E[u(x^2)] = E[u(x^1)]$ （株式の期待効用＝貨幣の期待効用）

であるので、安全資産と危険資産は無差別です。リスク中立者は資産のリターンの大きさだけに関心をもち、リスクの程度には無関心です 答え。

問題3－5：投資家の期待効用最大化：平均・分散アプローチ

各資産の収益率の期待値，標準偏差および相関係数は下表のとおりである。

表3－1　各資産の収益率の期待値，標準偏差および相関係数

	期待値	標準偏差	相関係数		
			短期金融資産	国内債券	国内株式
短期金融資産	1%	0%	1	0	0
国内債券	2%	5%	0	1	0.2
国内株式	9%	20%	0	0.2	1

ある投資家の期待効用が $\mu_p - 0.05 \times \sigma_p^2$ で与えられるとき，この投資家の期待効用を最大にする短期金融資産と国内株式の組み合わせを求めなさい。ただし，μ_p と σ_p は，ポートフォリオの収益率の期待値と標準偏差を表しています。

(平成14年第5問Iより作成)

【解答＆解答の解説】

資産選択行動を収益率のリターン（期待値）とリスク（分散・標準偏差）の2つの尺度を用いて分析するオペレーショナルな手法は，「平均・分散アプローチ」あるいは「2パラメータ・アプローチ」と呼ばれています。個人の効用関数が任意のものであっても，収益率の確率分布が正規分布（☞p.11）である場合には，平均・分散アプローチは，期待効用最大化仮説による資産選択理論と同じことを意味する理論です。

本問題は，1つの危険資産と1つの安全資産の組み合わせを求める問題ですが，より一般的なケースとして，2つの危険資産からなるポートフォリオの収益率の期待値（平均）と標準偏差を考えましょう。$\mu_1, \mu_2 = 2$ つの危険資産（A^{21}, A^{22}）の収益率の期待値（リターン），$\sigma_1^2, \sigma_2^2 = 2$ つの危険資産の収益率の分散（リスク）とし，$0 \leq w \leq 1$ として，$\{wA^{21} + (1-w)A^{22}\}$ からな

るポートフォリオを考えましょう。ポートフォリオ全体の不確実な収益率Xは平均μ_p，分散σ_p^2の正規分布に従っています。ポートフォリオ全体の収益率のリターンとリスクは，それぞれ，

$\mu_p = w\mu_1 + (1-w)\mu_2$ （リターン）

$\sigma_p^2 = w^2\sigma_1^2 + (1-w)^2\sigma_2^2 + 2w(1-w)\sigma_1\sigma_2\rho$ （リスク）

です。ここで，$\rho = X_1$とX_2の間の相関係数です。ただし$-1 \leq \rho \leq 1$です。

本問題では，$\mu_1 = 9\%$，$\mu_2 = 1\%$，$\sigma_1^2 = (20\%)^2$，$\sigma_2^2 = 0$であるので，ポートフォリオの収益率の期待値（μ）と標準偏差（σ）は，

$\mu_p = 9w + 1(1-w) = 8w + 1$

$\sigma_p = 20w$

です。EU＝投資家の期待効用とすると，

EU $= \mu_p - 0.05 \times \sigma_p^2$

$= (8w+1) - 0.05 \times (20w)^2 = -20w^2 + 8w + 1$

であり，

$\dfrac{d\,EU}{dw} = -40w + 8 = 0$

より，国内株式への期待効用最大化投資比率は$w^* = 0.2$（20%），短期金融資産への期待効用最大化投資比率は$(1-w^*) = 0.8$（80%）です **答え**。

【知っておきましょう】 投資家のリスク回避係数

期待効用関数をEU $= \mu_p - \lambda\sigma_p^2$と特定化したとき，$\lambda$は「投資家のリスク回避係数」と呼ばれ，投資家のリスクに対する態度はリスク回避係数の正負によって決まります。

$\lambda > 0$はリスク回避者，$\lambda = 0$はリスク中立者，$\lambda < 0$はリスク愛好者をそれぞれ意味しています。λが大きければ大きいほど，リスクを回避する傾向が強いことを意味しています。

問題3－6：無差別曲線（等期待効用曲線）

収益率の期待値（μ）と標準偏差（σ）の平面において，4つのポートフォリオ e，f，g，h が図3－6のように位置しています。また，安全資産の利子率は0.5%です。

図3－6　収益率の期待値（μ）と標準偏差（σ）の平面

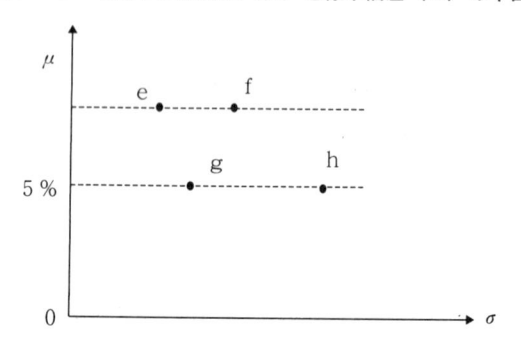

(1) 以下の記述のうち，正しくないものはどれですか。
　① リスク中立的な投資家にとって，e は g より好ましい。
　② リスク中立的な投資家にとって，e は f より好ましい。
　③ リスク回避的な投資家にとって，e は g より好ましい。
　④ リスク回避的な投資家にとって，e は f より好ましい。

(2) 投資家の効用関数を，$U = \mu - \dfrac{1}{20}\sigma^2$ とします。ただし，μ と σ^2 は，収益率の期待値と分散を表す。4つのポートフォリオのうち，投資家にとって最も効用が低いポートフォリオはどれですか。
　① f
　② h
　③ f と h
　④ なんともいえない

（平成12年第7問Ⅱより作成）

【解答＆解答の解説】

資産の収益率Xは正規分布に従っていると仮定しているので，Xの期待効用は平均μ，分散σ^2のみで決定されます。ですから，投資家の選好関係は，リターン（期待値）とリスク（分散あるいは標準偏差）のみに依存していると仮定できるでしょう。下図は，縦軸にリターン（期待値），横軸にリスク（標準偏差）をとって，投資家の選好関係を無差別曲線の群として表したものです。

図3－7　リスク回避者の無差別曲線　　図3－8　リスク中立者の無差別曲線

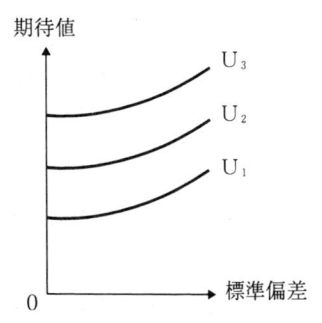

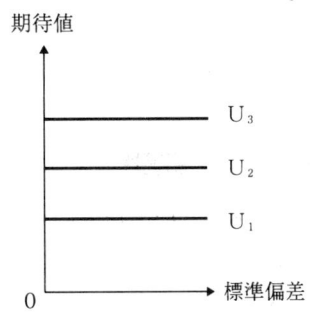

図3－9　リスク愛好者の無差別曲線

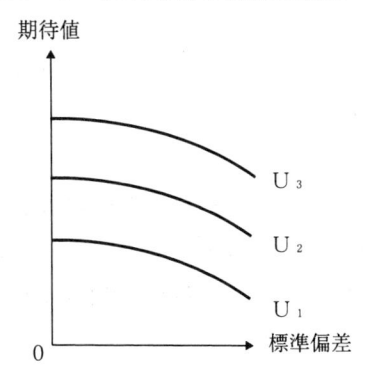

もし投資家がリスク回避者ならば，期待効用の水準を一定に保とうとすれば，リスクの増大に対しては高いリターンを要求するので，無差別曲線は右上がりになります。また，もし投資家がリスク中立者ならば，期待効用はリスクの大きさのいかんにかかわらず，リターンのみに依存しているので，無差別曲線は

横軸に平行な直線になります。また，もし投資家がリスク愛好者ならば，期待効用の水準を一定に保とうとすれば，リターンの減少に対して高いリスク（大損もあるが，大儲けもある可能性）を要求するので，無差別曲線は右下りになります。リスク回避者は，リターンが同じであれば，リスクがより小さいものの方を選好するが（$U_1 < U_2 < U_3$），リスク愛好者は，逆にリターンが同じであれば，リスクがより大きいものの方を選好します（$U_1 < U_2 < U_3$）。

(1) 投資家の選好

① 正しい

　リスク中立者は，リターンの大きさのみに関心があり，「eはgより好ましい。」

② 正しくない 【答え】

　リスク中立者にとって，eとfは同じリターンであるので，無差別です。

③ 正しい

　eはハイリターン，ローリスク，gはローリターン，ハイリスクであり，リスク回避者にとって「eはgより好ましい。」

④ 正しい

　eとfは同じリターンであるが，eはローリスク，fはハイリスクです。リスク回避者にとって，「eはfより好ましい。」

(2) リスク回避者の選好

　投資家の効用関数 $U = \mu - \dfrac{1}{20}\sigma^2$ より，$\mu = \dfrac{1}{20}\sigma^2 + U$ であるので，この投資家はリスク回避者です。リスク回避者はハイリターン，ローリスクを好み，ローリターン，ハイリスクを嫌うので，投資家にとって最も効用が低いポートフォリオはh 【答え】 です。

問題3-7：効率性フロンティア

利子率3％の無リスク資産と期待収益率10％，標準偏差20％のＴＯＰＩＸ連動型ファンドとに運用する年金資産の収益率を考える。

(1) 効率的フロンティアを求めなさい。ただし，Eは年金資産の期待収益率，σはその標準偏差とする。

(2) 1年後に現資産の2％を支払わなければならない確定給付型の負債がある場合，その効率的フロンティアを求めなさい。

(平成14年第5問Ⅳより作成)

【解答＆解答の解説】

$0 \leq w \leq 1$として，$\{wA^{21}+(1-w)A^{22}\}$からなるポートフォリオを考えましょう。ポートフォリオ全体の不確実な収益率Xは平均μ，分散σ^2の正規分布に従っています。ポートフォリオ全体の収益率のリターンとリスクは，それぞれ，

$\mu = w\mu_1 + (1-w)\mu_2$ （リターン）

$\sigma^2 = w^2\sigma_1^2 + (1-w)^2\sigma_2^2 + 2w(1-w)\sigma_1\sigma_2\rho$ （リスク）

です。ここで，$\rho = X_1$とX_2の間の相関係数です。ただし$-1 \leq \rho \leq 1$です。

上記の2式のwを消去すると，平均μ，分散σ^2の関係を得ることができます。つまり，

$$\sigma^2 = \left(\frac{\mu-\mu_2}{\mu_1-\mu_2}\right)^2(\sigma_1^2+\sigma_2^2-2\sigma_1\sigma_2\rho) + 2\frac{\mu-\mu_2}{\mu_1-\mu_2}(\sigma_1\sigma_2\rho-\sigma_2^2) + \sigma_2^2$$

が得られ，この式の軌跡は「効率性フロンティア」あるいは「効率的フロンティア」と呼ばれています。

(1) 1つの安全資産と1つの危険資産の効率的フロンティア

縦軸にリターン（期待値：μ），横軸にリスク（標準偏差：σ）をとった図を考えます。効率性フロンティアは，2つの点（0, 3），（20, 10）を結んだ

半直線です。

$\mu = a + b\sigma$ に（0, 3）を代入すれば，$3 = a + b \times 0$であるので，$a = 3$を得ることができます。また，(20, 10) を代入すれば，$10 = a + b \times 20 = 3 + b \times 20$であるので，$b = \dfrac{10-3}{20} = \dfrac{7}{20}$を得ることができます。かくて，「効率的フロンティア」は，$\mu = 3 + \dfrac{7}{20}\sigma$ **答え** です。

(2) 効率的フロンティア

年金資産の1年後の，確定給付支払い後の資産額は，ポートフォリオの構成にかかわらず，現資産×（1＋現資産のリターン）－現資産×2％＝現資産×（1＋現資産のリターン－2％）であるので，ネットのリターンは（現資産のリターン－2％）であり，「効率的フロンティア」$\mu = 3 + \dfrac{7}{20}\sigma$は2％だけ下方にシフトします。かくて，1年後に現資産の2％を支払わなければならない確定給付型の負債がある場合の効率的フロンティアは，$\mu = 3 + \dfrac{7}{20}\sigma - 2 = 1 + \dfrac{7}{20}\sigma$ **答え** です。

問題3－8：シャープ・レシオ

(1) 収益率の期待値（μ）と標準偏差（σ）の平面において，4つのポートフォリオe，f，g，hが図3－10のように位置しています。また，安全資産の利子率は0.5％です。4つのポートフォリオのうち，シャープ・レシオが最も大きいポートフォリオはどれですか。

① e
② f
③ g
④ eとg

図3-10 収益率の期待値（μ）と標準偏差（σ）の平面

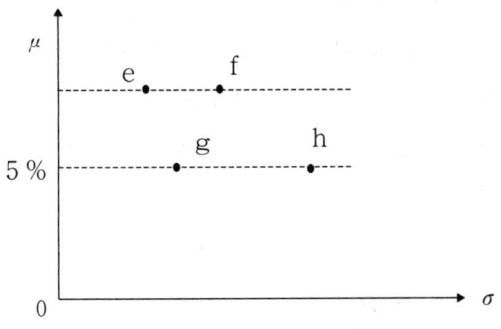

```
  μ
  │
  │     e●    f●
  │- - - - - - - - - -
  │
  │          g●    h●
5%│- - - - - - - - - -
  │
  │
  0└──────────────────→ σ
```

（平成12年第7問Ⅱより作成）

(2) ある投資家が，国内債券と国内株式からなるA～Eの5つのポートフォリオと短期金融資産を組み合わせたポートフォリオを保有しようと計画しています。投資家がとれるリスクは標準偏差でみて年率5％までです。A～Eのうち短期金融資産と組み合わせたとき，最大の期待収益率が得られるものはどれですか。

表3-2 5つのポートフォリオ

ポート フォリオ	投資比率		期待収益率	標準偏差
	国内債券	国内株式		
A	100%	0%	4.0%	5.00%
B	80%	20%	5.2%	6.20%
C	60%	40%	6.4%	9.09%
D	40%	60%	7.6%	12.55%
E	20%	80%	8.8%	16.23%

（平成15年第5問Ⅳより作成）

【解答＆解答の解説】

(1) シャープ・レシオ（効率性フロンティアの傾き）

シャープ・レシオは，「$\dfrac{\text{ポートフォリオの期待収益率}-\text{安全資産の利子率}}{\text{ポートフォリオの収益率の標準偏差}}$」

と定義され，1つの安全資産と1つの危険資産（あるいは危険資産の合成）の「効率性フロンティア」の傾きです。

　縦軸にリターン（期待値），横軸にリスク（標準偏差）をとった図を考えると，安全資産の利子率は0.5%であるので，効率性フロンティアは，点（0，0.5）とe，f，g，hのいずれか1点を結んだ半直線です。効率性フロンティアの傾き，つまり「シャープ・レシオ」が最も大きいポートフォリオはe 答え です。

(2) シャープ・レシオの計算

$$シャープ・レシオ = \frac{ポートフォリオの期待収益率 - 安全資産の利子率}{ポートフォリオの収益率の標準偏差}$$

$$= \frac{リスク・プレミアム}{ポートフォリオの収益率の標準偏差}$$

であり，1つの安全資産（短期金融資産）と「危険資産の合成」（国内債券と国内株式からなるA～Eの5つのポートフォリオ）のシャープ・レシオは次のように計算されます。

表3-3　シャープ・レシオの計算

	期待収益率 (①)	リスク・プレミアム (②=①-2%)	標準偏差 (③)	シャープ・レシオ (②/③)
A	4.0%	2.0%	5.00%	0.40
B	5.2%	3.2%	6.20%	0.52
C	6.4%	4.4%	9.09%	0.48
D	7.6%	5.6%	12.55%	0.45
E	8.8%	6.8%	16.23%	0.42

　どのリスク水準（標準偏差）に対してもリターン（期待収益率）が最大になるのは，効率性フロンティアの傾き，つまり「シャープ・レシオ」が最も大きいポートフォリオです。シャープ・レシオが最大なものはポートフォリオB 答え です。

問題3－9：最適ポートフォリオ

(1) 各資産のリスクとリターンの予想に基づいて，効率的フロンティアを求めました。表3－4の4つのアセット・ミックスは効率的フロンティア上のアセット・ミックスです。この中には，この年金基金にとっておおむね最適であるアセット・ミックスが1つ存在するが，それはどれですか。ただし，この基金の期待効用は $\mu_p - 0.02\sigma_p^2$ とします。μ_p と σ_p は，ポートフォリオの期待収益率と標準偏差を表しています。

表3－4　4つのアセット・ミックス

ポートフォリオ	a	b	c	d
期待収益率（年率）	3%	4%	5%	6%
標準偏差（年率）	2.3%	4.0%	6.3%	10.3%
分　散（年率）	5.5	16.2	39.1	106.2
投資比率（株式）	5.2%	11.7%	25.0%	50.0%
投資比率（債券）	34.3%	64.9%	75.0%	50.0%
投資比率（コール）	60.5%	23.4%	0.0%	0.0%

（平成12年第7問Ⅰより作成）

(2) 安全資産と危険資産とからなるポートフォリオの収益率をX，期待値をE[X]，分散を $\sigma^2(X)$ とした場合，期待効用関数が $U = E[X] - 0.5\sigma^2(X)$ である投資家の資産選択に関して，正しいものを1つ選びなさい。

① 危険資産（全体）の保有比率は運用資産額が増加すると高まる。
② 危険資産（全体）の保有比率は運用資産額が増加すると低下する。
③ 危険資産（全体）の保有比率は運用資産額が増加しても一定である。
④ 危険資産（全体）の保有比率は運用資産額がある水準まではゼロで一定であるが，それ以上に増えると増加する。

（平成11年第7問Ⅰより作成）

【解答＆解答の解説】
(1) 期待効用最大のアセット・ミックス

　ポートフォリオ a, b, c, d の期待収益率と分散の数値を，年金基金の期待効用関数 $EU(\sigma_p, \mu_p) = \mu_p - 0.02\sigma_p^2$ に代入すると，

$$U^a(\sigma_p, \mu_p) = \mu_p - 0.02\sigma_p^2 = 3 - 0.02 \times 5.5 = 2.89$$
$$U^b(\sigma_p, \mu_p) = \mu_p - 0.02\sigma_p^2 = 4 - 0.02 \times 16.2 = 3.676$$
$$U^c(\sigma_p, \mu_p) = \mu_p - 0.02\sigma_p^2 = 5 - 0.02 \times 39.1 = 4.218$$
$$U^d(\sigma_p, \mu_p) = \mu_p - 0.02\sigma_p^2 = 6 - 0.02 \times 106.2 = 3.876$$

です。年金基金にとって最適（期待効用最大）であるアセット・ミックスは c 【答え】です。

(2) 最適資産構成と運用資産額

　期待効用関数が $U = E[X] - 0.5\sigma^2(X)$ のように収益率の期待値と標準偏差のみで特定化される場合，安全資産と危険資産の最適構成は運用資産額にかかわりなく一定であるので，【答え】は③です。

―――**【知っておきましょう】** 効率性フロンティアと最適ポートフォリオ―――

　２つの危険資産 A^{z1}（ハイリスク・ハイリターン型の危険資産），A^{z2}（ローリスク・ローリターン型の危険資産）によって可能な組み合わせは，一般には（$-1 < \rho < 1$），A^{z1}，A^{z2} を結ぶ直線よりも左側に来ます。というのは，投資家は，その富を２つの危険資産に分散することによって，リスクを低下させることができるからです。分散投資によってリスクをどの程度低下させることができるかは，２つの危険資産（A^{z1}，A^{z2}）の収益率の確率分布が互いにどのような関係にあるかに依存しています。以下では，相関係数（ρ）の大きさによって，３つの特殊ケースを考えましょう。

① $\rho = 1$（正の完全相関）のケース

　もし２つの危険資産の不確実な収益率 X_1，X_2 の相関係数（ρ）が１で完全に相関しているならば，投資家は，A^{z1}，A^{z2} を表す点を結ぶ直線上のポートフォリオ（２つの危険資産の組み合わせ）しか選択することができません。つまり，効率性フロンティアは，２点 $A^{z1}(\sigma_1, \mu_1)$，$A^{z2}(\sigma_2,$

μ_2)を通る半直線です。2つの危険資産の最適ポートフォリオは無差別曲線と効率性フロンティアの接点(Q_1)で決定されます。

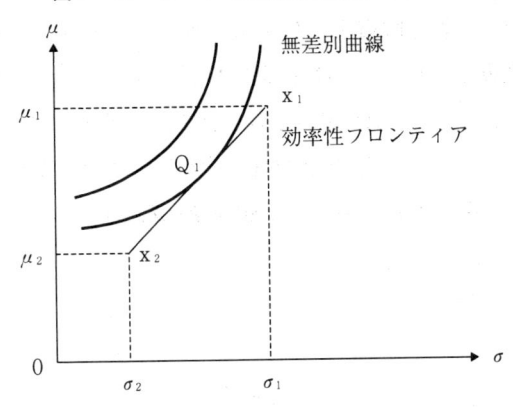

図3-11　$\rho=1$（正の完全相関）のケース

② $\rho=-1$（負の完全相関）のケース

もし2つの危険資産の不確実な収益率X_1，X_2の相関係数（ρ）が-1で完全に逆相関しているならば，投資家は，2つの危険資産を組み合わせて，安全資産を得ることも可能です。例えば，$\mu_1=2$，$\sigma_1^2=4$のハイリスク・ハイリターン型の危険資産，$\mu_2=1$，$\sigma_1^2=1$のローリスク・ローリターン型の危険資産を考えれば，効率性フロンティアは，

$$\sigma^2=(\frac{\mu-1}{2-1})^2\{4+1-2\times2\times1\times(-1)\}$$

$$+2(\frac{\mu-1}{2-1})\{2\times1\times(-1)-1\}+1$$

$$=(3\mu-4)^2$$

つまり，

$$\sigma=3\mu-4$$

となり，$\mu=\frac{4}{3}$のとき，$\sigma=0$です。ポートフォリオ全体の収益率のリターンは，

$$\mu=w\mu_1+(1-w)\mu_2$$

であるので，これに $\mu=\dfrac{4}{3}$，$\mu_1=2$，$\mu_2=1$ を代入すると，
$$\dfrac{4}{3}=w\times 2+(1-w)\times 1$$
となり，$w=\dfrac{1}{3}$ を得ることができます。投資家は，富の $\dfrac{1}{3}$ をハイリスク・ハイリターン型危険資産（A^{21}）に，富の $\dfrac{2}{3}$ をローリスク・ローリターン型危険資産（A^{22}）に分散投資すれば，ポートフォリオ全体の収益率のリターンは $\dfrac{4}{3}$，リスクは０となります。つまり，２つの危険資産を組み合わせることによって，安全資産を得ることができます。

図３－12 $\rho=-1$（負の完全相関）のケース

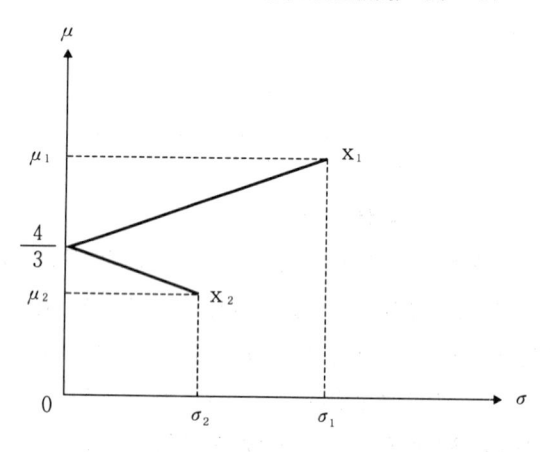

③ $\rho=0$（完全無相関）のケース

もし２つの危険資産の不確実な収益率 X_1，X_2 の相関係数（ρ）が０で完全に無相関ならば，効率性フロンティアは縦軸に対して凸の双曲線です。ただし，効率性フロンティア上で意味のある点，つまり有効な点は，リスクを最小にする組み合わせよりも右上の部分になければなりません。有効な点の軌跡は「有効な効率性フロンティア」と呼ばれ，２つの危険資産の最適ポートフォリオは，無差別曲線と有効な効率性フロンティアの接点（Q_2）で決定されます。ローリスク・ローリターン型危険資産（A^{22}）は有効な効率性フロンティア上になく，投資家はローリスク・ローリターン型危険資産（A^{22}）の形ですべての富を保有することはありません。

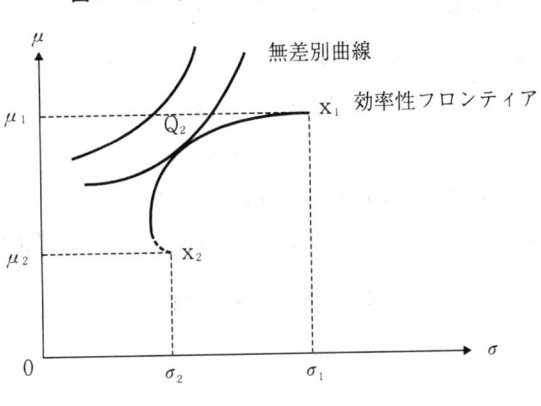

図3-13　ρ=0（完全無相関）のケース

【知っておきましょう】「空売り」と効率性フロンティア

　ρ＝1（正の完全相関）のケースを取り上げましょう（☞ p.43の図3-11参照）。A^{21}（ハイリスク・ハイリターン型の危険資産）を表す点よりも右上の部分は，A^{22}（ローリスク・ローリターン型の危険資産）を負の比率で保有して（つまり「空売り」して），保有資金以上にA^{21}（ハイリスク・ハイリターン型の危険資産）を保有している場合を示しています。

問題3-10：分離定理

　安全資産が利用可能なもとでの最適な株式ポートフォリオを構築するにはどうしたらよいか。次の記述のうち，正しいものを選びなさい。
① 投資家の効用関数がわからなければ構築は不可能である。
② 標準的な投資家の効用関数を推定してそれを最大にするような株式ポートフォリオを構築する。
③ 最適なポートフォリオは無数にある。
④ シャープ測度が最大となるような株式ポートフォリオを構築する。

(平成11年第7問Ⅰより作成)

【解答＆解答の解説】

1つの安全資産と株式ポートフォリオ（図3-14のA，B，C）を組み合わせた場合の効率性フロンティアは直線になります。どのリスク水準（標準偏差）に対してもリターン（期待収益率）が最大になるのは，効率性フロンティアの傾き，つまり「シャープ・レシオ」が最も大きいポートフォリオです。安全資産が利用可能なとき，投資家は効用関数の形状のいかんにかかわりなく，株式ポートフォリオCを一義的に構築することができます（**答え**は④です）。

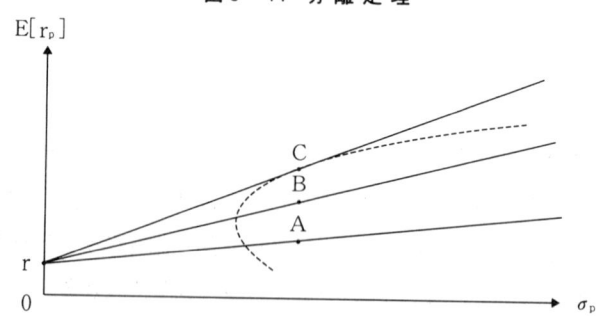

図3-14 分離定理

【知っておきましょう】 分離定理

2つの危険資産（ロー・リスク，ロー・リターン型の危険資産とハイ・リスク，ハイ・リターン型の危険資産）に，1つの安全資産A^1（銀行預金：リターンはr，リスクはゼロ）を加えたポートフォリオの最適構成を考えましょう。効率性フロンティアは，図3-15に示されているように，A^1点$(0, r)$と，A^1点を通る直線が曲線$A^{21}A^{22}$と接するM点（接点ポートフォリオ）を結んだ直線です。最適ポートフォリオは，この効率性フロンティアと無差別曲線が接するQ_3点に対応して決定されます。Q_3点では，$A^1Q_3 : Q_3M$の投資比率で，合成危険資産と安全資産に投資されます（Q_3点がM点の右上の部分に位置するときは，安全資産を負の比率で保有（利子率rでの借入）することを意味しています）。

図3-15 分離定理

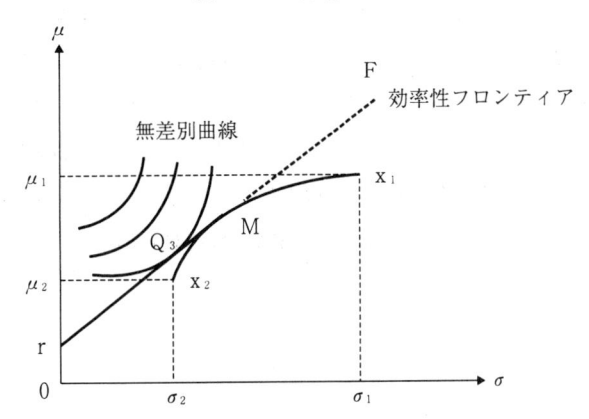

かくて，図3-15より，1つの安全資産が存在し，かつ2つの危険資産が存在する場合には，「分離定理」と呼ばれている興味ある定理が成立することが分かります。つまり，投資家が危険回避者であって，その資産を1つの安全資産A^1と2つの危険資産A^{21}，A^{22}に分散投資しようとするとき，2つの危険資産の最適保有比率（図中のM点）は，安全資産A^1，危険資産A^{21}，A^{22}の各収益率の確率分布に関する予想のみに依存し，無差別曲線（リターンとリスクに対する選好）の具体的な形状には依存しない，という定理です。これが分離定理と呼ばれている理由は，危険資産相互の最適構成比率（接点ポートフォリオ）を決める決定と，合成危険資産M（接点ポートフォリオ）と安全資産との最適構成比率を決める決定とを分離して行うことができるからです。

「分離定理」は，危険資産が3つ以上存在しても成立します。また，この定理の系として，人々が各資産の収益率に関してすべて同じ予想を持ち，かつすべての人々が危険回避者であるならば，人々の無差別曲線の具体的な形，つまり危険回避度の大きいかんにかかわらず，危険資産相互間の保有の相対比率はすべての人にとって一定であるという命題が導かれます。

---【知っておきましょう】　3つの危険資産の投資機会集合―――

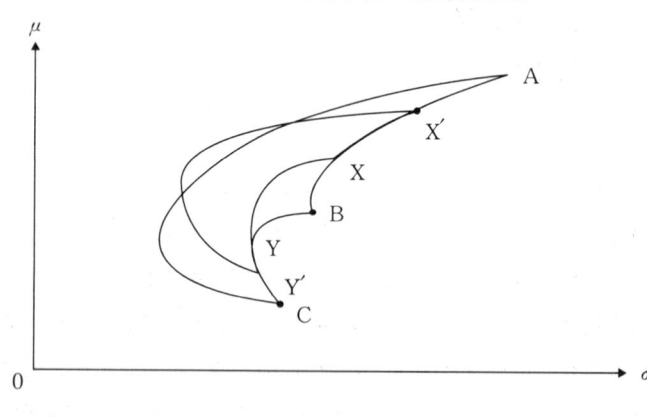

　相関係数が$-1<\rho<1$のケースについて，3つの危険資産A，B，Cの投資機会集合を考えましょう。3つの危険資産A，B，Cから，それぞれ2つの危険資産を組み合わせたポートフォリオを作れば，投資機会集合は，曲線A－B，B－C，C－Aとなります。次に，3つの危険資産全部を組み合わせた投資機会集合は，曲線X－Y，X'－Y'となります。

図3－16　3つの危険資産の投資機会集合

第4章 資本資産価格モデル

問題4－1：資本市場線（CML）

市場ポートフォリオの期待投資収益率が8％，標準偏差が2.5％，無リスク証券の利子率が3％のとき，以下の各問に答えなさい。

(1) 資本市場線を求め，図示しなさい。
(2) 期待投資収益率が9％の効率的ポートフォリオの標準偏差を求めなさい。

【解答＆解答の解説】

(1) **資本市場線**

$E[X_p]$，σ_p＝ポートフォリオの投資収益率の期待値（リターン），標準偏差（リスク），X_f＝安全資産の利子率（リスクフリー・レート），$E[X_M]$，σ_M＝市場ポートフォリオの投資収益率の期待値（リターン），標準偏差（リスク）とすると，「資本市場線」は，

$$E[X_p] = X_f + \frac{E[X_M] - X_f}{\sigma_M} \sigma_p$$

です。本問題では，$X_f=3$，$E[X_M]=8$，$\sigma_M=2.5$であるので，

$$E[X_p] = 3 + \frac{8-3}{2.5} \sigma_p = 3 + 2\sigma_p \quad \boxed{答え}$$

図4－1 資本市場線

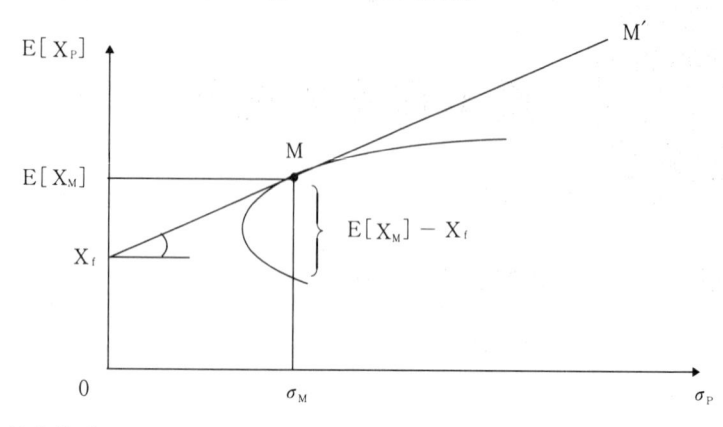

(2) 効率的ポートフォリオのリターンとリスクの関係

$$E[X_p] = 3 + \frac{8-3}{2.5}\sigma_p = 3 + 2\sigma_p$$

において，$E[X_p] = 9$ を代入すると，$\sigma_p = 3$ **答え** が得られます。

---【知っておきましょう】　資本市場線（CML）---

投資家はすべて危険回避者であり，証券市場は完全競争市場であると仮定しましょう。また，すべての投資家は証券のリターン・リスク，証券の投資収益率間の相関係数（共分散）について相等しい予想を形成し，したがって同一の接点ポートフォリオと効率性フロンティアに直面していると仮定しましょう。

すべての投資家が効率性フロンティアと無差別曲線（等期待効用曲線）によって最適ポートフォリオを決定するとして，各投資家の最適化行動が集計された市場が均衡状態にあるとき，次の「資本市場線」（CML：Capital Market Line）が成立します。

$$E[X_p] = X_f + \frac{E[X_M] - X_f}{\sigma_M}\sigma_p$$

ここで，$E[X_p]$，σ_p ＝ポートフォリオの投資収益率の期待値（リターン），標準偏差（リスク），X_f ＝安全資産の利子率（リスクフリー・レー

ト），E［X_M］，σ_M＝市場ポートフォリオの投資収益率の期待値（リターン），標準偏差（リスク）であり，接点ポートフォリオは，市場に存在するすべての証券を，市場全体に占める各証券の割合と同じ投資比率で組み込んでいるので「市場ポートフォリオ（M）」と呼ばれています。

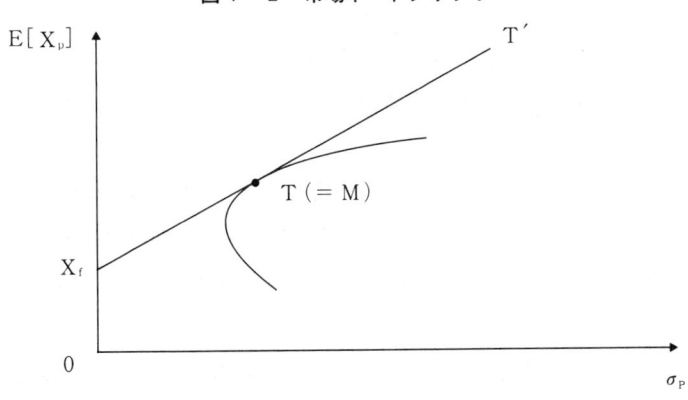

図4－2　市場ポートフォリオ

「資本市場線」は市場均衡下の効率性フロンティア上のポートフォリオのリターンとリスクの関係を図示したものであり，次の3つのことを意味しています。

① E［X_p］はσ_pの正の1次関数です。つまり，効率性フロンティア上のポートフォリオのリターンはリスクの正の1次関数です。
② 市場ポートフォリオは危険資産であるので，E［X_M］－X_f＞0です。資本市場線の正の傾き$\dfrac{E［X_M］-X_f}{\sigma_M}$は「リスクの市場価格」と呼ばれ，リスク1単位減らすにはどれだけリターンを犠牲にしなければならないかを示しています。
③ 資本市場線の縦軸切片X_fは安全資産の需給を均衡させる利子率で，「時間の市場価格」と呼ばれています。

問題4－2：資本資産評価モデル（ＣＡＰＭ）

(1) ＣＡＰＭ（Capital Asset Pricing Model）とは何か説明しなさい。

(2) ＣＡＰＭに関する次の記述のうち，正しいものはどれですか。
① ベータ値が１の資産の期待収益率は安全利子率に等しい。
② ベータ値はマイナスにはならない。
③ ベータ値がマイナスの資産の期待収益率は安全利子率より低い。
④ ベータ値がゼロの資産の期待収益率はマーケット・ポートフォリオの期待収益率に等しい。

(平成12年第７問Ⅳより作成)

(3) ＣＡＰＭが成立しているとします。Ａ社の株式の期待収益率がＢ社株式の期待収益率よりも大きい場合，以下の記述のうち，正しいものはどれですか。
① Ａ社株式の収益率の標準偏差は，Ｂ社株式の収益率の標準偏差よりも大きい。
② Ａ社株式の収益率の標準偏差は，Ｂ社株式の収益率の標準偏差よりも小さい。
③ Ａ社株式のベータは，Ｂ社株式のベータよりも大きい。
④ Ａ社株式と市場ポートフォリオの収益率の相関係数は，Ｂ社株式と市場ポートフォリオの収益率の相関係数よりも大きい。

【解答＆解答の解説】

(1) ＣＡＰＭの式の導出

ＣＡＰＭ（Capital Asset Pricing Model）は「キャップエム」と読まれ，「資本資産評価モデル」あるいは「資本資産価格モデル」と訳されています。

$$E[X_i] = X_f + \beta_i \{E[X_M] - X_f\}$$

は，「ＣＡＰＭの式」と呼ばれています。ここで，X_i＝第ｉ証券の投資収益率，X_f＝安全資産の利子率（リスクフリー・レート），β_i＝第ｉ証券のベータ，

第4章 資本資産価格モデル 53

X_M＝市場ポートフォリオの投資収益率であり，$\{E[X_M]-X_f\}$は「マーケット リスク・プレミアム」と呼ばれています。

　以下では，数値例を用いながら，ＣＡＰＭの式がどのようにして導出される のかを説明しましょう。現在のポートフォリオの時価は100万円であり，「日経 平均225種」採用の全銘柄から構成されているとします。いまリスクフリー・ レートで10万円を借り入れ，この10万円で，「日経平均225種」には採用されて いない第ｉ銘柄（例えば，ソフトバンク）を新規購入し，新しいポートフォリ オを作ったとしましょう。過去の株式益回り（投資収益率）を見れば，第ｉ銘 柄そのもののリターンとリスクを求めることはできますが，「日経平均225種」 採用の全銘柄から構成されているポートフォリオを保有する投資家にとって， 第ｉ銘柄のリターンとリスクの尺度は，第ｉ銘柄を単独で保有する場合のリ ターン（期待収益率）とリスク（標準偏差・分散）ではなく，第ｉ銘柄を現在 のポートフォリオに組み入れたことによって，ポートフォリオ全体のリターン とリスクがどのように変化したかによって測定されます。ＣＡＰＭは，新旧の ポートフォリオを比較することにより，第ｉ銘柄が，ポートフォリオにもたら すリターンとリスクのインパクトを評価するアプローチです。つまり，ＣＡＰ Ｍは，第ｉ証券のリターンとリスクを評価するために，実際に第ｉ証券を現在 のポートフォリオに組み入れ，新しいポートフォリオを作るところから生まれ たものです。

　X_i＝第ｉ銘柄（例えば，ソフトバンク）の株式益回り，X_f＝リスクフリー・ レート，X_N＝新しいポートフォリオの株式益回り，X_O＝現在のポートフォリ オの株式益回り，$w_i = \dfrac{\text{第ｉ銘柄の新規購入額}}{\text{現在のポートフォリオの時価}}$とおけば，第ｉ銘柄が ポートフォリオにもたらす追加リターンと追加リスクは，以下のようにして求 められます。

① 第ｉ銘柄の購入がポートフォリオにもたらす追加リターン

　$(100-10+10)(1+X_N) = 100(1+X_O) - 10(1+X_f) + 10(1+X_i)$

が成立するので，整理すると，

　$100 X_N = 100 X_O + 10(X_i - X_f)$

であり、さらに両辺を100で割ると、

$$X_N = X_O + \frac{10}{100}(X_i - X_f)$$

が得られます。第i銘柄の新規購入額が10万円、現在のポートフォリオの時価が100万円であり、$\frac{10}{100}$はw_i（$\frac{第i銘柄の新規購入額}{現在のポートフォリオの時価}$）の数値例であるので、上記の式は、より一般的に、

$$X_N = X_O + w_i(X_i - X_f)$$

と書かれ、両辺の数学的期待値をとると、

$$E[X_N] = E[X_O] + w_i\{E[X_i] - X_f\}$$

が得られます。かくて、第i銘柄の購入がポートフォリオにもたらす追加リターンは、

$$E[X_N] - E[X_O] = w_i\{E[X_i] - X_f\} \quad （追加リターン）$$

です。

② 第i銘柄の購入がポートフォリオにもたらす追加リスク

$$X_N = X_O + w_i(X_i - X_f)$$

について、分散の演算公式（☞p.8）、

$$V(aX + bY) = a^2V(X) + 2abCov(X, Y) + b^2V(Y)$$

を用いて、新しいポートフォリオの投資収益率の分散 $[V(X_N)]$ を求めると、

$$V(X_N) = V(X_O) + 2w_iCov(X_O, X_i - X_f) + w_i^2V(X_i - X_f)$$

であり、X_f（リスクフリー・レート）は一定であるので、

$$V(X_N) = V(X_O) + 2w_iCov(X_O, X_i) + w_i^2V(X_i)$$

が得られます。数値例では、$w_i = \frac{10}{100} = 0.1$でしたが、$w_i$が十分に小さければ、$w_i^2V(X_i)$の値は無視できるほど小さいものとみなすことができ、上式は、

$$V(X_N) \fallingdotseq V(X_O) + 2w_iCov(X_O, X_i)$$

となり、第i銘柄の購入がポートフォリオにもたらす追加リスクは、

$$V(X_N) - V(X_O) \fallingdotseq 2w_iCov(X_O, X_i) \quad （追加リスク）$$

です。

かくて、第i銘柄の購入がポートフォリオにもたらす追加リターンと追加リスクは、それぞれ

第4章　資本資産価格モデル　55

$$E[X_N] - E[X_O] = w_i \{E[X_i] - X_f\} \quad (\text{追加リターン})$$
$$V(X_N) - V(X_O) \fallingdotseq 2w_i \text{Cov}(X_O, X_i) \quad (\text{追加リスク})$$

であり，追加リターンを追加リスクで割ったものは「スワップ・レシオ」と呼ばれ，

$$\text{スワップ・レシオ} = \frac{E[X_N] - E[X_O]}{V(X_N) - V(X_O)}$$
$$= \frac{w_i(E[X_i] - X_f)}{2w_i \text{Cov}(X_O, X_i)}$$
$$= \frac{E[X_i] - X_f}{2\text{Cov}(X_O, X_i)}$$

です。スワップ・レシオは，第i証券を現在のポートフォリオに組み入れ，新しいポートフォリオを作ったときの，追加リターンと追加リスクのバランスを表す指標であり，スワップ・レシオが異なる第i，j銘柄の2つの銘柄があれば，ポートフォリオの組み替えが行われます。というのは，スワップ・レシオの低い銘柄を売って，高い銘柄を買えば，同じリターンでより低いリスクをもつ（または，同じリスクでより高いリターンをもつ）ポートフォリオを作ることができるからです。

ですから，ポートフォリオが最適化するための条件は，現在のポートフォリオに新たに組み入れる第i銘柄のスワップ・レシオと，現在のポートフォリオのスワップ・レシオが一致することです。つまり，

$$\frac{E[X_i] - X_f}{2\text{Cov}(X_O, X_i)} = \frac{E[X_O] - X_f}{2\text{Cov}(X_O, X_O)}$$

です。ここで，$\text{Cov}(X_O, X_O) = V(X_O)$ であるので，

$$\frac{E[X_i] - X_f}{\text{Cov}(X_O, X_i)} = \frac{E[X_O] - X_f}{V(X_O)}$$

であり，両辺に $\text{Cov}(X_O, X_i)$ を掛けて，整理すると，

$$E[X_i] - X_f = \frac{\text{Cov}(X_O, X_i)}{V(X_O)}(E[X_O] - X_f)$$

が得られます。$\frac{\text{Cov}(X_O, X_i)}{V(X_O)}$ は「第i証券のベータ（β_i）」あるいは「第i証券のベータ・リスク」と呼ばれ，それは「第i証券のリスク」を表していま

す。かくて，
$$E[X_i] = X_f + \beta_i \{E[X_0] - X_f\}$$
であり，現在のポートフォリオは「日経平均225種」採用の全銘柄から構成されている，つまり「市場ポートフォリオ」であるので，X_0（＝現在のポートフォリオの株式益回り）の代わりに，X_M（＝市場ポートフォリオの株式益回り）を用いると，
$$E[X_i] = X_f + \beta_i \{E[X_M] - X_f\} \quad \text{（CAPMの式）}$$
が得られます。この式が「CAPMの式」と呼ばれているものであり，ここで，$\beta_i = \dfrac{\mathrm{Cov}(X_M, X_i)}{V(X_M)}$ です。β_i は，市場ポートフォリオのベータ（あるいはベータ・リスク）を1.0として，第 i 証券のリスクを測定する尺度です。

(2) CAPM

「CAPMの式」は $E[X_i] = X_f + \beta_i \{E[X_M] - X_f\}$ であるので，

① 誤り

$\beta_i = 1$ のとき，$E[X_i] = X_f + \beta_i \{E[X_M] - X_f\} = X_f + \{E[X_M] - X_f\} = E[X_M]$ です。第 i 証券の期待投資収益率は市場ポートフォリオの期待投資収益率に等しい。

② 誤り

$\beta_i = \dfrac{\mathrm{Cov}(X_M, X_i)}{V(X_M)}$ と定義され，相関係数の定義式より，$\mathrm{Cov}(X_M, X_i) = \rho_{Mi} \sigma_M \sigma_i$ であるので，$\beta_i = \dfrac{\rho_{Mi} \sigma_M \sigma_i}{\sigma_M^2} = \dfrac{\rho_{Mi} \sigma_i}{\sigma_M}$ です。$-1 \leq \rho_{Mi} < 0$ のとき，$\beta_i < 0$ です。

③ 正しい

$E[X_M] - X_f > 0$ であるので，$\beta_i < 0$ のとき，$E[X_i] - X_f = \beta_i \{E[X_M] - X_f\} < 0$，つまり $E[X_i] < X_f$ です。

④ 誤り

$\beta_i = 0$ のとき，$E[X_i] = X_f + \beta_i \{E[X_M] - X_f\} = X_f$ です。第 i 証券の期待投資収益率は安全資産の利子率に等しい。

(3) CAPM：A社株式とB社株式

$$E[X_A] = X_f + \beta_A \{E[X_M] - X_f\}$$

$$E[X_B] = X_f + \beta_B \{E[X_M] - X_f\}$$

であり、$E[X_A] > E[X_B]$ は $\beta_A > \beta_B$ (**答え** は③) を意味します。$\rho_{Mi} = \beta_i \frac{\sigma_M}{\sigma_i}$ であり、$\beta_A > \beta_B$ は $\rho_{MA} > \rho_{MB}$ を必ずしも意味するものではありません。

問題4－3：CAPM

利子率が3％の安全資産が存在し、市場ポートフォリオの期待収益率が9％、標準偏差が12％とします。このとき、資本資産評価モデル（CAPM）が成立するものとして、以下の各問に答えなさい。

表4－1　2つの株式の標準偏差と市場ポートフォリオとの相関係数

	標準偏差	市場ポートフォリオとの相関係数
株式 A	15%	0.6
株式 B	6%	0.3

(1) 2つの株式A，Bについて、β_i（i＝A, B）を求めなさい。
(2) 2つの株式A，Bについて、期待収益率を求めなさい。
(3) 株式Aの証券市場線を図示し、「マーケットリスク・プレミアム」を図中に書き入れなさい。

【解答＆解答の解説】

(1) β_i（i＝A, B）の計算

β_i は、「第 i 銘柄のベータ」と呼ばれ、$\beta_i = \frac{\mathrm{Cov}(X_M, X_i)}{V(X_M)}$ と定義されています。相関係数の定義式より、$\mathrm{Cov}(X_M, X_i) = \rho_{Mi} \sigma_M \sigma_i$ であり、本問題では、$\rho_{MA} = 0.6$，$\rho_{MB} = 0.3$，$\sigma_M = 12$，$\sigma_A = 15$，$\sigma_B = 6$ であるので、

$$\beta_A = \frac{\mathrm{Cov}(X_M, X_A)}{V(X_M)} = \frac{\rho_{MA} \sigma_M \sigma_A}{\sigma_M^2}$$

$$= \frac{0.6 \times 12 \times 15}{12^2} = 0.75 \quad \text{答え}$$

$$\beta_B = \frac{\mathrm{Cov}(X_M, X_B)}{V(X_M)} = \frac{\rho_{MB} \sigma_M \sigma_B}{\sigma_M^2}$$

$$= \frac{0.3 \times 12 \times 6}{12^2} = 0.15 \quad \boxed{\text{答え}}$$

(2) $E[X_i]$ ($i = A, B$) の計算

CAPMの式は, $E[X_i] = X_f + \beta_i \{E[X_M] - X_f\}$ であり, 本問題では, $X_f = 3$, $\beta_A = 0.75$, $\beta_B = 0.15$, $E[X_M] = 9$ であるので,

$E[X_A] = X_f + \beta_A \{E[X_M] - X_f\}$
$\quad\quad = 3 + 0.75 \times (9 - 3) = 7.5\%$ 答え

$E[X_B] = X_f + \beta_B \{E[X_M] - X_f\}$
$\quad\quad = 3 + 0.15 \times (9 - 3) = 3.9\%$ 答え

(3) 「証券市場線」と「マーケットリスク・プレミアム」

CAPMの式 ($E[X_i] = X_f + \beta_i \{E[X_M] - X_f\}$) を, 縦軸に$E[X_i]$, 横軸に$\beta_i$をとって表した図は, 「証券市場線 (Security Market Line)」と呼ばれています。本問題では,

$E[X_A] = 3 + \beta_A (9 - 3) = 3 + 6\beta_A$ 答え

「マーケットリスク・プレミアム」は, 市場ポートフォリオのリターンとリスクフリー・レートの差, つまり $\{E[X_M] - X_f\}$ と定義され, 市場ポートフォリオのリスクを負担することに対する報酬を表しています。

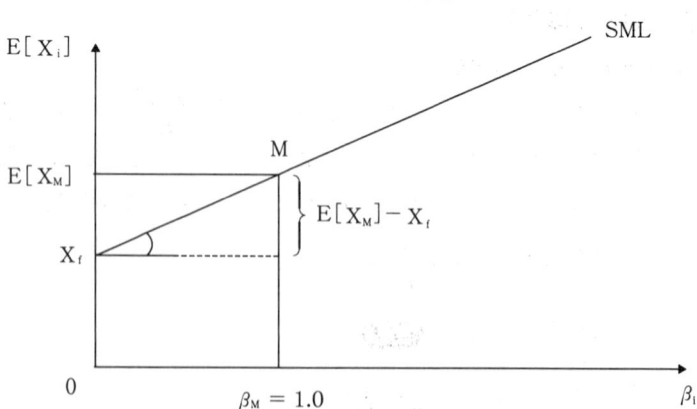

図4-3 証券市場線

―【知っておきましょう】 証券市場線：ベータ（β_i）とアルファ（α_j）―

$E[X_i]$は第i銘柄のリターン，β_iは第i銘柄のリスクをそれぞれ意味しています。ＣＡＰＭの式は，ポートフォリオの最適化条件，つまり

$$\frac{E[X_i]-X_f}{2\mathrm{Cov}(X_o,X_i)}=\frac{E[X_o]-X_f}{2\mathrm{Cov}(X_o,X_o)}$$

から導出されたものであり（☞p.55），それは第i銘柄のリターンとリスクのバランスが，市場ポートフォリオのリターンとリスクのバランスと一致していることを意味しています。

証券市場線は，第i銘柄のリスク（ベータ・リスク）がこれこれの大きさだと，ポートフォリオの最適化のためには，これこれのリターンが必要であることを示しています。つまり，投資家が，現在のポートフォリオに第i銘柄を追加しようとするとき，その銘柄が満たしておかなければならない，リターンとリスクの組み合わせを示しています。第i銘柄がローリスク（低いβ_i）のときはローリターン（小さい$E[X_i]$）でよいが，ハイリスク（高いβ_i）のときはハイリターン（大きい$E[X_i]$）でなければなりません。

また，第j銘柄のリターンを$E[X_j]$，リスク（ベータ・リスク）をβ_jとします。「第j銘柄のアルファ値」（α_j）は，

$$\alpha_j=E[X_j]-[X_f+\beta_j\{E[X_M]-X_f\}]$$

と定義されています。$\alpha_j>0$は，β_jのときにポートフォリオの最適化に必要なリターンよりも$E[X_j]$が高すぎることを意味し，投資家にとって，第j銘柄を購入して，現在のポートフォリオに組み入れることが有利です。$\alpha_j<0$は，β_jのときにポートフォリオの最適化に必要なリターンよりも$E[X_j]$が低すぎることを意味し，投資家にとって，第j銘柄を売却して，現在のポートフォリオから除外することが有利です。

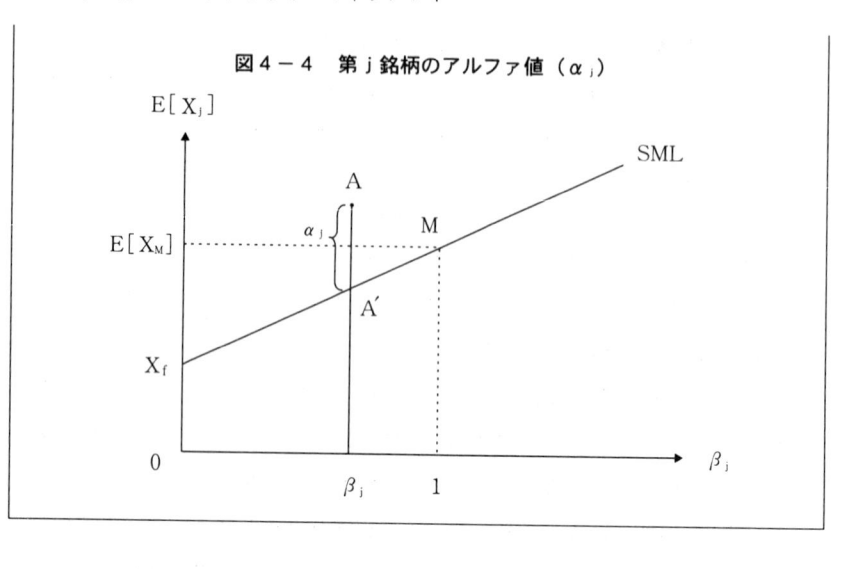

図4-4 第j銘柄のアルファ値（α_j）

問題4-4：ベータの計算

(1) 株式ポートフォリオAおよび市場ポートフォリオの特性（事前の予想値）は表4-2のとおりです。また、無リスク利子率は0.5%（年率）です。株式ポートフォリオAのベータを求めなさい。

表4-2 株式ポートフォリオAおよび市場ポートフォリオの特性

株式ポートフォリオAの特性	
期待リターン	5.5%
標準偏差	12.0%
市場ポートフォリオとの相関係数	0.96
市場ポートフォリオの特性	
期待リターン	4.5%
標準偏差	11.0%

（平成15年第5問Iより作成）

(2) 2つの資産A，Bを用いて，ポートフォリオを作成します。資産A，

Bの保有割合をそれぞれw，（1－w）とし，空売りも可能とします。資産A，資産Bの特徴は以下の表4－3のとおりです。資産Bと市場ポートフォリオのリターン間の相関係数を求めなさい。ただし，市場ポートフォリオの投資収益率の標準偏差は10％とします。

表4－3　資産A，Bの特徴

	期待リターン	標準偏差	ベータ
資産A	6％	12％	0.8
資産B	8％	15％	1.1

（注）　資産Aと資産Bのリターン間の相関係数は0.3です。

（平成13年第5問Iより作成）

(3) 問(2)で，ポートフォリオのベータを1.0にするには，wをいくらにすればよいですか。

（平成13年第5問Iより作成）

【解答＆解答の解説】

(1) ベータの計算

本問題では，$\rho_{MA}=0.96$，$\sigma_M=11$，$\sigma_A=12$，$V(X_M)=(11)^2$であるので，

$$\beta_A = \frac{\mathrm{Cov}(X_M, X_A)}{V(X_M)} = \frac{\rho_{MA}\sigma_M\sigma_A}{\sigma_M^2}$$

$$= \frac{0.96 \times 11 \times 12}{11^2} = 1.047 \quad \text{答え}$$

―【知っておきましょう】　第i銘柄のベータ（ベータ・リスク）―

β_iは，「第i銘柄のベータ」と呼ばれ，CAPMの式から，$\beta_i = \dfrac{dE[X_i]}{dE[X_M]}$であり，$\beta_i$は，市場ポートフォリオの投資収益率のリターンが1％変化したときに，第i銘柄の投資収益率のリターンが何％変化するのかを表しています。

表4-4　業種別β（1993年7月～1998年6月の60ヵ月実績値）

業　　種	β	企　　業	β
電気・ガス業	0.38	東 京 電 力	0.46
食　料　品	0.80	キリンビール	0.89
建　設　業	1.08	清 水 建 設	1.30
鉄　　　鋼	1.19	新 日 本 製 鉄	1.01
銀　行　業	1.24	東京三菱銀行	1.15
証　券　業	1.59	野 村 證 券	1.32

出所：グロービス・マネジメント・インスティテュート『MBAファイナンス』の図表3-11より転載。

(2)　ベータの計算式を利用した相関係数の計算

$$\beta_B = \frac{\rho_{MB}\sigma_M\sigma_B}{\sigma_M^2}$$ に $\beta_B = 1.1$，$\sigma_B = 15$，$\sigma_M = 10$ を代入すると，

$$1.1 = \frac{\rho_{MB} \times 10 \times 15}{10^2}$$

であるので，$\rho_{MB} = \dfrac{1.1 \times 10}{15} = 0.73$　**答え**

(3)　ポートフォリオのベータと投資比率

　ポートフォリオのベータはポートフォリオを構成する証券のベータの加重平均値に等しいので，w＝資産Aへの投資比率，(1－w)＝資産Bへの投資比率とすれば，

$$\beta = w \times \beta_A + (1-w)\beta_B$$

です。本問題では，$\beta = 1.0$，$\beta_A = 0.8$，$\beta_B = 1.1$ であるので，

$$1.0 = w \times 0.8 + (1-w)1.1$$

より，w＝0.33　**答え**　を得ることができます。

第5章 ファンドのパフォーマンスの評価と効率的市場仮説

問題5－1：金額加重収益率と時間加重収益率

ある基金の管理者が元本100億円の基金の運用をある金融機関に委託した。運用の結果1年後に時価で110億円となった。2年目には新たに50億円を基金に追加し運用してもらった。以下の各問に答えなさい。

(1) 金融機関による運用の2年目の収益率が25％であるならば，この基金の2年間の運用の内部収益率（金額加重収益率：年率）はいくらですか。

(2) 2年目の初めに50億円の追加投資をしなかった場合には，内部収益率（金額加重収益率：年率）はいくらになりますか。金融機関による運用の2年目の収益率は問(1)と同じく25％であるものとします。

(3) 2年目の運用を終えた結果，この基金の2年間の内部収益率は7％（年率）でした。この基金の2年間の時間加重収益率はいくらになりますか。

(4) 次の基金運用のパフォーマンス評価に関する記述で正しいものはどれですか。

① 基金の管理者が，資金の流出入まで含めた基金全体の投資効率を判断するのには時間加重収益率が適当だ。

② 運用者の評価には資金の流出入の影響を受けない時間加重収益率を用いるのがよい。

③ 運用者の評価は資金の流出入の効果まで含めて総合的に行うべきだ。

④ 基金が当初設定した投資目標によって運用者の評価を時間加重収益率で行うか，金額加重収益率で行うかが決まってくる。

（平成11年第7問Ⅲより作成）

【解答＆解答の解説】

(1) 金額加重収益率の計算

本問題では，$V_0=100$, $V_1=110$, $C_1=50$であるので，題意より，$V_2=(V_1+C_1)\times(1+0.25)=(110+50)\times(1+0.25)=200$が得られます。したがって，金額加重収益率（R）は，

$$V_0+\frac{C_1}{(1+R)}=\frac{V_2}{(1+R)^2}$$

つまり，

$$100+\frac{50}{(1+R)}=\frac{200}{(1+R)^2}$$

より求めることができます。$R=0.186$（18.6%）**答え** です。

図5-1 金額加重収益率の計算

```
V₀              V₁              V₂
|──── 1 ────|──── 2 ────|
              C₁
```

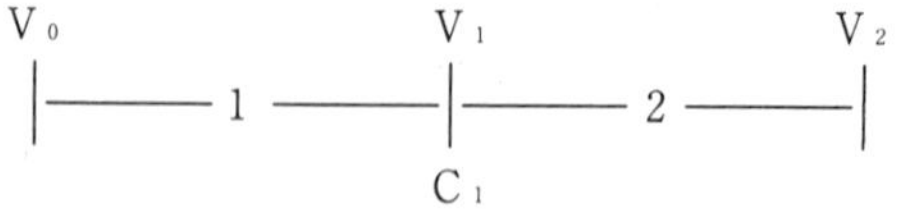

---【知っておきましょう】 金額加重収益率(R)と時間加重収益率(r)---

V_0＝ポートフォリオの投資期間全体の期首（第1期首）時点の価値，
V_i＝ポートフォリオの第 i 期末（i＝1, 2, ……，n－1）時点の価値，
V_n＝ポートフォリオの投資期間全体の期末（第n期末）時点の価値，C_i＝第 i 期末に生じるキャッシュ・フローとします。

図5-2 金額加重収益率と時間加重収益率

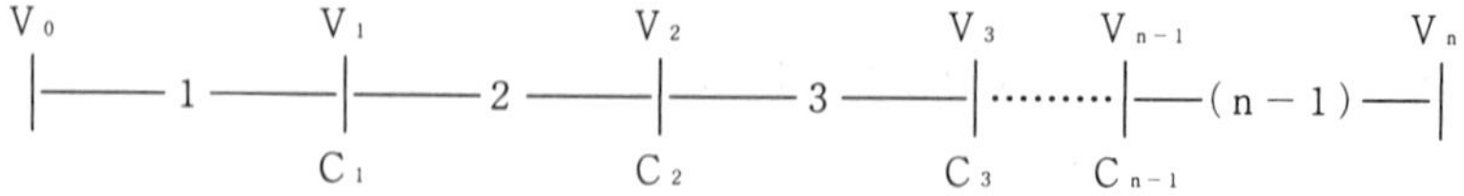

```
V₀      V₁       V₂       V₃          Vₙ₋₁      Vₙ
|── 1 ──|── 2 ──|── 3 ──|········|──(n－1)──|
         C₁      C₂       C₃          Cₙ₋₁
```

① 金額加重収益率（money－weighted rate of return：R）

$$V_0+\sum_{i=1}^{n-1}\frac{C_i}{(1+R)^i}=\frac{V_n}{(1+R)^n}$$

② 時間加重収益率（time-weighted rate of return：r）

$$r = \left(\frac{V_1}{V_0} \times \frac{V_2}{V_1+C_1} \times \cdots \times \frac{V_n}{V_{n-1}+C_{n-1}}\right)^{\frac{1}{n}} - 1$$

したがって，2つのポートフォリオは，ポートフォリオ構成が同一であったとしても，キャッシュ・フロー（資金の流出入）のパターンが異なれば，金額加重収益率は異なります。キャッシュ・フローのパターンは資金運用担当者にとってはコントロール不能であるので，金額加重収益率はポートフォリオのパフォーマンスの評価には適していますが，運用担当者の運用能力を評価するには適していません。一方，時間加重収益率は，キャッシュ・フローのパターンの影響を受けないので，運用担当者の運用成績を評価するのに適しています。

(2) 金額加重収益率の計算

本問題では，$V_0=100$，$V_1=110$，$C_1=0$ であるので，題意より，$V_2=(V_1+0)\times(1+0.25)=110\times(1+0.25)=137.5$ が得られます。したがって，金額加重収益率（R）は，

$$V_0 + \frac{C_1}{(1+R)} = \frac{V_2}{(1+R)^2}$$

つまり，

$$100 = \frac{137.5}{(1+R)^2}$$

より求めることができます。$R=0.173$（17.3％）**答え** です。

図5-3 金額加重収益率の計算

```
V₀              V₁              V₂
|———— 1 ————|———— 2 ————|
                C₁
```

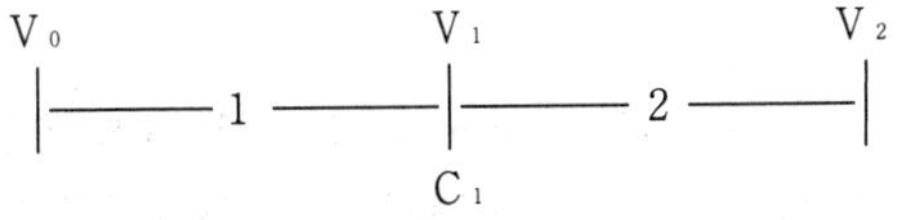

(3) 時間加重収益率の計算

内部収益率（金額加重収益率）は7％（年率）であるので，2年目の運用結

果（V_2）は，

$$V_0 + \frac{C_1}{(1+R)} = \frac{V_2}{(1+R)^2}$$

つまり，

$$100 + \frac{50}{(1+0.07)} = \frac{V_2}{(1+0.07)^2}$$

より求めることができます。$V_2 = 167.99$ が得られます。時間加重収益率（r）は，

$$r = \left(\frac{V_1}{V_0} \times \frac{V_2}{V_1 + C_1}\right)^{\frac{1}{2}} - 1$$

つまり，

$$r = \left(\frac{110}{100} \times \frac{167.99}{110 + 50}\right)^{\frac{1}{2}} - 1 = 0.0747 \ (7.47\%) \ \boxed{答え}$$

(4) 金額加重収益率と時間加重収益率：資金運用者の能力の評価

　資金の流出入の効果まで含めて，投資効率を判断するには，金額加重収益率が適当です。これに対して，資金の流出入に関する権限のない運用者（基金の管理者）を評価するには，資金の流出入の効果を含まない時間加重収益率が適当です。

① （誤）

　というのは，金額加重収益率が適当であって，時間加重収益率は不適切であるからです。

② （正）　$\boxed{答え}$

③ （誤）

④ （誤）

　というのは，金額の多寡とは関係がないからです。

問題5－2：ファンドのパフォーマンスの要因分析：アロケーション要因と銘柄選択要因

　X年金基金は，株式20％，債券80％をポリシー・アセット・ミックス

（戦略的アセット・アロケーション）として採用しています。各資産の収益率の期待値と標準偏差は表5－1のとおりです。

表5－1　各資産の収益率の期待値と標準偏差

	期待値	標準偏差
株式	10%	20%
債券	4%	5%

（注）単位は年率。

1年後に運用委託先から得た報告をまとめると、1年間の実際のアロケーションとパフォーマンスは以下のとおりでした。

表5－2　実際のアロケーションとポリシー・アセット・ミックス

	ファンド	ポリシー・アセット・ミックス
株式	15%	20%
債券	85%	80%

表5－3　事後的なパフォーマンス（収益率，年率）

	ファンド	ベンチマーク
株式	－11%	－13%
債券	5%	4%

以下の各問に答えなさい。

(1) ファンドの事後の収益率とベンチマーク・ポートフォリオの事後の収益率との差はいくらになりますか。
(2) ファンドの事後的なパフォーマンスのうちアロケーション要因はいくらになりますか。
(3) ファンドの事後的なパフォーマンスのうち個別資産運用要因（銘柄選択要因）はいくらになりますか。

（平成15年第5問Ⅱより作成）

【解答＆解答の解説】

資金運用の結果を評価するための基準は「ベンチマーク」と呼ばれています。

(1) ポートフォリオの収益率

いくつかの証券の組み合わせは「ポートフォリオ」と呼ばれ、$X_i=$第 i 証券の投資収益率（$i=1, 2, \cdots\cdots, n$）、$X_p=$ポートフォリオの投資収益率、$w_i=$第 i 証券への投資比率（$\Sigma w_i=1$）とすると、

$$X_p = w_1 X_1 + w_2 X_2 + \cdots\cdots + w_n X_n = \Sigma w_i X_i$$

です。

本問題のファンドの事後の収益率は、

$$w_1 X_1 + w_2 X_2 = 0.15 \times (-11\%) + 0.85 \times 5\% = 2.6\%$$

ベンチマーク・ポートフォリオの事後の収益率は、

$$w_1 X_1 + w_2 X_2 = 0.2 \times (-13\%) + 0.8 \times 4\% = 0.6\%$$

であり、ファンドの事後の収益率とベンチマーク・ポートフォリオの事後の収益率との差（超過収益率）は、$2.6\% - 0.6\% = 2\%$ **答え** です。

(2) ファンドのパフォーマンス：アロケーション要因

① 株式アロケーション要因

本問題では、$w_{iA}=$実際のファンドにおける株式への投資比率$=0.15$、$w_{iB}=$ベンチマーク・ファンド（ポリシー・アセット・ミックス）における株式への投資比率$=0.20$、$X_{iB}=$ベンチマーク・ファンドにおける株式の収益率$=-13\%$であるので、

$$株式アロケーション要因 = (w_{iA} - w_{iB}) \times X_{iB} = (0.15 - 0.20) \times (-13\%) = 0.65\%$$

② 債券アロケーション要因

本問題では、$w_{iA}=$実際のファンドにおける債券への投資比率$=0.85$、$w_{iB}=$ベンチマーク・ファンド（ポリシー・アセット・ミックス）における債券への投資比率$=0.80$、$X_{iB}=$ベンチマーク・ファンドにおける債券の収益率$=4\%$であるので、

$$債券アロケーション要因 = (w_{iA} - w_{iB}) \times X_{iB} = (0.85 - 0.80) \times 4\%$$

第5章 ファンドのパフォーマンスの評価と効率的市場仮説　69

＝0.2％

したがって,「ファンドの事後的なパフォーマンスのうちのアロケーション要因」は,

株式アロケーション要因＋債券アロケーション要因＝0.65％＋0.2％
＝0.85％ 答え

図5－4　アロケーション要因の計算

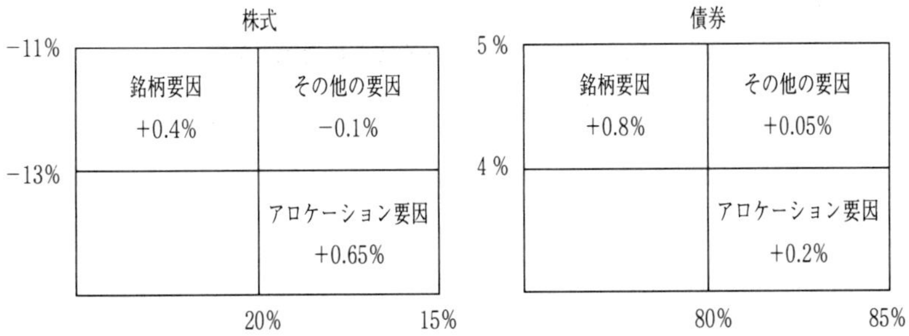

```
         株式                              債券
-11%                            5%
      銘柄要因  その他の要因          銘柄要因   その他の要因
      +0.4%    -0.1%              +0.8%     +0.05%
-13%                            4%
              アロケーション要因              アロケーション要因
              +0.65%                        +0.2%
         20%        15%              80%         85%
```

―【知っておきましょう】　要因分析：アロケーション要因と銘柄選択要因―

「米国のある調査では,長期投資のリターンの90％は資金配分(アロケーション)で決まり,銘柄選別(ポートフォリオ)によって決まるのはわずか10％にすぎない」と言われ,「アロケーション」と「ポートフォリオ」が区別されています。年金基金の中の債券,株式などの投資比率はアロケーションの問題,株式の中のトヨタ,新日鉄などの投資比率はポートフォリオの問題とされています。「要因分析」では,ファンドのパフォーマンスを評価するのに,債券,株式などの資産構成は「アロケーション要因」,ポートフォリオ(債券あるいは株式などの銘柄の組み合わせ)を構成する各銘柄の収益率は「銘柄選択要因」とそれぞれ呼ばれています。

w_{iA}＝実際のファンドにおける第i証券への投資比率(アロケーション), w_{iB}＝ベンチマーク・ファンド(ポリシー・アセット・ミックス)における第i証券への投資比率, X_{iA}＝実際のファンドにおける第i証券(第iポートフォリオ)の収益率, X_{iB}＝ベンチマーク・ファンドにおける第i証券(第iポートフォリオ)の収益率とすると,ファンドのパフォー

マンスを各アロケーション資産ごとに，①アロケーション要因，②銘柄選択要因，③その他要因に分けることができます。

$$\text{アロケーション要因} = (w_{iA} - w_{iB}) \times X_{iB}$$

$$\text{銘柄選択要因} = w_{iB} \times (X_{iA} - X_{iB})$$

としてそれぞれ計算され，図5-5中の①，②，③の合計は「超過収益率」と呼ばれています。

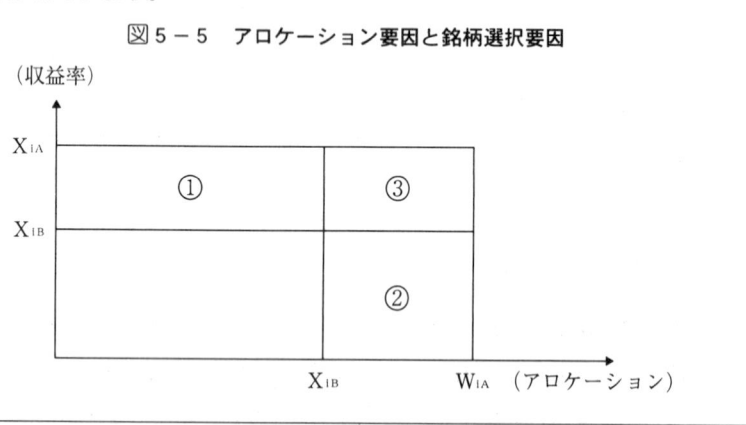

図5-5　アロケーション要因と銘柄選択要因

(3) ファンドのパフォーマンス：銘柄選択要因

① 株式銘柄選択要因

本問題では，w_{iB}＝ベンチマーク・ファンド（ポリシー・アセット・ミックス）における株式への投資比率＝0.2，X_{iA}＝実際のファンドにおける株式の収益率＝－11％，X_{iB}＝ベンチマーク・ファンドにおける株式の収益率＝－13％であるので，

$$\text{株式銘柄選択要因} = w_{iB} \times (X_{iA} - X_{iB}) = 0.2 \times \{-11\% - (-13\%)\}$$
$$= 0.4\%$$

② 債券銘柄選択要因

本問題では，w_{iB}＝ベンチマーク・ファンド（ポリシー・アセット・ミックス）における債券への投資比率＝0.8，X_{iA}＝実際のファンドにおける債券の収益率＝5％，X_{iB}＝ベンチマーク・ファンドにおける債券の収益率＝4％で

あるので,

債券銘柄選択要因＝$w_{iB} \times (X_{iA} - X_{iB})$＝0.8×(5％－4％)
＝0.8％

したがって,「ファンドの事後的なパフォーマンスのうちの個別資産運用要因(銘柄選択要因)」は,

株式銘柄選択要因＋債券銘柄選択要因＝0.4％＋0.8％
＝1.2％ **答え**

図5－6 アロケーション要因の計算

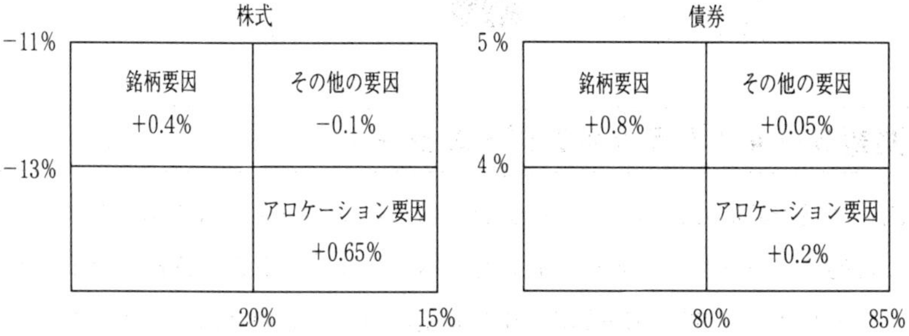

```
        株式                              債券
-11%                          5%
      銘柄要因   その他の要因        銘柄要因   その他の要因
      +0.4%    -0.1%              +0.8%    +0.05%
-13%                          4%
      アロケーション要因            アロケーション要因
      +0.65%                      +0.2%
       20%    15%              80%       85%
```

問題5－3:ファンドのベンチマークに対するベータの値

Z投資顧問は,ベンチマークを上回るパフォーマンスをあげることを目的にポートフォリオを作成した。ベンチマークおよび作成したポートフォリオの収益率の期待値と標準偏差は表5－4のとおりです。作成したポートフォリオのベンチマークに対するベータはいくらになりますか。

表5－4 ベンチマークおよび作成したポートフォリオ
の収益率の期待値と標準偏差

	ベンチマーク	作成したポートフォリオ
収益率の期待値	10％	11％
収益率の標準偏差	15％	16％

(注) ベンチマークと作成したポートフォリオの収益率の相関係数は0.95です。

(平成14年第5問Ⅲより作成)

【解答&解答の解説】

X_B=ベンチマークの収益率,X=作成したポートフォリオの収益率,β=作成したポートフォリオのベンチマークに対するベータ(ベータ・リスク)とすると,$\beta=\dfrac{\mathrm{Cov}(X_B,X)}{V(X_B)}$ と定義されます。相関係数(ρ)の定義式より,$\mathrm{Cov}(X_B,X)=\rho\,\sigma_B\,\sigma$ であり,本問では,$\rho=0.95$,$\sigma_B=15$,$\sigma=16$ であるので,

$$\beta=\dfrac{\mathrm{Cov}(X_B,X)}{V(X_B)}=\dfrac{\rho\,\sigma_B\,\sigma}{\sigma_B{}^2}=\dfrac{\rho\,\sigma}{\sigma_B}$$

$$=\dfrac{0.95\times 16\%}{15\%}==1.013 \quad \text{答え}$$

問題5-4:トラッキング・エラー

(1) Z投資顧問は,ベンチマークを上回るパフォーマンスをあげることを目的にポートフォリオを作成した。ベンチマークおよび作成したポートフォリオの収益率の期待値と標準偏差は表5-5のとおりです。トラッキング・エラーの標準偏差はいくらになりますか。ただし,トラッキング・エラーとは,作成したポートフォリオとベンチマークの収益率の差を意味するものとします。

表5-5 ベンチマークおよび作成したポートフォリオの収益率の期待値と標準偏差

	ベンチマーク	作成したポートフォリオ
収益率の期待値	10%	11%
収益率の標準偏差	15%	16%

(注)ベンチマークと作成したポートフォリオの収益率の相関係数は0.95です。

(平成14年第5問Ⅲより作成)

(2) ベンチマークに追随するポートフォリオの期待収益率と標準偏差を求めなさい。ただし,そのベンチマークの期待収益率は10%,標準偏差20%,トラッキング・エラー自体の期待収益率は+1%,標準偏差4%

であり，ベンチマーク収益率とトラッキング・エラーとの共分散はゼロとします。

(平成12年第7問Ⅳより作成)

【解答＆解答の解説】

(1) **トラッキング・エラーの標準偏差**

X_B＝ベンチマークの収益率，X＝作成したポートフォリオの収益率，ρ＝ベンチマークと作成したポートフォリオの収益率の相関係数，T＝トラッキング・エラーとすると，

$$T = X - X_B$$

で定義されます。トラッキング・エラーの分散は，分散の演算公式（☞ p.8），

$$V(aX + bY) = a^2 V(X) + 2ab\,\mathrm{Cov}(X,Y) + b^2 V(Y)$$

を用いると，

$$\begin{aligned}
V(T) &= V(X) - 2\,\mathrm{Cov}(X_B, X) + V(X_B) \\
&= \sigma^2 - 2\rho\sigma_B\sigma + \sigma_B^2 \\
&= (16)^2 - 2 \times 0.95 \times 15 \times 16 + (15)^2 \\
&= 25
\end{aligned}$$

であるので，トラッキング・エラーの標準偏差は，$\sqrt{V(T)} = \sqrt{25} = 5\%$ 〈答え〉です。

(2) **トラッキング・エラーの期待値と標準偏差**

X_B＝ベンチマークの収益率，X＝ベンチマークに追随するポートフォリオの収益率，T＝トラッキング・エラーとすると，$T = X - X_B$と定義されるので，$X = X_B + T$です。題意より$\mathrm{Cov}(X_B, T) = 0$であるので，

$$E[X] = E[X_B] + E[T] = 10\% + 1\% = 11\% \quad \text{〈答え〉}$$

$$\begin{aligned}
V(X) &= V(X_B) + 2\,\mathrm{Cov}(X_B, T) + V(T) = V(X_B) + V(T) \\
&= 20^2 + 4^2 = 416
\end{aligned}$$

です。ベンチマークに追随するポートフォリオの収益率の標準偏差（σ）は，

$$\sigma = \sqrt{V(X)} = \sqrt{416} \fallingdotseq 20.4 \quad \text{〈答え〉}$$

問題5－5：ポートフォリオのシステマティック・リスクと アンシステマティック・リスク

表5－6のデータからポートフォリオAの「シャープの測度」「トレイナーの測度」「ジェンセンのアルファ」「ジェンセンのアルファプライム」を計算しなさい。また，ポートフォリオAのシステマティック・リスクとアンシステマティック・リスクを計算しなさい。

表5－6　市場ポートフォリオとポートフォリオAのデータ

	収益率	標準偏差	ベータ（β）
市場ポートフォリオ	12%	15%	1.00
ポートフォリオA	10%	10%	0.60
無リスク資産の利子率	5%		

（注）ファンドAと市場ポートフォリオとの相関係数は0.9です。

【解答＆解答の解説】

本問題では，X_A＝ポートフォリオAの収益率＝10%（0.1），X_f＝安全資産の利子率＝5%（0.05），X_M＝市場ポートフォリオの収益率＝12%（0.12），σ_A＝ポートフォリオAの収益率の標準偏差＝10%（0.1），σ_M＝市場ポートフォリオの収益率の標準偏差＝15%（0.15），β_A＝ポートフォリオAのベータ＝0.60であるので，

① シャープの測度＝$\dfrac{X_A - X_f}{\sigma_A}$＝$\dfrac{0.1 - 0.05}{0.1}$＝0.5　**答え**

② トレイナーの測度＝$\dfrac{X_A - X_f}{\beta_A}$＝$\dfrac{0.1 - 0.05}{0.6}$≒0.083　**答え**

③ ジェンセンのアルファ＝$X_A - \{X_f + \beta_A(X_M - X_f)\}$
　　　　　　　　　　＝0.1－{0.05＋0.6(0.12－0.05)}
　　　　　　　　　　＝0.008　**答え**

④ ジェンセンのアルファプライム＝$X_A - (X_f + \dfrac{X_M - X_f}{\sigma_M} \times \sigma_A)$

$$= 0.1 - \left(0.05 + \frac{0.12 - 0.05}{0.15} \times 0.1\right)$$
$$\fallingdotseq 0.003 \quad \boxed{答え}$$

単回帰モデル（説明変数が1個の回帰モデル）の決定係数（R^2）と相関係数の間には、「相関係数の2乗は決定係数に等しい」という関係があるので、決定係数は、

$$R^2 = (0.9)^2 = 0.81$$

です。

$$R^2 = \frac{回帰によって説明できる変動}{全変動}$$

$$= \frac{市場ポートフォリオの収益率（X_M）によって説明できる変動}{ポートフォリオAの収益率（X_A）の総変動}$$

$$= システマティック・リスク = 0.81 \quad \boxed{答え}$$

であるので、アンシステマティック・リスクは $1 - 0.81 = 0.19$ $\boxed{答え}$ です。

【知っておきましょう】 4つのリスク調整後パフォーマンス測度

X_A＝ポートフォリオAの収益率、X_f＝安全資産の利子率、X_M＝市場ポートフォリオの収益率、σ_A＝ポートフォリオAの収益率の標準偏差、σ_M＝市場ポートフォリオの収益率の標準偏差、β_A＝ポートフォリオAのベータとします。

(1) シャープの測度 $= \dfrac{X_A - X_f}{\sigma_A}$

(2) トレイナーの測度 $= \dfrac{X_A - X_f}{\beta_A}$

(3) ジェンセンのアルファ $= X_A - \{X_f + \beta_A(X_M - X_f)\}$

(4) ジェンセンのアルファプライム $= X_A - \left(X_f + \dfrac{X_M - X_f}{\sigma_M} \times \sigma_A\right)$

図5－7　シャープの測度

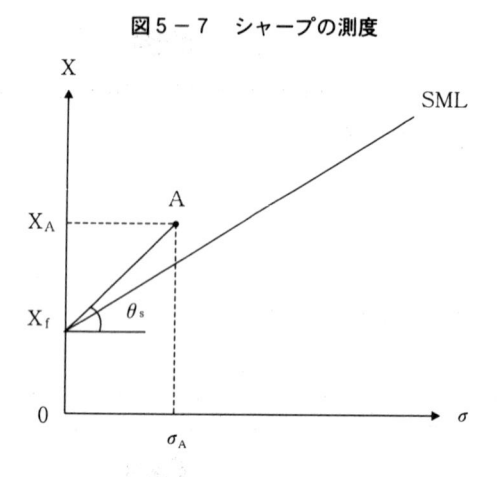

(図: 縦軸 X、横軸 σ、点A(σ_A, X_A)、X_f から引いた直線とSML、角度 θ_S)

図5－8　トレイナーの測度

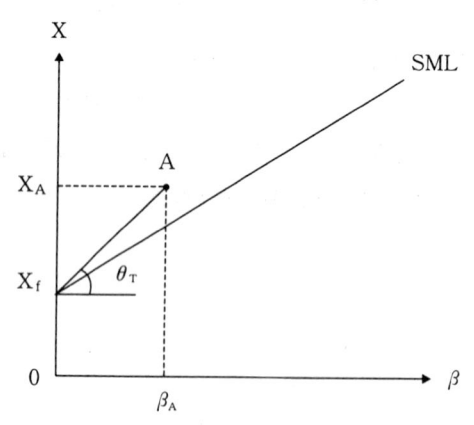

(図: 縦軸 X、横軸 β、点A(β_A, X_A)、X_f から引いた直線とSML、角度 θ_T)

図5−9 ジェンセンのアルファ

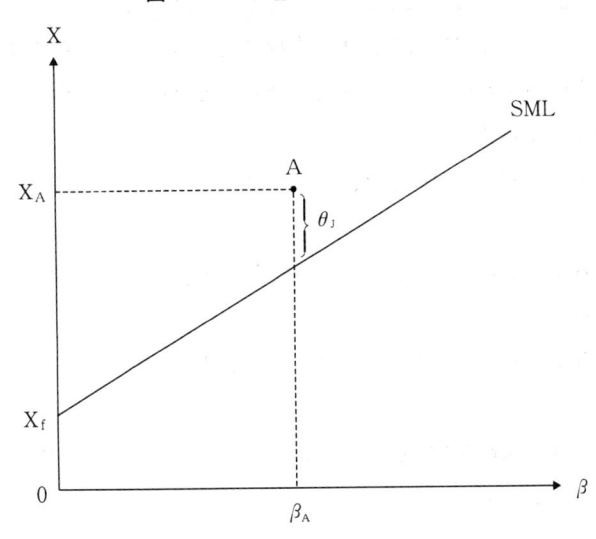

（縦軸 X、横軸 β、SML上に X_f から右上がりの直線、点A は (β_A, X_A) にあり、SMLとの垂直差が θ_J）

図5−10 ジェンセンのアルファプライム

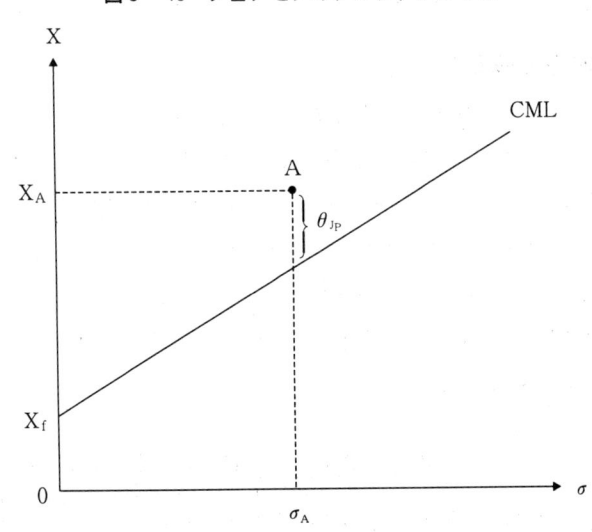

（縦軸 X、横軸 σ、CML上に X_f から右上がりの直線、点A は (σ_A, X_A) にあり、CMLとの垂直差が θ_{JP}）

問題 5－6：シャープ・レシオ

シャープ・レシオに関して，次の文章に続くべき正しいものはどれですか。マーケット・ポートフォリオと安全資産とを組み合わせてポートフォリオを構築する場合。

① 安全資産の割合を増やすと，ポートフォリオのシャープ・レシオは下がる。

② 安全資産の割合を増やしても，ポートフォリオのシャープ・レシオは変わらない。

③ 安全資産の割合を増やすと，ポートフォリオのシャープ・レシオは高まる。

④ 投資家の期待効用関数がわからないと，ポートフォリオのシャープ・レシオはわからない。

(平成12年第7問Ⅳより作成)

【解答＆解答の解説】

マーケット・ポートフォリオは危険資産の組み合わせであるので，危険資産の1つです。X_f＝安全資産の利子率，X_M＝マーケット・ポートフォリオの収益率，σ_M＝マーケット・ポートフォリオの収益率の標準偏差，w＝マーケット・ポートフォリオへの投資比率，$1-w$＝安全資産への投資比率とします。1つの危険資産（マーケット・ポートフォリオ）と1つの安全資産からなるポートフォリオの収益率（X_p）の期待値と分散は次のとおりです。

$E[X_p] = w E[X_M] + (1-w) X_f$ （リターン）

$V(X_p) = w^2 \sigma_M^2$ （リスク）

シャープ・レシオは，「$\dfrac{\text{ポートフォリオの期待収益率}-\text{安全資産の利子率}}{\text{ポートフォリオの収益率の標準偏差}}$」と定義され，1つの安全資産と1つの危険資産（あるいは危険資産の合成）の「効率的フロンティア」の傾きであるので（☞p.39），

$$\text{シャープ・レシオ} = \frac{\{wE[X_M]+(1-w)X_f\}-X_f}{w\sigma_M}$$

$$= \frac{E[X_M]-X_f}{\sigma_M}$$

です。 **答え** は「②安全資産の割合を増やしても，ポートフォリオのシャープ・レシオは変わらない」です。

問題5－7：リバランス

政策アセット・ミックスのリバランスはどのように行ったらよいですか。
① リバランスには取引コストがかかるから配分比率を決めたら，一切リバランスをすべきではない。
② あるアセットクラスの価格が上昇してその時価配分比率が高まったら，その比率を基準値に戻すようにリバランスすべきである。
③ あるアセットクラスの価格が上昇してその時価配分比率が高まったら，その配分比率を高めるようにリバランスすべきである。
④ あるアセットクラスのベンチマークとのトラッキングエラーが基準値より大きくなったらその配分比率を減らすようにリバランスすべきである。

(平成12年第7問Ⅳより作成)

【解答＆解答の解説】

アセット・ミックスにおけるリバランスとは，「あらかじめ定められた方式に従い，各資産間の配分比率を基準値に戻すように再配分する方法」を言います。もし，あるアセットクラスの価格が上昇して，その時価配分比率が高まったら，その比率を基準値に戻すようにリバランスすべきであるので，**答え** は②です。

問題5-8：効率的市場仮説

2002年3月期の業績予想が2001年3月末に公表されたと仮定する。M社の株価が翌4月の最初の営業日に10,620円に急落し，その後しばらく新情報もなくその水準近辺で推移していたと仮定する。2001年4月に成立した株価の始値は，証券市場の効率性の3つのタイプのうちどのタイプと整合的か。そのタイプの名称とそのタイプの意味を簡潔に論じなさい。

(平成14年第3問Ⅰより作成)

【解答＆解答の解説】

タイプは「セミストロング型の効率性」 **答え** です。セミストロング型の効率的市場仮説は，証券価格は，企業情報のうち一般に公開されている利用可能な情報のすべて（例えば，財務情報）を同時に織り込んで形成されるとする仮説です。この場合，企業の公開情報を用いるファンダメンタル分析を行っても，市場平均を上回るパフォーマンスを上げることはできません。

【知っておきましょう】 効率的市場仮説

投資は将来の見通しに基づいて行われるので，証券価格を決定しているのは「予想」です。予想は，利用可能なさまざまな情報に基づいて形成されるので，証券価格は，投資家が利用する情報によって決定されるとみなすことができます。予想形成において情報が有効に利用されることは「（情報に関して）効率的である」と言われ，現在までに発生している有用な情報が正確に，かつ速やかに証券価格に反映される市場は「（情報に関して）効率的な市場（informationally efficient market）」と呼ばれています。

現実に存在している証券市場が「（情報に関して）効率的な市場である」と考えるのが「効率的市場仮説」であり，ファマ（E. Fama）は，「（情報についての）効率性」の概念を「ウィーク型」「セミストロング型」「ストロング型」の3つに分類しています。

① ウィーク型の効率性
　過去の証券価格の動きは相互に独立でランダムなものであり，過去の証券価格を分析しても何の情報ももたらさないとする仮説です。過去の証券価格を分析する「テクニカル分析」（ケイ線分析）は否定されます。
② セミストロング型の効率性
　証券価格は，企業情報のうち一般に公開されている利用可能な情報のすべて（例えば，財務情報）を同時に織り込んで形成されるとする仮説です。ファンダメンタル分析も否定されます。
③ ストロング型の効率性
　証券価格は，企業情報のうち，一般に公表されている情報のみならず，未公表の情報も含めてすべての情報を反映して形成されるとする仮説です。インサイダー情報も証券価格に反映されているとする仮説です。

───【知っておきましょう】 アノマリー───
「アノマリー」は証券市場において見られる一定の規則性で，その理由がまだ不明なもののことです。

───【知っておきましょう】 パッシブ運用とアクティブ運用───
「パッシブ運用」は，証券市場は効率的であると考えて，市場平均並のパフォーマンスを目標とする運用法です。インデックス・ファンドはパッシブ運用の典型です。「アクティブ運用」は，証券市場は非効率的であると考えて，市場平均を上回るパフォーマンスを目標とする運用法です。

第6章 マーケット・モデルと計量経済学

問題6-1：マーケット・モデル

株式ポートフォリオ全体のベンチマークが株式市場インデックスであり，株式ファンドのベータの推定値が1から大きく外れているときに，ファンドの評価に関して，正しくないものはどれですか。

① 株式ポートフォリオ全体のベンチマークが株式市場インデックスなので，この株式ファンドは運用目標の達成に失敗したと評価され，今後採用すべきではない。

② 事前にこのファンドが目標としていたベータと大きく異なるならば，株式ポートフォリオ全体の市場リスクのコントロールに失敗するので，問題となる。

③ 株式ポートフォリオ全体としてのベータが問題となるので，ベータが1から外れていることだけを取り上げて問題にする必要はない。

④ 小型株などのあるスタイルに特化した運用ならば，ベータが1から外れていても気にする必要はない。

(平成13年第5問Ⅲより作成)

【解答＆解答の解説】

① 正しくない　答え

　株式ポートフォリオ全体のベンチマークが株式市場インデックスであり，その目標ベータが1.0であるとしても，それは株式ポートフォリオ全体で達成されればよいのであり，株式ポートフォリオを構成する個々の株式ファンドの

ベータが1.0である必要はありません。

② 正しい

ポートフォリオのシステマティック・リスクの大きさは顧客のリスク許容度等によって定められるべきであり、個々の運用担当者の裁量に任されるべきではありません。個別運用担当者が目標と大きく異なるベータのポートフォリオを保有していたとすれば、顧客は許容範囲を越えるシステマティック・リスクを強いられることになります。

③ 正しい

①の理由を参照。

④ 正しい

①の理由を参照。

【知っておきましょう】 マーケット・モデル

X_i =第 i 証券の投資収益率, X_M =第 i 証券を含めた証券市場全体を表すポートフォリオ（市場ポートフォリオ）の投資収益率, e_i =誤差項としましょう。

$$X_i = \alpha_i + \beta_i X_M + e_i$$

は「マーケット・モデル」と呼ばれています。$E[e_i]=0$, $Cov(e_i, e_j)=0$ $(i \neq j)$, $Cov(X_M, e_i)=0$ を仮定すると、

$$E[X_i] = E[\alpha_i + \beta_i X_M + e_i] = \alpha_i + \beta_i E[X_M] + E[e_i]$$
$$= \alpha_i + \beta_i E[X_M]$$

（第 i 証券の投資収益率の期待値：リターン）

$$V(X_i) = V(\alpha_i + \beta_i X_M + e_i) = \beta_i^2 V(X_M) + V(e_i)$$

（第 i 証券の投資収益率の分散：リスク）

が得られます（☞ p.8）。$V(X_i)$ は「第 i 証券の総リスク」、$\beta_i^2 V(X_M)$ は「システマティック・リスク」（第 i 証券を含めた証券市場全体のリスク）、$V(e_i)$ は「アンシステマティック・リスク」（第 i 証券に固有のリスク）とそれぞれ呼ばれています。

X_i =第 i 証券の投資収益率（i = 1, 2, ……, n）, X_P =n個の証券

から構成されるポートフォリオの投資収益率，w_i＝第 i 証券への投資比率としましょう。

$X_P = w_1 X_1 + w_2 X_2 + \cdots\cdots + w_n X_n$ （ポートフォリオの投資収益率）

であり，

$E[X_P] = E[w_1 X_1 + w_2 X_2 + \cdots\cdots + w_n X_n]$

$\quad\quad\ = w_1 E[X_1] + w_2 E[X_2] + \cdots\cdots + w_n E[X_n]$

$\quad\quad\ = \Sigma w_i E[X_i]$

（ポートフォリオの投資収益率の期待値：リターン）

$V(X_P) = \Sigma w_i^2 V(X_i) + \Sigma\Sigma w_i w_j Cov(X_i, X_j)$

（ポートフォリオの投資収益率の分散：リスク）

です。マーケット・モデル（$X_i = \alpha_i + \beta_i X_M + e_i$）を適用すると，

$E[X_P] = \Sigma w_i E[X_i]$

$\quad\quad\ = \Sigma w_i (\alpha_i + \beta_i E[X_M])$

$\quad\quad\ = \Sigma w_i \alpha_i + E[X_M] \Sigma w_i \beta_i$

（ポートフォリオの投資収益率の期待値：リターン）

$V(X_P) = \Sigma w_i^2 V(X_i) + \Sigma\Sigma w_i w_j Cov(X_i, X_j)$

$\quad\quad\ = \Sigma w_i^2 V(X_i) + \Sigma\Sigma w_i w_j E[(X_i - E[X_i])$

$\quad\quad\quad (X_j - E[X_j])]$

$\quad\quad\ = \Sigma w_i^2 \{\beta_i^2 V(X_M) + V(e_i)\} + \Sigma\Sigma w_i w_j \beta_i \beta_j V(X_M)$

$\quad\quad\ = \{\Sigma w_i^2 \beta_i^2 + \Sigma\Sigma w_i w_j \beta_i \beta_j\} V(X_M) + \Sigma w_i^2 V(e_i)$

$\quad\quad\ = \Sigma w_i^2 \beta_i^2 V(X_M) + \Sigma\Sigma w_i w_j \beta_i \beta_j V(X_M)$

$\quad\quad\quad + \Sigma w_i^2 V(e_i)$

$\quad\quad\ = \Sigma\Sigma w_i w_j \beta_i \beta_j V(X_M) + \Sigma w_i^2 V(e_i)$

$\quad\quad\ = (\Sigma w_i \beta_i)^2 V(X_M) + \Sigma w_i^2 V(e_i)$

$\quad\quad\ = \beta_P^2 V(X_M) + \Sigma w_i^2 V(e_i)$

（ポートフォリオの投資収益率の分散：リスク）

が得られます。$V(X_P)$は「n 個の証券から構成されるポートフォリオの総リスク」，$\beta_P^2 V(X_M)$は「システマティック・リスク」，$\Sigma w_i^2 V$

(e_i)は「アンシステマティック・リスク」とそれぞれ呼ばれています。$w_i = \frac{1}{n}$（n個の証券への均等割合投資）とすると,

$$V(X_P) = \beta_p^2 V(X_M) + (\frac{1}{n})^2 \Sigma V(e_i)$$

であり, nを限りなく大きくすると, $(\frac{1}{n})^2 \Sigma V(e_i)$ はゼロに近づいていきます。このことは,「アンシステマティック・リスク」が分散投資によって克服可能なリスク,「システマティック・リスク」は分散投資によって克服できないリスクであることをそれぞれ意味しています。nを大きくすることにより, ポートフォリオは市場ポートフォリオに近づくので $\beta_p = 1$ になり,「システマティック・リスク」$\beta_p^2 V(X_M)$ は $V(X_M)$ になります。かくて, ポートフォリオのリスクは, ポートフォリオを構成する証券の数を増やすことにより, $V(X_M)$ まで限りなく逓減させることができます。これが「分散投資の効果」と呼ばれているものです。

問題6-2：パラメータの推定と決定係数

ある株式ファンドのパフォーマンス評価のため, 市場モデルに基づく以下の回帰分析を行った。使用したデータは, ファンドと株式市場インデックスの過去2年間, 24個の月間超過収益率である。超過収益率とは, 収益率と無リスク利子率との差である。

$$y_t = \alpha + \beta x_t + u_t \quad t = 1, 2, \cdots\cdots, T$$

y_t は株式ファンドの超過収益率（％）, x_t は株式市場インデックスの超過収益率（％）, u_t は撹乱項, tは月を表す。観測期間は24カ月（T＝24）である。回帰分析の結果を以下の表6-1に示す。以下の各問に答えなさい。

第6章 マーケット・モデルと計量経済学

表6－1 回帰分析の結果

$\hat{\alpha}$	0.30	xの標本平均 $\bar{x}$	0.93
$\hat{\alpha}$の標準誤差	0.43	xの標本分散 S_x^2	31.4
$\hat{\beta}$	①	yの標本平均 $\bar{y}$	1.19
$\hat{\beta}$の標準誤差	0.076	yの標本分散 S_y^2	32.9
標準誤差 $\hat{\sigma}$	2.08	xとyの標本共分散 S_{xy}^2	30.1
決定係数 R^2	②		

（注） 標本分散および標本共分散は平均からの偏差の2乗和ないし積和をTで割った値，標準誤差は残差平方和を（T－2）で割った値。

（平成13年第5問Ⅲより作成）

(1) $\hat{\beta}$ （表6－1の空欄①）はいくらになりますか。
(2) 決定係数 R^2 （表6－1の空欄②）はいくらになりますか。

【解答＆解答の解説】

(1) 回帰係数 β の推定値

$$\hat{\beta} = \frac{\Sigma(y_t - \bar{y})(x_t - \bar{x})}{\Sigma(x_t - \bar{x})^2}$$

$$= \frac{\text{被説明変数（y）と説明変数（x）の標本共分散}}{\text{説明変数（x）の標本分散}}$$

$$= \frac{30.1}{31.4} \fallingdotseq 0.96 \quad \text{答え}$$

─【知っておきましょう】 最小2乗法（OLS）──────

2つの変数 x_t と y_t のT組の時系列データ・セット (x_1, y_1), (x_2, y_2), ……, (x_T, y_T) が与えられているとします。

$y_t = \alpha + \beta x_t + u_t \quad t = 1, 2, ……, T$

は，「単回帰モデル」あるいは「独立変数1個の回帰式」と呼ばれています。ここで，y_t ＝従属変数（被説明変数），x_t ＝独立変数（説明変数），u_t

＝誤差，α，β＝真のパラメータです。α，βの推定値を $\hat{\alpha}$，$\hat{\beta}$，u_tの推定値をe_t（残差）とすれば，

　　$y_t = \alpha + \beta x_t$　（真の回帰直線）
　　$\hat{y}_t = \hat{\alpha} + \hat{\beta} x_t$　（推定回帰直線）

であり，

　u_t（誤差）＝ $y_t - E[y_t]$ ＝観測値と期待値との差
　　　　　　　＝ $y_t - (\alpha + \beta x_t)$ ＝観測値と「真の回帰直線」との垂直距離
　e_t（残差）＝ $y_t - \hat{y}_t$ ＝観測値と推定値との差
　　　　　　　＝ $y_t - (\hat{\alpha} + \hat{\beta} x_t)$ ＝観測値と「推定回帰直線」との垂直距離

です。

図6－1　誤差と残差

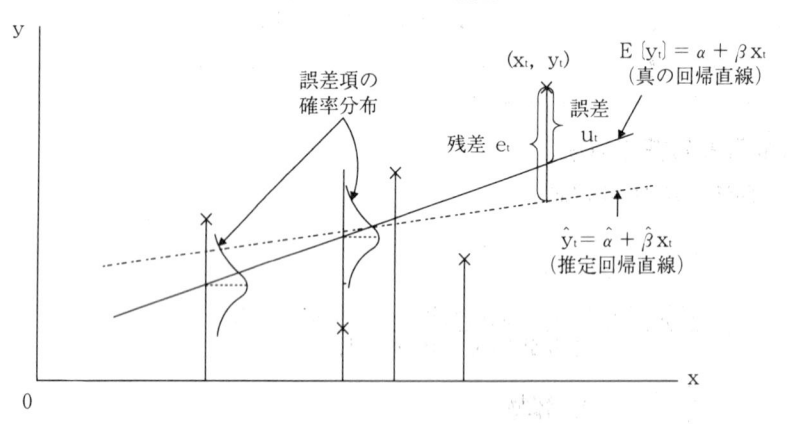

「残差平方和」Σe_t^2の最小化によって，回帰式の未知のパラメータ（α，β）を推定し，推定値$\hat{\alpha}$，$\hat{\beta}$を求める方法は「最小2乗法（ＯＬＳ：Ordinary Least Squares）」と呼ばれています。

　　$\hat{\alpha} = \bar{y} - \hat{\beta} \bar{x}$

　　$\hat{\beta} = \dfrac{\Sigma (y_t - \bar{y})(x_t - \bar{x})}{\Sigma (x_t - \bar{x})^2}$

　　　$= \dfrac{被説明変数（y）と説明変数（x）の標本共分散}{説明変数（x）の標本分散}$

$\hat{\alpha}$, $\hat{\beta}$は, それぞれ「ハットアルファ」,「ハットベータ」と読まれます。推定の公式は「推定量 (estimator)」, 推定量に実際のデータを与えて得られる値は「推定値 (estimate)」とそれぞれ呼ばれています。

(2) 決定係数（R^2）

$$決定係数(R^2) = \frac{\Sigma(\hat{y}_t - \bar{y}_t)^2}{\Sigma(y_t - \bar{y}_t)^2}$$

$$= \frac{回帰によって説明できた変動(ESS)}{全変動(TSS)}$$

と定義されますが, 単回帰モデル（説明変数が1個の回帰モデル）の決定係数（R^2）と相関係数（ρ）の間には,「相関係数の2乗は決定係数に等しい」という関係があるので, 決定係数は,

$$R^2 = \rho^2 = \frac{\{\Sigma(y_t - \bar{y}_t)(x_t - \bar{x}_t)\}^2}{\Sigma(x_t - \bar{x}_t)^2 \Sigma(y_t - \bar{y}_t)^2}$$

であり, $\hat{\beta}^2 = \dfrac{\{\Sigma(y_t - \bar{y})(x_t - \bar{x})\}^2}{\Sigma(x_t - \bar{x})^2}$ であるので,

$$R^2 = \frac{\hat{\beta}^2 \{\Sigma(x_t - \bar{x})^2\}^2}{\Sigma(x_t - \bar{x}_t)^2 \Sigma(y_t - \bar{y}_t)^2}$$

$$= \frac{\hat{\beta}^2 \Sigma(x_t - \bar{x})^2}{\Sigma(y_t - \bar{y}_t)^2}$$

$$= \frac{ベータの推定値の2乗 \times 説明変数(x)の標本分散}{被説明変数(y)の標本分散}$$

$$= \frac{(0.96)^2 \times 31.4}{32.9} \fallingdotseq 0.88 \quad \textbf{答え}$$

【知っておきましょう】 決定係数（R^2）

$\Sigma(y_t - \bar{y}_t)^2$は「全変動（TSS）」, $\Sigma(\hat{y}_t - \bar{y}_t)^2$は「回帰によって説明できた変動（ESS）」, Σe_t^2は「回帰によって説明できなかった変動（残差平方和：RSS）」とそれぞれ呼ばれています（TSS＝ESS＋RSS）。被説明変数の「全変動」のうち, 説明変数の変動によって説

明された部分の割合（$\frac{ESS}{TSS}$）は「決定係数（R^2）」と呼ばれ，推定回帰直線のデータへの「あてはまりの良さ」の尺度として用いられています。R^2（アール・スクウェア）は $0 \leq R^2 \leq 1$ であり，1に近いほど「あてはまりが良く」，0に近いほど「あてはまりが良くない」と判断できます。定数項のないモデル（例えば，$y_t = \beta_1 x_t + u_t$）の場合，「全変動」≠「回帰によって説明できない変動」＋「回帰によって説明できる変動」なので，$R^2 > 1$ または $R^2 < 0$ となることがあります。この場合のR^2は意味がありません。

問題6－3：仮説検定：片側検定

ある株式ファンドのパフォーマンス評価のため，市場モデルに基づく以下の回帰分析を行った。使用したデータは，ファンドと株式市場インデックスの過去2年間，24個の月間超過収益率です。超過収益率とは，収益率と無リスク利子率との差です。

推定回帰直線（$\hat{y}_t = \hat{a} + \hat{b} x_t$）は次のとおりです。

$y_t = 0.30 + 0.96 x_t$

　　　(0.43)　(0.076)

ただし，（ ）内は標準誤差を示しています。y_t は株式ファンドの超過収益率（％），x_t は株式市場インデックスの超過収益率（％），t は月を表しています。観測期間は24カ月（$T = 24$）です。

この株式ファンドのパフォーマンス（リスク調整後の超過リターン）が市場インデックスを下回ることはないことを前提とし，株式ファンドが有意に市場インデックスを上回っているかどうかの仮説検定，すなわち，帰無仮説を $a = 0$ とし，対立仮説を $a > 0$ とする片側検定を行った。この検定の結果に関する次の記述のうち，正しいものはどれですか。ただし，検定に必要なt分布表は表6－2に示されています。

① 有意水準1％で帰無仮説は棄却された。
② 帰無仮説は有意水準5％で棄却されたが，有意水準1％では棄却されなかった。
③ 帰無仮説は有意水準10％で棄却されたが，有意水準5％では棄却されなかった。
④ 帰無仮説は有意水準10％でも棄却されなかった。

表6－2　t分布表

n＼α	0.1	0.05	0.025	0.01	0.005
1	3.078	6.314	12.706	31.821	63.657
10	1.372	1.812	2.228	2.764	3.169
20	1.325	1.725	2.086	2.528	2.845
25	1.316	1.708	2.060	2.485	2.787
120	1.289	1.658	1.980	2.358	2.617
∞	1.282	1.645	1.960	2.326	2.576

（注）自由度 n の t 分布に従う確率変数 t が t_α を超える確率が α となる t_α の値を与えている。

（平成13年第5問Ⅲより作成）

【解答＆解答の解説】

　これは回帰係数の仮説検定（片側 t 検定）の問題です。母分散が未知の場合の，未知の母平均についての仮説検定は，次の手順で行われます。

(1) 母平均が「いくら」であるという「帰無仮説（H_0）」を立てます。
　　$H_0 : a = 0$　（帰無仮説：否定したい仮説）
(2) 帰無仮説（H_0）に対する「対立仮説（H_1）」を立てます。
　　$H_1 : a > 0$　（対立仮説：肯定したい仮説）
(3) 検定統計量（t 値）を決めます。
　　本問題の帰無仮説は，$H_0 : a = 0$ であるので，真の値（a）＝0 です。

$$\text{t 値} = \frac{\text{推定値}(\hat{a}) - \text{真の値}(a)}{\text{標準誤差}}$$

$$= \frac{0.30 - 0}{0.43} = 0.70$$

(4) 有意水準に基づいて帰無仮説（H_0）の「棄却域R」を決めます。

　本問題では，サンプル数が24，説明変数はxの1個であるので，回帰係数の推定値（$\hat{a}$）は自由度（＝サンプル数－説明変数の個数－1＝24－1－1）22のt分布に従います。本問題のt分布表（表6－2）には自由度22はないので，自由度20と25から類推します。有意水準1％（$\alpha = 0.01$）の臨界値は2.485と2.528の間に存在します。有意水準5％（$\alpha = 0.05$）の臨界値は1.708と1.725の間に存在します。有意水準10％（$\alpha = 0.1$）の臨界値は1.316と1.325の間に存在します。

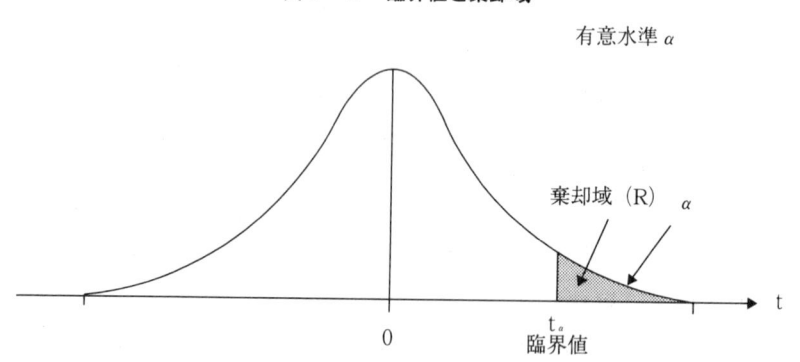

図6－2　臨界値と棄却域

(5) 帰無仮説（H_0）の採択か，対立仮説（H_1）の採択かを決定します。

　検定統計量（t値）の値が棄却域（R）に含まれれば（t値＞臨界値），帰無仮説（H_0）は棄却され，対立仮説（H_1）が採択されます。検定統計量（t値）の値が棄却域（R）に含まれなければ（t値＜臨界値），帰無仮説（H_0）は採択され，対立仮説（H_1）が棄却されます。右片側検定の有意水準をαとすると，t分布の上側100α％の有意点は，t_αであり，検定統計量＞t_αのとき，帰無仮説は有意に棄却されます。

本問題ではt値＝0.70であるので，有意水準1％，5％，10％のいずれにおいても棄却されません。
① 誤り
② 誤り
③ 誤り
④ 正しい **答え**

──**【知っておきましょう】** 仮説検定（t検定）────

「仮説検定」（統計的仮説検定）とは，標本データをもとに，母集団の数量的特性についての先験的仮説の検定を行うことです。母分散が未知の場合の，未知の母平均についての仮説検定は，次の手順で行われます。

(1) 母平均が「いくら」であるという「帰無仮説（H_0）」を立てます。

　　$H_0 : \mu = \mu_0$ （帰無仮説：母平均μがμ_0であるという否定したい仮説）

「成立が疑わしく，否定したい」ことを仮説として立てていますので，それは「帰無仮説」と呼ばれ，H_0で表されます。HはHypothesis（仮説）の頭文字です。

(2) 帰無仮説（H_0）に対する「対立仮説（H_1）」を立てます。

帰無仮説に対する判定は，「仮説を棄却する」か「仮説を棄却しない」かのいずれかです。「仮説を棄却しない」は，仮説を棄却する根拠がないというだけであって，本来は，積極的に仮説が正しいということを主張するものではありません。「帰無仮説（H_0）を棄却する」場合にとる仮説は，「対立仮説（H_1）」と呼ばれています。

　　$H_0 : \mu = \mu_0$ に対しては，以下の3つの対立仮説が考えられます。

　　$H_1 : \mu \neq \mu_0$ （対立仮説：母平均がμ_0でないという肯定したい仮説）

　　$H_1 : \mu > \mu_0$ （対立仮説：母平均がμ_0より大きいという肯定したい仮説）

　　$H_1 : \mu < \mu_0$ （対立仮説：母平均がμ_0より小さいという肯定したい仮説）

　対立仮説（H_1）と仮説検定は，次のように対応しています。

$H_1 : \mu \neq \mu_0$　⇒　両側検定

$H_1 : \mu > \mu_0$　⇒　右片側検定

$H_1 : \mu < \mu_0$　⇒　左片側検定

(3)　検定統計量を決めます。

　検定の基準として採用される統計量は，「検定統計量」（ t 値）と呼ばれています。

$$t 値 = \frac{\text{「推定値」} - \text{「真の値」}}{\text{標準誤差}}$$

(4)　有意水準に基づいて帰無仮説（H_0）の「棄却域R」を決めます。

　帰無仮説が否定される領域は「棄却域（R）」，帰無仮説が採用される領域は「採択域（A）」とそれぞれ呼ばれています。「棄却域R」は，3つの対立仮説それぞれで異なっています。「有意水準」としては，通常0.05（5％）あるいは0.01（1％）が選ばれます。帰無仮説（H_0）が有意水準0.05（5％），0.01（1％）で棄却されるとき，それぞれ「有意である」「高度に有意である」と呼ばれています。

　両側検定の棄却域は，有意水準10％，5％，1％のそれぞれについて，片側5％，2.5％，0.5％の有意点・臨界値から求めることができます。

(5)　帰無仮説（H_0）の採択か，対立仮説（H_1）の採択かを決定します。

　検定統計量（ t 値）の値が棄却域（R）に含まれれば，帰無仮説（H_0）は棄却され，対立仮説（H_1）が採択されます。つまり，帰無仮説（H_0）が有意に（あるいは高度に有意に）棄却されます。検定統計量（ t 値）の値が棄却域（R）に含まれなければ，帰無仮説（H_0）は採択され，対立仮説（H_1）が棄却されます。

① 右片側検定

　検定の有意水準を α とすると， t 分布の上側 100α％の有意点（臨界値）は， t_α であり，検定統計量 $> t_\alpha$ のとき，帰無仮説は有意に棄却されます。

② 左片側検定
　検定の有意水準をαとすると，t分布の下側100α％の有意点は，－t_α（臨界値）であり，検定統計量＜－t_αのとき，帰無仮説は有意に棄却されます。
③ 両側検定
　検定の有意水準をαとすると，t分布の上側，下側100α％の有意点（臨界値）は，それぞれ$t_{\frac{\alpha}{2}}$，－$t_{\frac{\alpha}{2}}$であり，検定統計量＜－$t_{\frac{\alpha}{2}}$あるいは検定統計量＞$t_{\frac{\alpha}{2}}$のとき，帰無仮説は有意に棄却されます。

図6－3　右片側検定

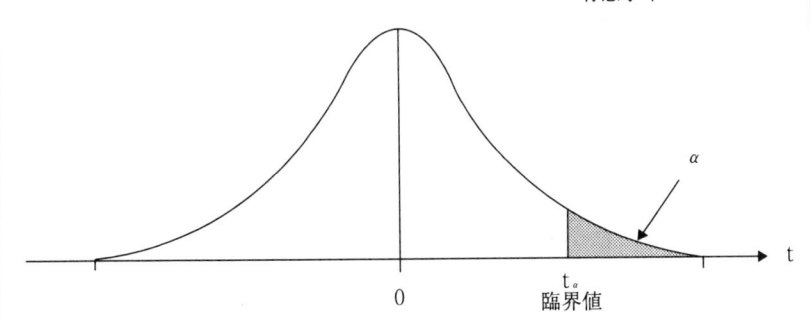

有意水準 α

α

0　　t_α
　　　臨界値

図6－4　左片側検定

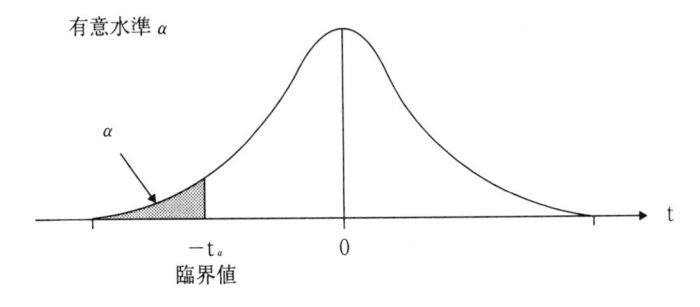

有意水準 α

α

－t_α　0
臨界値

図6－5　両側検定

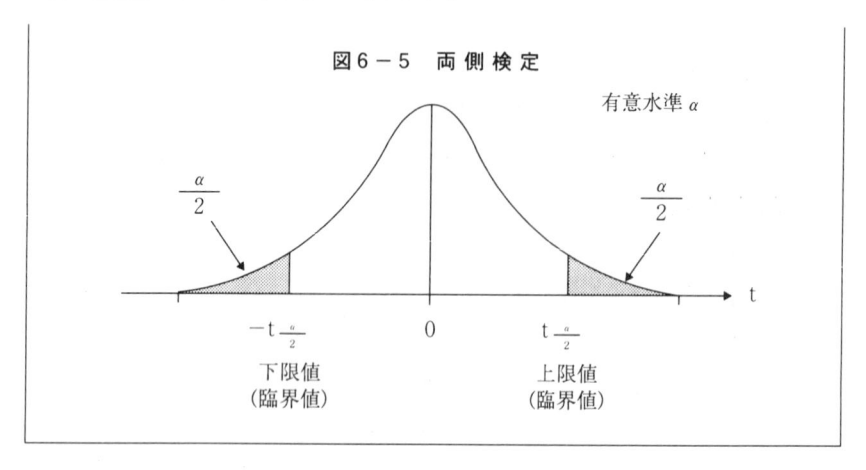

下限値（臨界値）　$-t\frac{\alpha}{2}$　　　0　　　$t\frac{\alpha}{2}$　上限値（臨界値）

有意水準 α　　$\frac{\alpha}{2}$

問題6－4：ベータの信頼区間と市場リスク・非市場リスク

株式Aについて，次のような分析を行った。過去の月次収益率データ（サンプル数52）を用いて株式Aのトータル・リスク（標準偏差，月率）およびベータの推定をしたところ，以下の結果が得られました。

　株式Aのトータル・リスク（標準偏差, 月率）＝7.0％

　株式Aのベータの推定値＝0.60

また，ベータの推定値を求めるために用いたマーケット・モデルの推定結果は次のとおりです。

　$X_A = 0.05 + 0.60 X_M$

　　(0.06)　(0.26)

　X_A：株式Aの収益率，X_M：市場ポートフォリオの収益率

ただし，（　）内は標準誤差を示す。また，市場ポートフォリオの収益率（月率）の期待値および標準偏差は，それぞれ0.5％，5.5％とし，安全資産の利子率（月率）は0.05％とする。なお，解答に当たっては，必要に応じてt分布表（表A－2：☞p.274）を用いなさい。以下の各問に答えなさい。

（平成11年第7問Ⅱより作成）

(1) ベータについての信頼係数90％の信頼区間を求めなさい。

(2) 推定されたベータに基づく株式Aの非市場リスク（標準偏差，月率）はいくらになりますか。

【解答＆解答の解説】

(1) **信頼係数９０％の信頼区間の上限と下限**（☞ p.18）

　両側 α ％の信頼区間の上限は「推定値＋（両側 α ％に対応する $t_{\frac{\alpha}{2}}$）×標準誤差」，下限は「推定値－（両側 α ％に対応する $t_{\frac{\alpha}{2}}$）×標準誤差」です。$(1-\alpha)$ は「信頼係数」または「信頼度」（％表示）と呼ばれているので，信頼係数90％は $\alpha=0.1$ を意味し，表A－2「t分布表」（☞ p.274：自由度＝データ数－定数項を含む説明変数の数＝52－2＝50）より，$t_{\frac{\alpha}{2}}=1.6775$ を得ることができます。

　ベータの推定値＝0.60，標準誤差＝0.26であるので，信頼係数90％の信頼区間の上限は「0.60＋1.6775×0.26＝1.03615」，下限は「0.60－1.6775×0.26＝0.16385」です。かくて，信頼区間は [0.16385, 1.03615] **答え** です。

(2) **マーケット・モデルにおける「リスク分解」**

　X_A＝株式Aの収益率，X_M＝市場ポートフォリオの収益率，e_A＝誤差項としましょう。

$$X_A = \alpha_A + \beta_A X_M + e_A$$

は「マーケット・モデル」と呼ばれています（☞ p.84）。$V(X_A)$ は「株式Aの総リスク」，$\beta_A^2 V(X_M)$ は「システマティック・リスク」（株式Aを含めた市場ポートフォリオ全体のリスク：市場リスク），$V(e_A)$ は「アンシステマティック・リスク」（株式Aに固有のリスク：非市場リスク）とそれぞれ呼ばれています（☞ p.84）。

　本問題では，$V(X_A)=(7.0\%)^2$，$\beta_A^2 V(X_M)=(0.60)^2 \times (5.5)^2$ であるので，

$V(e_A)$＝推定されたベータに基づく株式Aの非市場リスク

$\qquad = V(X_A) - \beta_A^2 V(X_M)$

$$= (7.0\%)^2 - (0.60)^2 \times (5.5\%)^2 = 38.11$$

であり，標準偏差は$\sqrt{V(e_A)} \fallingdotseq 6.17\%$ **答え** です。

第 2 部

債 券 投 資

第7章 現在価値・将来価値と内部収益率

問題7－1：現在価値と将来価値

次の2つのキャッシュの系列の経済的価値を比較しなさい。年利を5％として計算しなさい。

表7－1　2つのキャッシュの系列

	0年目（現在）	1年目	2年目	3年目
期　末	100	0	0	0
期　末	0	0	0	100

【解答＆解答の解説】

本問題は，現在時点（第0年期末＝第1年期首）の100と，将来時点（第3年期末）の100の比較です。ファイナンスでは，金利計算として，主に複利計算（☞p.3）が使われます。V_t＝第t年期末の経済価値，V_0＝第0年期末（第1年期首）の経済価値，r％＝年利とします。

① 現在価値から将来価値を求める：$V_t = V_0(1+r)^t$

現在時点の100のキャッシュは，それを手に入れ，5％で複利運用することができれば，第3年期末には，

$$100 \times (1+0.05)^3 \fallingdotseq 116$$

になります。現在時点（第1年期首）の100から将来時点（第3年期末）の116を計算することは「将来価値を求める」と呼ばれています。かくて，現在の100と将来の100の比較は，同じ第3年期末（将来時点）の116と100の比較になります　答え。

② 将来価値から現在価値を求める：$V_0 = \dfrac{1}{(1+r)^t} V_t$

現在の100と将来の100の比較を，同じ第0年期末（第1年期首：現在時点）で比較します。現在時点（第1年期首）の価値から将来時点（第3年期末）の価値を計算することは「将来価値を求める」と呼ばれましたが，逆に，将来時点（第3年期末）の価値から現在時点（第1年期首）の価値を計算することは「割引現在価値（Discounted Present Value）を求める」と呼ばれ，現在価値は将来価値を割り引いていると捉えられているので，利子率（r）は「割引率」と呼ばれています。

$$V_0 = \dfrac{V_3}{(1+r)^3} = \dfrac{100}{(1+0.05)^3} \fallingdotseq \dfrac{100}{1.16} \fallingdotseq 86$$

が得られ，現在の100と将来の100の比較は，同じ第0年期末（第1年期首：現在時点）の100と86の比較になります。 答え

かくて，いずれの基準時点で比較しても，現在の100の経済価値は将来の100の経済価値よりも大きいことが分かります。 答え

【知っておきましょう】　各期間のキャッシュ・フローの現在価値の合計

1年目にC_1，2年目にC_2，3年目にC_3，……，n年目にC_nのキャッシュ・フローが生じるとしましょう。1年目，2年目，3年目，……，n年目のキャッシュ・フローに対する割引率をそれぞれr_1, r_2, r_3, ……, r_nとすると，各期間のキャッシュ・フローの割引現在価値の合計は

$$\sum_{t=1}^{n} \dfrac{C_t}{(1+r_t)^t}　つまり$$

$$\dfrac{C_1}{(1+r_1)} + \dfrac{C_2}{(1+r_2)^2} + \dfrac{C_3}{(1+r_3)^3} + \cdots\cdots + \dfrac{C_n}{(1+r_n)^n}$$

です。なお$\dfrac{1}{(1+r)^t}$の値は「複利現価表」から求めることもできます。たとえば，r＝5％（0.05），t＝9のとき，$\dfrac{1}{(1+r)^t} = \dfrac{1}{(1+0.05)^9} = 0.645$です。

問題7－2：内部収益率（Internal Rate of Return：IRR）

債券を1,000円で購入し，利子として1年後に5円，2年後にも5円を受け取った直後に，1,200円で売却できるものとします。この場合の内部収益率を求めなさい。

【解答＆解答の解説】

「内部収益率」は，「投資額＝投資から得られる将来のキャッシュ・フローの割引現在価値」となる割引率（r）と定義されているので，

$$1,000 = \frac{5}{(1+r)} + \frac{5+1,200}{(1+r)^2}$$

を満足するrが内部割引率です。r≒0.10022（10.02%） **答え**

問題7－3：最終利回りを用いた債券価格の計算：現在割引価値

表7－2は4種類の債券W，X，Y，Zの属性，利回りおよび価格を示しています。ただし，各債券の額面はすべて100円，利付債の利払いは年1回，現在時点は利払い日直後，国債の支払不能（デフォルト）確率はゼロとします。なお，最終利回りは年1回複利で計算されています。国債Xの価格はいくらになりますか。

表7－2　4種類の債券W，X，Y，Zの属性，利回りおよび価格

	残存期間	クーポンレート	最終利回り	価格
国債W	1年	6%		101.00円
国債X	2年	4%	5.10%	
国債Y	3年	0%	5.00%	
社債Z	3年	0%		84.93円

（平成13年第4問Ⅰより作成）

【解答＆解答の解説】

債券価格は，満期までのキャッシュ・フローを最終利回りで割り引いた現在価値合計として計算できるので，

$$\frac{C_1}{(1+r)}+\frac{C_2}{(1+r)^2}=\frac{4}{1+0.051}+\frac{4+100}{(1+0.051)^2}$$

$\simeq 97.96$円　**答え**

です。ここで，4は利札（クーポン）であり，額面価格(100円)×クーポン・レート(4%)として計算できます。

問題7－4：スポット・イールドを用いた債券価格の計算：現在割引価値

表7－3は今日のスポット・イールド・カーブ（デフォルトのない割引債の利回り曲線）を示しています。

表7－3　スポット・イールド・カーブ

残存年数	1年	2年	3年	4年	5年	7年	10年
最終利回り	2.80%	2.50%	2.30%	2.20%	2.10%	1.60%	1.00%

（注）　ただし，最終利回りは1年複利で計算したものとする。

(1) 2年割引債の今日の価格は額面100円当たりいくらになりますか。

(2) 残存年数5年，クーポンレート4%，年1回利払いの債券の価格は，今日が利払い直後とすると額面100円当たりいくらになりますか。

(平成13年第4問Ⅱより作成)

【解答＆解答の解説】

(1) スポット・イールドを用いた債券価格の計算：現在割引価値

割引債の価格は，将来のキャッシュ・フロー（償還額面：100円）を満期時点のキャッシュ・フローに対するスポット・イールドで割り引いた現在価値合計として計算できるので，

$$\frac{C_2}{(1+r)^2} = \frac{100}{(1+0.025)^2} \fallingdotseq 95.18 円 \quad \text{答え}$$

(2) スポット・イールドを用いた債券価格の計算：現在割引価値

債券価格は，将来のキャッシュ・フロー（クーポンと償還額面）を各時点のキャッシュ・フローに対するスポット・イールドで割り引いた現在価値合計として計算できるので，

$$\frac{C_1}{(1+r_1)} + \frac{C_2}{(1+r_2)^2} + \frac{C_3}{(1+r_3)^3} + \frac{C_4}{(1+r_4)^4} + \frac{C_5}{(1+r_5)^5}$$

$$= \frac{4}{(1+0.028)} + \frac{4}{(1+0.025)^2} + \frac{4}{(1+0.023)^3} + \frac{4}{(1+0.022)^4} + \frac{100+4}{(1+0.021)^5}$$

$$\fallingdotseq 100.84 円 \quad \text{答え}$$

【知っておきましょう】 スポット・レートを用いた利付債価格の導出

利付債の「複利最終利回り」は，P＝債券の購入価額（現在の債券価格），C＝一定のクーポン額（年1回利払い），F＝償還価額，n＝残存期間とすると，

$$P = \frac{C_1}{(1+r)} + \frac{C_2}{(1+r)^2} + \frac{C_3}{(1+r)^3} + \cdots\cdots + \frac{C_n}{(1+r)^n}$$

を満たす割引率 r であり，各期間に共通した，1期間当たりの平均割引率です。図7－1は，P＝110円，F＝100円，C＝100円×5％＝5円，n＝4年とした図です。

図7-1 利付債の複利最終利回り

一方，
$$P = \frac{C}{(1+{}_0r_1)} + \frac{C}{(1+{}_0r_2)^2} + \frac{C}{(1+{}_0r_3)^3} + \cdots\cdots + \frac{C+F}{(1+{}_0r_n)^n}$$

は，「スポット・レート」(☞p.131) を用いて導出した利付債価格です。ここで，${}_0r_t$（t＝1, 2, ……, n）は第0時点（現在時点）から第t時点までの期間にわたる金利（スポット・レート：年率）です。図7-2は，F＝100円，C＝100円×5％＝5円，n＝4年とした図です。

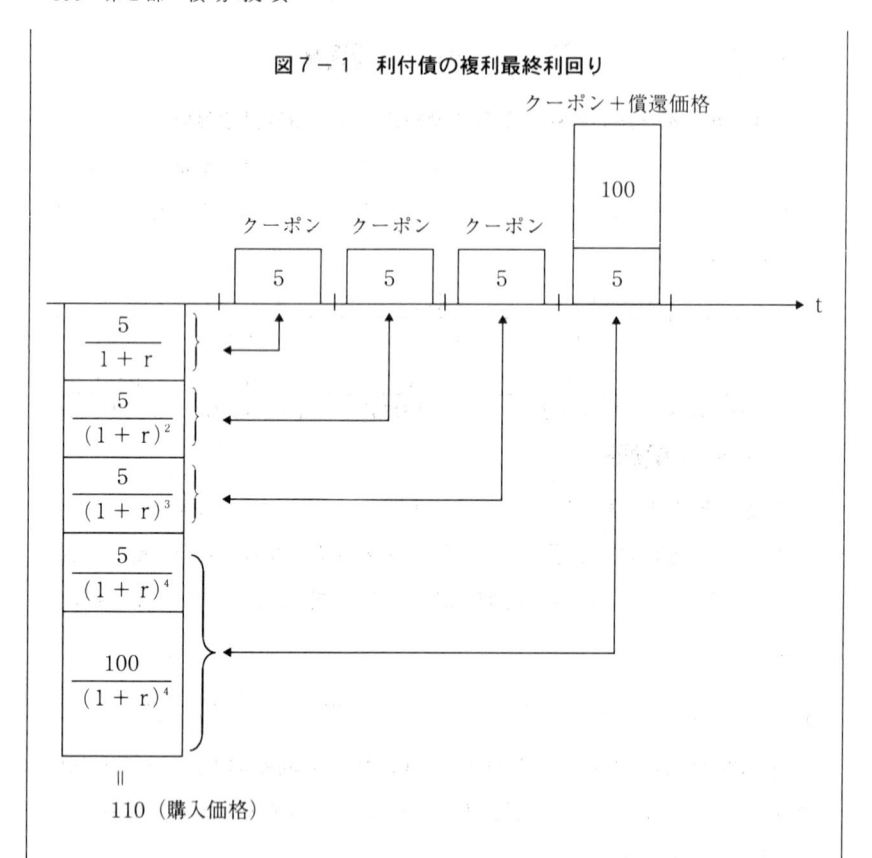

図7-2 スポット・レートを用いた利付債価格の導出

$$\frac{5}{1+{}_0r_1}$$

$$\frac{5}{(1+{}_0r_2)^2}$$

$$\frac{5}{(1+{}_0r_3)^3}$$

$$\frac{5}{(1+{}_0r_4)^4}$$

$$\frac{100}{(1+{}_0r_4)^4}$$

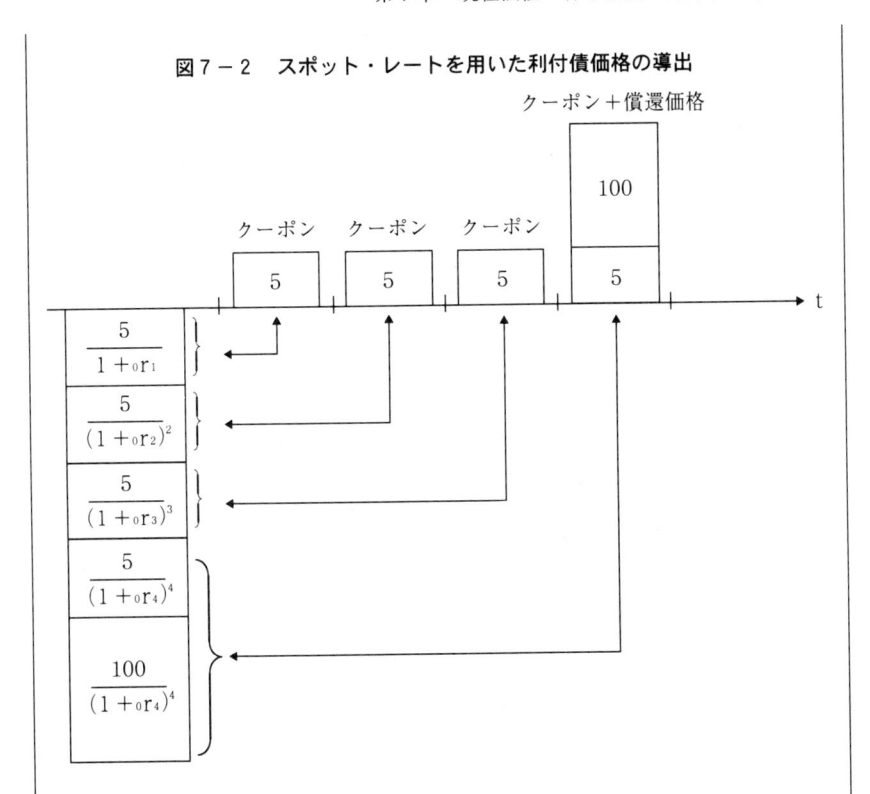

かくて，クーポン額C，償還価額Fの4年満期の利付債券を，残存期間が1年から4年までの額面Cの割引債券と，残存期間4年の額面Fの割引債券とからなっているポートフォリオとみなすことができることを意味しています。

第8章 債券利回りと債券価格

問題8－1：複利最終利回り

(1) 4年後に満期のくるクーポン・レート5％（年1回利払い）の利付債額面100円を110円で購入した。この利付債の複利最終利回りを求めなさい。

(2) 額面100円，残存期間1年，クーポン・レート6％の利付国債を101.10円で購入しました。最終利回りを求めなさい。

(平成13年第4問Ⅰより作成)

(3) 4年後に満期となる割引債額面100円を80円で購入した。この割引債の複利最終利回りを求めなさい。

(4) 複利最終利回りに関する次の記述のうち，正しくないものはどれですか。

① 市場価格が額面と等しい債券の複利最終利回りとクーポンレートは等しい。

② ある債券の複利最終利回りが1年後も変わらなければ，1年間の保有期間利回りは複利最終利回りに等しい。

③ 債務不履行が発生しなければ，債券を購入して満期日まで保有した場合の実効利回りは複利最終利回りに等しい。

④ 市場価格が額面と等しい債券の単利最終利回りは複利最終利回りと等しい。

(平成13年第4問Ⅲより作成)

【解答&解答の解説】

(1) 利付債券の複利最終利回り

「複利最終利回り」は，債券を満期まで保有したときの割引率（内部収益率：☞ p.103）です。P＝債券の購入価額（現在の債券価格），C＝一定のクーポン額（年1回利払い），F＝償還価額，n＝残存期間とすると，

$$P=\frac{C}{(1+r)}+\frac{C}{(1+r)^2}+\frac{C}{(1+r)^3}+\cdots\cdots+\frac{C+F}{(1+r)^n}$$

を満たすrが「複利最終利回り」です。本問題では，P＝110円，F＝100円，C＝100円×5％＝5円，n＝4年であるので，

$$110=\frac{5}{(1+r)}+\frac{5}{(1+r)^2}+\frac{5}{(1+r)^3}+\frac{5+100}{(1+r)^4}$$

であり，r≒2.42% 答え

図8-1　利付債券の複利最終利回り

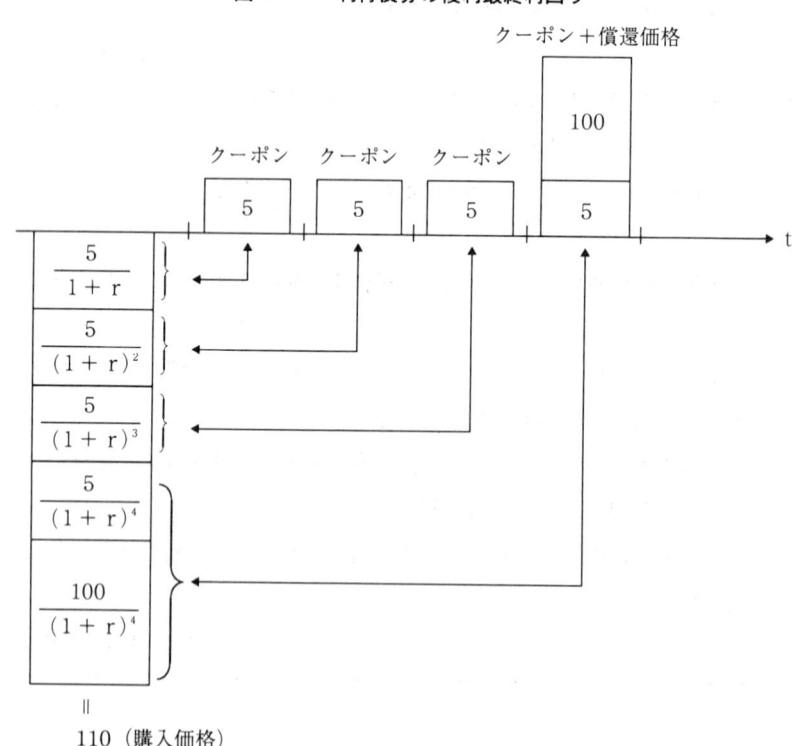

(2) 利付債券の最終利回り

利付債券の複利最終利回りの定義式は，

$$P = \frac{C}{(1+r)} + \frac{C}{(1+r)^2} + \frac{C}{(1+r)^3} + \cdots\cdots + \frac{C+F}{(1+r)^n}$$

であり，本問題では，$C = 100 \times 0.06 = 6$，$n = 1$，$P = 101.10$ であるので，

$$101.10 = \frac{6}{(1+r)}$$

より，$r \fallingdotseq 0.04950$（4.95%） 答え

(3) 割引債券の複利最終利回り

利付債券の複利最終利回りの定義式，

$$P = \frac{C}{(1+r)} + \frac{C}{(1+r)^2} + \frac{C}{(1+r)^3} + \cdots\cdots + \frac{C+F}{(1+r)^n}$$

で $C = 0$ としたものが，つまり

$$P = \frac{F}{(1+r)^n}$$

が割引債券の複利最終利回りの定義式であり，$r = \left(\frac{F}{P}\right)^{\frac{1}{n}} - 1$ です。本問題では，$P = 80$ 円，$F = 100$ 円，$n = 4$ 年であるので，

$$80 = \frac{100}{(1+r)^4}$$

であり，$r \fallingdotseq 5.74\%$ 答え

【知っておきましょう】 応募者利回り，最終利回りおよび所有期間利回り

① 応募者利回り

　投資家が新規発行のときに買い入れ，途中で売却せずに満期まで保有したときの利回りです。新発債（新規発行債券）の購入で支払うのは発行価格です。

② 最終利回り

　投資家が満期を迎えるまでの途中で買い入れ，満期まで保有したときの利回りです。既発債（既発行債券）の購入時には手数料，経過利子をも支払います。「経過利子」とは，前の利払い日の翌日から受渡日までの日数

に見合う利子相当額のことです。

③ 所有期間利回り

投資家が新規発行あるいは満期を迎えるまでの途中で買い入れ，満期を迎えるまでに売却したときの利回りです。既発債の売却時には経過利子も受け取り，手数料，取引税を支払います。

【知っておきましょう】 3つの債券利回り：直接利回り，単利最終利回りおよび複利最終利回り

「債券利回り」とは，債券投資収益率（$=\dfrac{債券収益}{投資額}$）のことであり，債券を償還日（満期）まで保有した場合の利回りは「最終利回り」あるいは「満期利回り」と呼ばれています。債券収益は，満期日まで保有した場合を考えると，利息収入（クーポン），満期日の償還差益・差損（＝償還額－投資額），クーポンの再投資収益の3つの要素からなっています。3つの要素をどのように考慮するかにより，次の3つの利回り概念が考えられています。

① 直接利回り（直利：ちょくり）

債券収益として，年間の「利息収入（クーポン）」のみを考えます。

$$直接利回り（直利）=\dfrac{クーポン額}{投資額（購入価格）}$$

で計算されます。直接利回りの高い証券を好むことは「直利志向」と呼ばれています。

② 単利最終利回り

債券収益として，年間の「利息収入（クーポン）」と年当たりの「満期日の償還差益（または差損）」を考えます。

$$利付債券の単利最終利回り=\dfrac{年間の利息収入+\dfrac{償還額－投資額}{残存期間}}{投資額}$$

$$割引債券の単利最終利回り=\dfrac{\dfrac{償還額－投資額}{残存期間}}{投資額}$$

で計算されます。「単利」とは、元本に対してだけ貸借期間に正比例して利息を計算することであり、日本の国債は単利最終利回りで計算されています。

③ 複利最終利回り

債券収益として、「利息収入（クーポン）」「償還額－投資額」「クーポンの再投資収益」の３つの要素すべてを考えます。「複利」とは、貸借期間の途中で利息を計算し、これを元本に繰り入れ、それを対象に元本に対してと同じ利率で利息を計算することであり、米国の国債は複利最終利回りで計算されています。

(4) 最終利回り，所有期間利回りおよび実効利回り

① 正しい

利付債券の複利最終利回りの定義式（☞p.110）は、

$$P = \frac{C}{(1+r)} + \frac{C}{(1+r)^2} + \frac{C}{(1+r)^3} + \cdots + \frac{C+F}{(1+r)^n}$$

$$= \frac{C}{(1+r)} + \frac{C}{(1+r)^2} + \frac{C}{(1+r)^3} + \cdots + \frac{C}{(1+r)^n} + \frac{F}{(1+r)^n}$$

であるので、P（市場価格）＝F（額面価格）のとき、

$$P - \frac{F}{(1+r)^n} = P\left\{1 - \frac{1}{(1+r)^n}\right\} = C \times \left\{1 - \frac{1}{(1+r)^n}\right\} \times \left(\frac{1}{r}\right)$$

であり、$P = C \times \left(\frac{1}{r}\right)$

つまり、$r = \dfrac{C}{P} = \dfrac{C}{F}$（クーポン・レート）

が得られます。したがって、市場価格＝額面価格のとき、複利最終利回りはクーポン・レートに等しくなります。

② 正しい

利付債券の複利最終利回り（☞p.110）は、

$$P = \frac{C}{(1+r)} + \frac{C}{(1+r)^2} + \frac{C}{(1+r)^3} + \cdots + \frac{C+F}{(1+r)^n}$$

で，利付債券の複利所有期間利回り（☞ p.112）は，

$$P = \frac{C}{(1+r)} + \frac{C}{(1+r)^2} + \frac{C}{(1+r)^3} + \cdots\cdots + \frac{C+S}{(1+r)^n}$$

で，それぞれ定義されています。ここで，F＝償還価額，S＝売却価額です。保有期間中，複利最終利回りが変化しなければ，その期間中の所有（保有）期間利回りは複利最終利回りに等しくなります。

③　正しくない　**答え**

利付債券を購入して満期日まで保有した場合の実効利回りが複利最終利回りと等しくなるのは，クーポンの再投資レートが複利最終利回りに等しい場合です。

④　正しい

$$\text{利付債券の単利最終利回り} = \frac{C + \frac{F-P}{n}}{P}$$

であり，P（市場価格）＝F（額面価格）のとき，

$$\text{利付債券の単利最終利回り} = \frac{C}{P} = \frac{C}{F} \quad (\text{クーポン・レート})$$

です。市場価格＝額面価格のとき，

　　単利最終利回り＝複利最終利回り＝クーポン・レート

です。

問題8－2：所有期間利回り

(1) 額面100円，残存期間3年，クーポン・レート0％，最終利回り5.00％の国債を購入して，2年後の最終利回りが変化していないときの，国債の保有期間利回りは年率いくらになりますか。

（平成13年第4問Ⅰより作成）

(2) 額面100円，残存期間3年，価格93.13円のゼロ・クーポンの国債を購入し，1年後にイールド・カーブが上方に0.5％平行移動していたとすると，この投資の1年間の保有期間利回りはいくらになりますか。

（平成12年第1問Ⅰより作成）

表8－1　所有期間利回り

残存期間	スポット・レート	フォワード・レート
1年	2.0%（r_1）	
2年	2.7%（r_2）	（$f_{1,2}$）
3年	（r_3）	1.8%（$f_{2,3}$）

【解答＆解答の解説】

(1) **割引債券の所有期間利回り（保有期間利回り）**

割引債に投資して，売却時の最終利回りが購入時の最終利回りと同じであるならば，保有期間利回り＝売却時の最終利回り＝購入時の最終利回りです。したがって，国債の保有期間利回りは5.00%　答え　です。

(2) 残存期間3年のゼロ・クーポン国債は1年後には残存期間2年になっています。1年後の2年物スポット・レートは，現在の2年物スポット・レート2.7%からイールド・カーブが上方に0.5%平行移動していることにより，2.7%＋0.5%＝3.2%（0.032）になっています。1年後の残存期間2年のゼロ・クーポン国債の価格は，$P=\dfrac{F}{(1+r)^2}$でF＝100，r＝0.032とおくことにより，

$$\dfrac{100}{(1+0.032)^2} \fallingdotseq 93.89 円$$

です。1年間の保有期間利回りは，$r=\dfrac{C+\dfrac{S-P}{n}}{P}$で，C＝0，S＝93.89，P＝93.13，n＝1とおくことにより，

$$\dfrac{93.89-93.13}{93.13} \fallingdotseq 0.0081 \,(0.81\%)\ \text{答え}$$

---【知っておきましょう】 利付債券の所有期間利回り---

単利、複利いずれの場合も、利付債券の「最終利回り」の定義式の残存期間を「所有期間」、償還価額を「売却価額」に置き換えて求めた利回りです。P＝債券の購入価額、C＝一定のクーポン額（年1回利払い）、S＝売却価額、n＝所有期間とすると、

$$P = \frac{C}{(1+r)} + \frac{C}{(1+r)^2} + \frac{C}{(1+r)^3} + \cdots + \frac{C+S}{(1+r)^n}$$

を満たすrが「複利所有期間利回り」です。また、

$$r = \frac{C + \frac{S-P}{n}}{P}$$

は「単利所有期間利回り」です。

問題8－3：実効利回り（利子累積終価利回り）

4年後に満期のくるクーポン・レート8％（年1回利払い）の利付債額面100円を106.93円で購入しました。8円の利金（クーポン）は年利5％の定期預金に再投資し、4年後の満期日に元利一括回収しました。このケースの実効利回りを求めなさい。

【解答＆解答の解説】

1年目の利金8円は5％の利子率で定期預金に再投資されるので、満期日には $8 \times (1+0.05)^3 = 9.261$ 円になっています。2年目の利金8円も5％の利子率で定期預金に再投資されるので、満期日には $8 \times (1+0.05)^2 = 8.82$ 円になっています。3年目の利金8円も5％の利子率で定期預金に再投資されるので、満期日には $8 \times (1+0.05) = 8.4$ 円になっています。4年目末（満期日）には利金8円と利付債券の償還金100円を得ることもできるので、4年目末には、

$$9.261 + 8.82 + 8.4 + 8 + 100 = 134.481 \text{円}$$

第8章 債券利回りと債券価格　117

を一括回収することができます。

$$106.93 = \frac{134.481}{(1+r)^4}$$

を満たす内部収益率（r）が「実効利回り」であり，

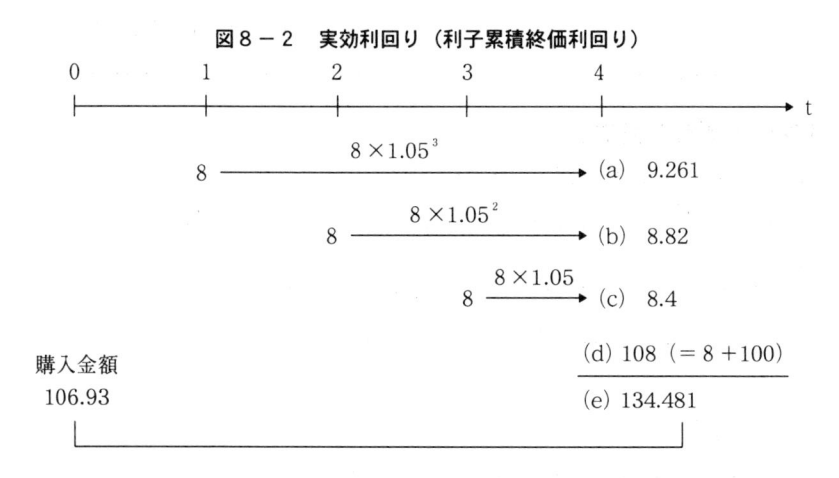

r ≒ 0.0590（5.90％）　**答え**

図8－2　実効利回り（利子累積終価利回り）

```
0        1        2        3        4
├────────┼────────┼────────┼────────┼──────→ t
                          8×1.05³
              8 ──────────────────────→ (a)  9.261
                          8×1.05²
                      8 ──────────────→ (b)  8.82
                               8×1.05
                           8 ─────────→ (c)  8.4
購入金額                         (d) 108（＝8＋100）
106.93                          (e) 134.481
```

【知っておきましょう】 実効利回り（利子累積終価利回り）

「実効利回り（利子累積終価利回り）」は，利付債券への投資によって得られたクーポン（利息収入）を，他種類の投資対象（例えば，定期預金など）に再投資すれば満期日にいくらになるかを計算し，その投資結果と投資額（利付債券の購入価額）をもって複利利回り計算を行ったものです。

「複利最終利回り」「所有期間利回り」（☞p.112）は，利付債券への投資によって得られたクーポン（利息収入）を同じ投資対象に再投資したときの複利利回りです。

問題8－4：永久債の利回り

永久債（満期の定めがなく，クーポンが永久に支払われる債券）の最終利回りを求めなさい。ただし，額面価格は100円，クーポン・レートは5％，永久債の時価は76.92円です。

(平成14年第4問Ⅰより作成)

【解答＆解答の解説】

利付債券の複利最終利回り（☞p.110）は，

$$P = \frac{C}{(1+r)} + \frac{C}{(1+r)^2} + \frac{C}{(1+r)^3} + \cdots\cdots + \frac{C+F}{(1+r)^n}$$

で定義されているが，永久債ではnは無限大，F＝0です。

$$P = \frac{C}{(1+r)} + \frac{C}{(1+r)^2} + \frac{C}{(1+r)^3} + \cdots\cdots$$

$$= \frac{C}{r}$$

で，C＝100×0.05＝5，P＝76.92円を代入すると，

$r \fallingdotseq 0.0650$（6.50％） **答え**

問題8－5：最終利回りの変化幅

額面100円，残存期間2年，クーポン・レート4％，最終利回り5.1％の国債を取り上げます。利払いは年1回，現在時点は利払い日直後，支払不能（デフォルト）確率はゼロとします。瞬間的に金利が低下して，国債の価格が100.00円になった場合の，最終利回りの低下幅はいくらになりますか。

(平成13年第4問Ⅰより作成)

【解答＆解答の解説】

債券価格が額面100円に等しいときは，複利最終利回りはクーポン・レート

4％に等しくなっています。「瞬間的に金利が低下して，国債の価格が100.00円になった場合の，最終利回り」は4％であるので，低下幅は，5.1－4＝1.1％ **答え** です。

──【知っておきましょう】 債券価格と複利最終利回り──────

額面100円，残存期間4年，クーポン・レート8％の利付国債を取り上げ，複利最終利回りが5％から10％まで1％ずつ変化した場合，それぞれの債券価格は以下のようになります。

表8－2 債券価格と複利最終利回り

利回り(％)	債券価格
5	$\dfrac{8}{(1+0.05)}+\dfrac{8}{(1+0.05)^2}+\dfrac{8}{(1+0.05)^3}+\dfrac{8+100}{(1+0.05)^4} \fallingdotseq 110.638$
6	$\dfrac{8}{(1+0.06)}+\dfrac{8}{(1+0.06)^2}+\dfrac{8}{(1+0.06)^3}+\dfrac{8+100}{(1+0.06)^4} \fallingdotseq 106.930$
7	$\dfrac{8}{(1+0.07)}+\dfrac{8}{(1+0.07)^2}+\dfrac{8}{(1+0.07)^3}+\dfrac{8+100}{(1+0.07)^4} \fallingdotseq 103.387$
8	$\dfrac{8}{(1+0.08)}+\dfrac{8}{(1+0.08)^2}+\dfrac{8}{(1+0.08)^3}+\dfrac{8+100}{(1+0.08)^4} = 100$
9	$\dfrac{8}{(1+0.09)}+\dfrac{8}{(1+0.09)^2}+\dfrac{8}{(1+0.09)^3}+\dfrac{8+100}{(1+0.09)^4} \fallingdotseq 96.760$
10	$\dfrac{8}{(1+0.10)}+\dfrac{8}{(1+0.10)^2}+\dfrac{8}{(1+0.10)^3}+\dfrac{8+100}{(1+0.10)^4} \fallingdotseq 93.660$

図8－3 債券価格と複利最終利回り

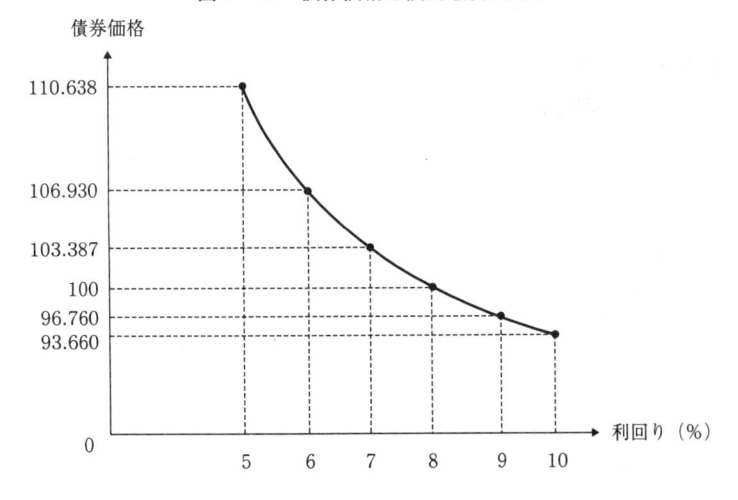

複利最終利回りが上昇すれば債券価格は下落し，複利最終利回りが下落すれば債券価格は上昇します。また，複利最終利回りが上昇すればするほど，債券価格の下落する割合は小さくなります。複利最終利回りが下落すればするほど，債券価格の上昇する割合は大きくなります。

問題8－6：債券価格と複利最終利回り：クーポン・レートの影響

債券のクーポン・レートの影響に関する次の記述のうち，正しくないものはどれですか。

① 残存期間が同じならば，高クーポン債ほど複利最終利回りの一定幅の低下に伴う価格上昇金額が小さい。
② 高クーポン債ほどクーポンの再投資リスクが大きい。
③ 残存期間が同じならば，高クーポン債ほどデュレーションが小さい。
④ スポット・レート曲線が順イールドならば，残存期間が同じ債券のうち高クーポン債ほど複利最終利回りが低い。

(平成14年第4問Ⅱより作成)

【解答＆解答の解説】

① 正しくない　答え

残存期間が同じならば，クーポン・レートが高ければ高いほど，複利最終利回りの変化に対する債券価格の変化「率」は小さくなります。一方，クーポン・レートが高ければ高いほど，複利最終利回りの変化に対する債券価格の変化「額」は大きくなります。

② 正しい

クーポン・レートが高ければ高いほど，クーポンの再投資リスク（再投資収益率の不確実性にともなうリスク）は大きくなります。

③ 正しい

「デュレーション」（☞ p.158）は，各期間に発生するキャッシュ・フローの現在価値をウェイトとする加重平均残存年数（平均回収期間）です。他の条件が等しい場合には，クーポン・レートが高ければ高いほど，デュレーションは小さくなります。

④ 正しい

イールド・カーブ（☞ p.134）が右肩上がりのとき，残存期間が等しい債券のうち，クーポン・レートが高ければ高いほど，複利最終利回りは低くなります。

―【知っておきましょう】 債券価格と複利最終利回り：クーポン・レートの影響―

P＝債券価格，r＝複利最終利回り，C＝一定のクーポン額（年1回利払い），F＝償還価額，n＝残存期間とすると，

$$P = \frac{C}{(1+r)} + \frac{C}{(1+r)^2} + \frac{C}{(1+r)^3} + \cdots\cdots + \frac{C+S}{(1+r)^n}$$

であるので，債券価格と複利最終利回りの関係は，C（$\frac{C}{F}$はクーポン・レート）の影響を受けます。

額面100円，残存期間4年，クーポン・レート5，6，7，8，9，10％の利付債を取り上げ，複利最終利回りが8％から5％へ下落した場合，あるいは8％から10％へ上昇した場合，それぞれの債券価格は以下のようになります。

表8-3 債券価格と複利最終利回り：クーポン・レートの影響

クーポン・レート（％）	債券価格		
	利回り5（％）	利回り8（％）	利回り10（％）
5	100	90.064	84.151
6	103.546	93.376	87.321
7	107.092	96.688	90.490
8	110.638	100	93.660
9	114.184	103.312	96.830
10	117.730	106.624	100

表8－4　債券価格と複利最終利回り：クーポン・レートの影響

クーポン・レート (%)	債券価格の変動割合（利回り8％の場合の債券価格を1とした時）		
	利回り5(%)←──	利回り8(%)──→	利回り10(%)
5	1.11032	1	0.93435
6	1.10891	1	0.93515
7	1.10760	1	0.93590
8	1.10638	1	0.93660
9	1.10523	1	0.93726
10	1.10416	1	0.93788

　クーポン・レートの値に関係なく，複利最終利回りが上昇すれば債券価格は下落し，複利最終利回りが下落すれば債券価格は上昇します。クーポン・レートが高ければ高いほど，複利最終利回りの変化に対する債券価格の変化は小さくなります。逆に，クーポン・レートが低ければ低いほど，複利最終利回りの変化に対する債券価格の変化は大きくなります。

──【知っておきましょう】　債券価格と複利最終利回り：残存期間の影響──

　$P=$債券価格，$r=$複利最終利回り，$C=$一定のクーポン額（年1回利払い），$F=$償還価額，$n=$残存期間とすると，

$$P=\frac{C}{(1+r)}+\frac{C}{(1+r)^2}+\frac{C}{(1+r)^3}+\cdots\cdots+\frac{C+F}{(1+r)^n}$$

であるので，債券価格と複利最終利回りの関係は，n（残存期間）の影響を受けます。

　額面100円，残存期間2,3,4,5年，クーポン・レート8％の利付債を取り上げ，複利最終利回りが8％から5％へ下落した場合，あるいは8％から10％へ上昇した場合，それぞれの債券価格は以下のようになります。

表8-5　債券価格と複利最終利回り：残存期間の影響

残存期間（年）	債券価格		
	利回り5（%）	利回り8（%）	利回り10（%）
2	105.578	100	96.529
3	108.170	100	95.026
4	110.638	100	93.660
5	112.988	100	92.418

表8-6　債券価格と複利最終利回り：残存期間の影響

残存期間（年）	債券価格の変動割合（利回り8％の場合の債券価格を1とする）		
	利回り5（%）←―	利回り8（%）―→	利回り10（%）
2	1.05578	1	0.96529
3	1.08170	1	0.95026
4	1.10638	1	0.93660
5	1.12988	1	0.92418

　残存期間のいかんにかかわらず，複利最終利回りが上昇すれば債券価格は下落し，複利最終利回りが下落すれば債券価格は上昇します。残存期間が短いほど，複利最終利回りの変化に対する債券価格の変化は小さくなります。逆に，残存期間が長いほど，複利最終利回りの変化に対する債券価格の変化は大きくなります。

──【知っておきましょう】　債券価格と残存期間の関係──

① 　複利最終利回り＜クーポン・レート
　　のとき，残存期間が長ければ長いほど，債券価格は高くなります。というのは，残存期間が長くなるほど，償還価額の現在価値は減少するが，クーポン額の現在価値の合計がそれ以上に増加するからです。
② 　複利最終利回り＝クーポン・レート
　　のとき，残存期間のいかんにかかわらず，「債券価格＝償還価額」です。というのは，償還価額の現在価値の減少とクーポン額の現在価値の合計

の増大が相殺しあうからです。

③　複利最終利回り＞クーポン・レート

のとき，残存期間が長ければ長いほど，債券価格は低くなります。というのは，償還価額の現在価値の減少がクーポン額の現在価値の合計の増大を上回るからです。

図8－4　債券価格と残存期間の関係：複利最終利回り＜クーポン・レート

債券価格
112.988
110.638
108.170
105.578

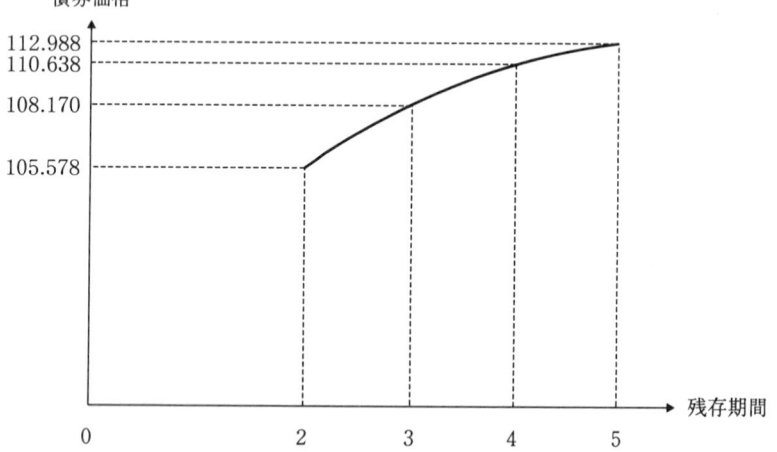

0　　　2　　3　　4　　5　　残存期間

図8－5　債券価格と残存期間の関係：複利最終利回り＝クーポン・レート

債券価格

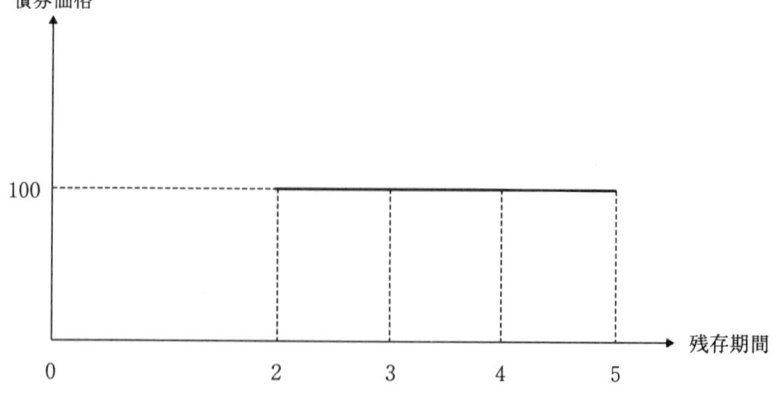

100

0　　　2　　3　　4　　5　　残存期間

図8-6　債券価格と残存期間の関係：複利最終利回り＞クーポン・レート

債券価格

96.529
95.026
93.660
92.418

残存期間

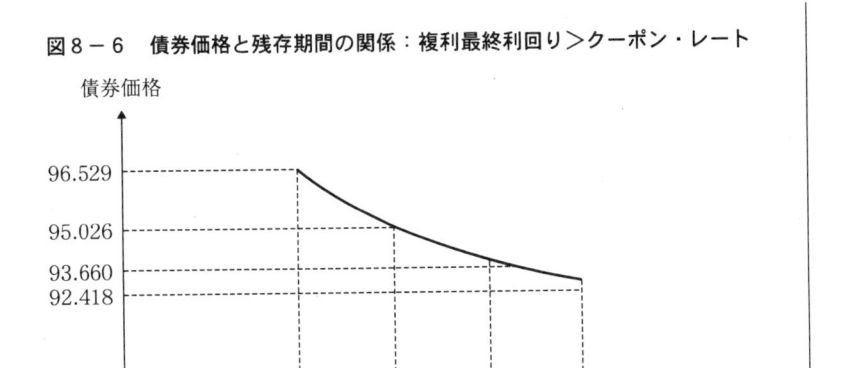

0　　2　　3　　4　　5

──【知っておきましょう】　価格変動性と残存期間──
　一定の複利最終利回りの変化によって生じる債券価格の変化率は「価格変動性」と呼ばれ，残存期間，クーポン・レートが異なれば異なります。残存期間が長いほど，価格変動性は大きくなります。

問題8-7：金利変化の保有期間利回りへの影響

　投資期間が長くなるほど年率のリターンが増加します。このような結果になる理由を説明しなさい。

(平成14年第4問Ⅲより作成)

【解答＆解答の解説】

　利付債券への投資について，金利の上昇は，債券価格の下落と再投資収益の上昇という2つの影響を及ぼします。また，再投資収益額は，投資期間が長くなるほど，大きくなります 答え 。

第9章 スポット・レートとフォワード・レート

問題9－1：スポット・レートとフォワード・レート

各債券の額面はすべて100円，利付債の利払いは年1回，現在時点は利払い日直後，国債の支払不能（デフォルト）確率はゼロとする。なお，最終利回りは年1回複利で計算されている。

表9－1　スポット・レートとフォワード・レート

債券	残存期間(年)	クーポン(%)	最終利回り(%)	価格（円）	スポット・レート(%)
国債A	1	1.0	2.50		
国債B	2	2.0		98.75	問1
国債C	3	3.5	3.00	101.42	
国債D	4	3.5		100.13	
国債E	5	4.0		100.32	4.00
国債F	6	0.0	4.40		
国債G	7	4.5		99.90	4.65
社債X	7	4.5			
国債H	8	5.0		102.32	
国債I	9	4.0	5.00		
国債J	10	4.5		97.25	

(1) 期間2年のスポット・レートはいくらになりますか。
(2) 5年後から6年後にかけてのフォワード・レートはいくらになりますか。

（平成15年第4問Iより作成）

【解答＆解答の解説】

(1) スポット・レート

「スポット・レート」は，現在時点から将来時点にかけての利回りであり，例えば現在時点（第0時点）から第1時点にかけてのスポット・レートは1年物（$_0r_1$），第2時点にかけてのスポット・レートは2年物（$_0r_2$：年率）とそれぞれ呼ばれています。

P＝割引債券の購入価額，F＝償還価額，n＝残存期間，$_0r_n$＝n年物スポット・レートとすると，

$$P = \frac{F}{(1+_0r_n)^n}$$

です。本問題は，利付債券のスポット・レートの問題であり，2年物の債券である国債Bの価格は，各キャッシュ・フローをそれぞれの受取までの時間の長さに応じたスポット・レートで割り引いたものの合計です。C＝クーポンとすると，

$$P = \frac{C}{(1+_0r_1)} + \frac{C+F}{(1+_0r_2)^2}$$

であり，本問題では，P＝98.75，C＝100×0.02＝2，F＝100，$_0r_1$＝0.025（国債Aの最終利回り）であるので，

$$98.75 = \frac{2}{(1+0.025)} + \frac{2+100}{(1+_0r_2)^2}$$

です。$_0r_2 ≒ 0.0265$（2.65％）**答え** です。

図9－1　スポット・レート

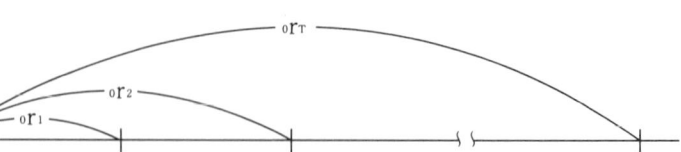

(2) フォワード・レート

「フォワード・レート」は，将来のある時点から将来の他の時点にかけての，

現在時点で確定している利回りであり，例えば第2時点から第3時点にかけてのフォワード・レートは $_2r_3$（年率）と表されます。

$_5r_6=$第5時点から第6時点にかけてのフォワード・レート，$P_5=$第5時点の債券価格，$P_6=$第6時点の債券価格とすると，

$$_5r_6 = \frac{P_6 - P_5}{P_5}$$

であり，本問題では，

$P_5 = 100 \times (1+0.04)^5$

$P_6 = 100 \times (1+0.044)^6$

であるので，

$$_5r_6 = \frac{P_6 - P_5}{P_5} = \frac{(1+0.044)^6 - (1+0.04)^5}{(1+0.04)^5}$$

$\fallingdotseq 0.0642\ (6.42\%)$ **答え** です。

図9-2 フォワード・レート

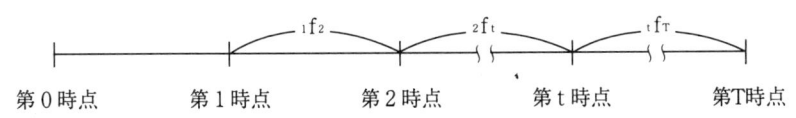

```
                    ₁f₂          ₂fₜ         ₜfᴛ
├──────┼──────┼──────┼──────┼──────┤
第0時点  第1時点  第2時点  第t時点  第T時点
```

【知っておきましょう】 先物(future)・先渡し(forward)取引と直物(spot)取引

先物（future）取引は多数の売手と多数の買手の間の市場取引，先渡し（forward）取引は1人の売手と1人の買手の間の相対取引という違いはありますが，いずれも「あらかじめ定められた将来時点において，あらかじめ定められた価格で，金融商品を受け渡す売買取引」のことです。つまり，売買契約日と受渡契約日が一致しない取引です。一方，直物（spot）取引は売買契約日と受渡契約日が一致している取引です。

問題9-2：スポット・レートとフォワード・レートの関係

(1) 表9-2は今日のスポット・イールド・カーブ（デフォルトのない割引債の利回り曲線）を示しています。利回り曲線から読みとれる1年後から2年後にかけてのフォワード・イールドはいくらになりますか。

表9-2 スポット・イールド・カーブ

残存年数	1年	2年	3年	4年	5年	7年	10年
最終利回り	2.80%	2.50%	2.30%	2.20%	2.10%	1.60%	1.00%

（注）ただし、最終利回りは1年複利で計算したものとする。

（平成13年第4問Ⅱより作成）

(2) 各債券の額面はすべて100円、利付債の利払いは年1回、現在時点は利払日直後、国債の支払不能（デフォルト）確率はゼロであり、残存期間2年に対応するフォワード・レート（$_1r_2$）とは1年後から2年後にかけてのフォワード・レートを意味するものとします。残存期間3年のスポット・レート（$_0r_3$）を求めなさい。

表9-3 スポット・レートとフォワード・レートの関係

残存期間	スポット・レート	フォワード・レート
1年	2.0%（r_1）	
2年	2.7%（r_2）	（$f_{1,2}$）
3年	（r_3）	1.8%（$f_{2,3}$）

表9-4 元の数を3乗した値

元の数	元の数を3乗した値
1.0200	1.0612
1.0210	1.0643
1.0220	1.0675
1.0230	1.0706
1.0240	1.0737
1.0250	1.0769
1.0260	1.0800

（平成12年第1問Ⅰより作成）

第9章　スポット・レートとフォワード・レート　131

【解答＆解答の解説】
(1) スポット・イールドとフォワード・イールドの関係

$_0r_1$＝1年物割引債のスポット・レート，$_0r_2$＝2年物割引債のスポット・レート，$_1r_2$＝1年後から2年後にかけての1年物割引債のフォワード・レートとすると，スポット・レートとフォワード・レートの関係は，

$$(1+_0r_2)^2 = (1+_0r_1)(1+_1r_2)$$

であり，本問題では，$_0r_1$＝0.028（2.80％），$_0r_2$＝0.025（2.50％）であるので，

$$(1+0.025)^2 = (1+0.028)(1+_1r_2)$$

より，$_1r_2$≒0.0220（2.20％） 答え です。

(2) スポット・イールドとフォワード・イールドの関係

スポット・イールドとフォワード・イールドの関係は，

$$(1+_0r_3)^3 = (1+_0r_1)(1+_1r_2)(1+_2r_3) = (1+_0r_2)^2(1+_2r_3)$$
$$= (1+_0r_1)(1+_1r_3)^2$$

であり，本問題では，$_0r_2$＝0.027（2.7％），$_2r_3$＝0.018（1.8％）であるので，

$$(1+_0r_3)^3 = (1+0.027)^2(1+0.018) ≒ 1.0737$$

より，$_0r_3$＝0.0240（2.40％） 答え です。

──【知っておきましょう】　スポット・レートとフォワード・レートの関係──

$_0r_1$＝1年物割引債のスポット・レート，$_0r_2$＝2年物割引債のスポット・レート，$_1r_2$＝1年後から2年後にかけての1年物割引債のフォワード・レートとすると，スポット・レートとフォワード・レートの関係（図9－3参照）は，「裁定」の働きにより，

$$(1+_0r_2)^2 = (1+_0r_1)(1+_1r_2)$$

です。同様にして，

$$(1+_0r_3)^3 = (1+_0r_1)(1+_1r_2)(1+_2r_3)$$
$$= (1+_0r_2)^2(1+_2r_3)$$
$$= (1+_0r_1)(1+_1r_3)^2$$

$$(1+{}_0r_4)^4=(1+{}_0r_1)(1+{}_1r_2)(1+{}_2r_3)(1+{}_3r_4)$$

$$\vdots$$

$$(1+{}_0r_n)^n=(1+{}_0r_1)(1+{}_1r_2)\cdots\cdots(1+{}_{n-1}r_n)$$

$$=(1+{}_0r_t)^t(1+{}_tr_n)^{n-t}$$

であり，フォワード・レートは，

$${}_tr_n=\left\{\frac{(1+{}_0r_n)^n}{(1+{}_0r_t)^t}\right\}^{\frac{1}{n-t}}-1$$

で求められます。

図9－3　スポット・レートとフォワード・レートの関係

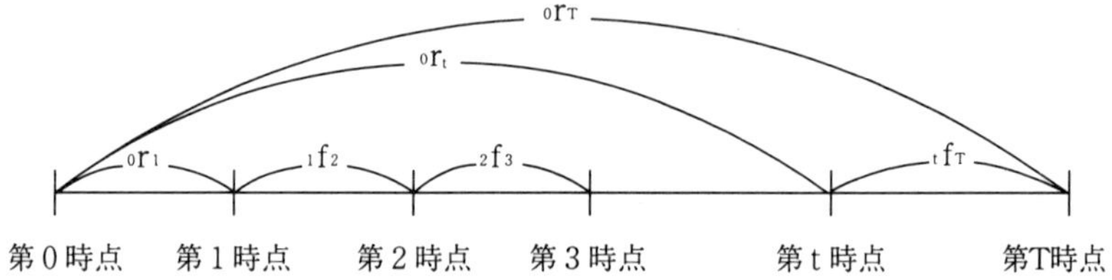

$_0r_T$
$_0r_t$
$_0r_1$
$_1f_2$
$_2f_3$
$_tf_T$
第0時点
第1時点
第2時点
第3時点
第t時点
第T時点

第10章 利回りの期間構造

問題10－1：利回りの期間構造理論

表10－1は今日のスポット・イールド・カーブ（デフォルトのない割引債の利回り曲線）を示しています。デュレーションで比較すると長期債は短期債よりもリスクが大きい。ところが、表によれば、今日の債券市場では長期債の最終利回りが短期債の最終利回りを下回っている。これは、リスクの大きい長期債のリターンがリスクの小さい短期債のリターンを下回っていることを示唆しているようにみえる。これが、どうしてリスクとリターンのトレードオフに矛盾しないのか、適切と思われる説明を1つ述べなさい。

表10－1　利回りの期間構造理論

残存年数	1年	2年	3年	4年	5年	7年	10年
最終利回り	2.80%	2.50%	2.30%	2.20%	2.10%	1.60%	1.00%

（注）ただし、最終利回りは1年複利で計算したものとする。

（平成13年第4問Ⅱより作成）

【解答＆解答の解説】

長期債の最終利回りが短期債の最終利回りを下回っていることが、リスクとリターンのトレードオフに矛盾しないことを説明する記述問題です。イールド・カーブ（利回り曲線）の形状に関する問題であるので、「利回りの期間構造理論」に基づいて説明すればよいでしょう。利回りの期間構造理論には、「純粋期待仮説」「流動性プレミアム仮説」「市場分断仮説」の3つがありますが、

流動性プレミアム仮説は,「長期債の最終利回り＞短期債の最終利回り」を説明する理論であるので,本問題では,「純粋期待仮説」と「市場分断仮説」の2つを用いて説明しましょう。

① 純粋期待仮説による説明

長期債と短期債の最終利回りの間に乖離を生じさせるのは,短期債の将来の最終利回りの推移です。「長期債の最終利回り＜短期債の最終利回り」(右下りの利回り曲線)は市場が将来の短期金利低下を予想していることによって生じます。

② 市場分断仮説

長期債と短期債の最終利回りの決定は,それぞれの満期の割引国債に対する需給関係で行われます。長期債需要が強く,短期債供給が強いときには,「長期債の最終利回り＜短期債の最終利回り」が生じます。

───【知っておきましょう】　3つの「利回りの期間構造理論」───

(1) 純粋期待仮説

「純粋期待仮説」では,投資家はリターンのみに関心をもつものと仮定されています。つまり,投資家の計画期間は2年間で,満期の短い国債と満期の長い国債との間の選択は,2年間の元利合計(リターン)のみに依存するものと仮定されています。1投資単位を,1年満期の国債で2年間運用したときの元利合計は,

$(1+r_s) \times (1+r_s^*) = 1 + r_s + r_s^* + r_s r_s^* \fallingdotseq 1 + r_s + r_s^*$

です。ここで,r_s＝計画時点での第1年目の金利,r_s^*＝計画時点での第2年目の予想金利です。一方,1投資単位を,2年満期の国債で2年間運用したときの元利合計は,

$(1+r_L) \times (1+r_L) = (1+r_L)^2 = 1 + 2r_L + r_L^2 \fallingdotseq 1 + 2r_L$

です。ここで,r_L＝計画時点での,2年間の年率の金利です。

投資家は,両元利合計を比べて,満期の短い国債と満期の長い国債との間の選択を行います。満期の短い国債で運用する方が有利であれば,投資家は長期債で調達し,短期債で運用します。それは短期金利を下げ,長期

金利を上げます。逆に，満期の長い国債で運用する方が有利であれば，投資家は短期債で調達し，長期債で運用します。それは短期金利を上げ，長期金利を下げます。結果として生じる金利裁定均衡では，満期の短い国債と満期の長い国債との間の選択は無差別，つまりどちらで運用しても元利合計は同じになり，

$$(1+r_s) \times (1+r_s^*) = (1+r_L) \times (1+r_L)$$

つまり，

$$1 + r_s + r_s^* = 1 + 2r_L$$

が成立します。かくて，長短金利の関係として，

$$r_L = \frac{r_s + r_s^*}{2}$$

が成立します。つまり，長期金利は，現在の短期金利と将来の予想短期金利の平均値です。2年間だけを考え，2年ものを長期金利，1年ものを短期金利と呼べば，

$$長期金利 = \frac{現在の短期金利 + 将来の短期金利}{2}$$

です。例示すれば，

長期金利	現在の短期金利	将来の短期金利	
6％	5％	7％	$6\% = \frac{5\% + 7\%}{2}$
5％	5％	5％	$5\% = \frac{5\% + 5\%}{2}$
4％	5％	3％	$4\% = \frac{5\% + 3\%}{2}$

です。

　かくて，イールド・カーブの形状（長期金利と現在の短期金利の関係）は将来の短期金利に依存しています。つまり，横軸に満期までの残存期間，縦軸に金利をとると，

将来の短期利子率	イールド・カーブ
上昇（5→7％）	右上がり（現在の短期金利5％，長期金利＝6％）
不変（5→5％）	水　平（現在の短期金利5％，長期金利＝5％）
下落（5→3％）	右下がり（現在の短期金利5％，長期金利＝4％）

です。長期金利と短期金利との間に乖離を生じさせるのは，将来の短期金利の推移です。

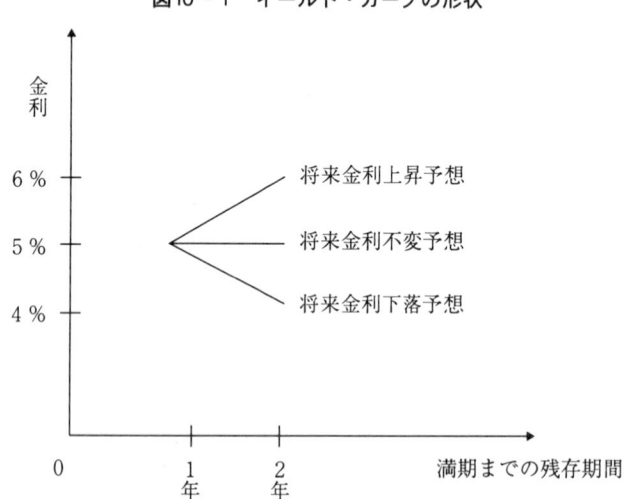

図10－1　イールド・カーブの形状

(2) 流動性プレミアム仮説

「純粋期待仮説」では，投資家はリターンのみに関心をもつものと仮定されていました。しかし，投資家の計画期間が1年であれば，満期が1年の国債は安全な資産ですが，満期が2年の国債は1年目の期末時点の価格に不確実性を伴うので危険資産です。あるいは，投資家の計画期間が2年であったとしても，満期が1年の国債の第2年目の金利には不確実性を伴うので危険資産です。安全資産と危険資産との間の選択ということになれば，投資家は，リターンのみならず，リスクにも関心をもたざるを得ません。つまり，流動性プレミアム仮説下，投資家がリスクに関心を払えば，将来

の予想短期金利（r_s）＝現在の短期金利（r_s^*）であったとしても，純粋期待仮説の考える「長期金利＝短期金利」にはならず，

　　長期金利＝短期金利＋「リスク・プレミアム」

が成立せざるを得ません。あるいは，長期金利には，資金を長期間拘束するプレミアムが要求されます。貸手は短期の運用，借手は長期の調達を選好するという，運用・調達の選好期間のミスマッチがあります。ですから，長期間での調達を行おうとする借手はより高い金利を支払い，長期間での運用を行おうとする貸手はより高い金利を受け取ります。この金利のより高い分が「流動性プレミアム」です。つまり，

　　長期金利＝短期金利＋「流動性プレミアム」

が成立します。かくて，長期金利と短期金利との間に乖離を生じさせるのは，将来の短期金利の推移のみならず，リスク・プレミアムないし流動性プレミアムです。

(3) 市場分断仮説

　「純粋期待仮説」でも，「流動性プレミアム仮説」でも，金利裁定取引が考えられました。しかし，満期の短い国債と満期の長い国債との間でまったく裁定取引が行わなければどうなるのでしょうか。このとき，満期の短い国債と満期の長い国債との間での代替はまったく行われず，長期金利と短期金利は互いに無関係に決定されます。短期金利と長期金利の決定が，それぞれの満期の国債に対する需給関係で行われるという仮説は，「市場分断仮説」と呼ばれています。

138　第2部　債券投資

問題10－2：利回り曲線の性質

各債券の額面はすべて100円，利付き債の利払いは年1回，国債の支払不能（デフォルト）確率はゼロとする。表10－2から得られる利回り曲線に関する記述として，正しいものはどれですか。

① 社債Zの最終利回りが国債Yよりも高いのは，流動性プレミアム仮説を支持している。
② 国債Xの最終利回りが国債Yよりも高いのは，流動性プレミアム仮説を支持している。
③ 歴史的に利回り曲線が右肩上がりであることが多いのは，純粋期待仮説を支持している。
④ 純粋期待仮説のもとでは不確実性によるプレミアムを認めないので，国債Yと社債Zの最終利回りは一致する。

表10－2　国債の残存期間と最終利回り

	残存期間	クーポンレート	最終利回り（年率）
国債W	2年	7％	R％
国債X	2年	0％	2.5％
国債Y	1年	0％	2.0％
社債Z	1年	0％	5.4％

（平成11年第1問Ⅰより作成）

【解答＆解答の解説】

① 正しくない

同一残存年の社債の利回りが国債の利回りを上回るのは信用リスク（債務不履行リスク）を反映しているためであり，流動性プレミアムの存在を支持するものではありません。

② 正しい 答え

残存期間は国債Xが2年，国債Yが1年です。流動性プレミアム仮説のもと

では，投資家は投資期間が長期化するほど，リスク・プレミアムを要求するので，「長期債の最終利回り＞短期債の最終利回り」です。

③　正しくない

純粋期待仮説は，「長期利回りと短期利回りの間に乖離を生じさせるのは，将来の短期利回りの推移である」とする仮説であり，「長期債の最終利回り＞短期債の最終利回り」（右肩上がりの利回り曲線）は，市場が将来金利は上昇すると予想していることから生じます。

④　正しくない

純粋期待仮説は信用リスクに関する仮説ではありません。

──【知っておきましょう】　利回り曲線の性質──

残存期間が長いところでは，期間が3年や5年異なっても利回り水準はそれほど変わりませんが，残存期間が短いところでは，期間が1年異なっただけでも利回り水準は大きく変わります。

問題10－3：イールド・カーブ

イールド・カーブの形状に関する次の記述のうち，正しくないものはどれですか。

①　期待理論では，将来の短期金利が上昇（低下）すると期待されるとき，右上がり（右下り）となる。

②　期待理論では，当面上昇（下落）してその後に低下（上昇）するような単調でない形状を説明できない。

③　流動性選好仮説では，流動性プレミアムは期間が長くなるほど大きくなるので，右上がりの形状となる。

④　期間に関して投資家間で選好が分かれていて市場が分断されている場合には，各市場の需給によっていろいろな形状が存在する。

【解答＆解答の解説】

横軸に債券の残存期間（満期）をとり，縦軸に各債券の利回り（複利最終利回り）をとって，ある時点での満期の異なる債券について，残存期間（満期）と利回りの関係をグラフにした曲線は「利回り曲線」または「イールド・カーブ」と呼ばれています。なお，満期以外の条件は一定にしておかなければならないので，割引債についてのイールド・カーブが描かれることが多く，これはとくに「スポット・イールド・カーブ」と呼ばれています。

① 正しい

「純粋期待仮説」によれば，将来の短期金利が上昇（低下）すると期待されると，イールド・カーブは右上がり（右下がり）になります。

② 正しくない 答え

当面，短期金利は上昇（下落）するが，その後，低下（上昇）すると予想されるときには，上方（下方）にハンプのあるイールド・カーブが生じます。

③ 正しい

④ 正しい

問題10－4：利回りの期間構造についての純粋期待仮説

各債券の額面はすべて100円，利付債の利払いは年1回，現在時点は利払日直後，債券のデフォルト確率はゼロとします。純粋期待仮説を前提にすると，市場が期待している1年後から2年後にかけての予想金利は何％になりますか。ただし，債券Yの最終利回り（年1回複利）は6.58％です。

表10－3 債券の残存期間と最終利回り

債券	残存期間	クーポン・レート	価格
X	1年	5％	99.75円
Y	2年	3％	
Z	2年	7％	

（平成12年第1問Ⅱより作成）

【解答＆解答の解説】

$_0r_1$＝1年物のスポット・レート，$_0r_2$＝2年物のスポット・レート，$_1r_2^*$＝1年後から2年後にかけての予想レートとすると，

$$(1+{_0r_2})^2=(1+{_0r_1})(1+{_1r_2^*})$$

であり，本問題では，$_0r_1=0.05$（5％），$_0r_2=0.0658$（6.58％）であるので，

$$(1+0.0658)^2=(1+0.05)(1+{_1r_2^*})$$

より，$_1r_2^*≒0.0795$（7.95％） 答え です。

第11章 リスクと格付け

問題11-1：デフォルトの可能性のある債券の評価

(1) 額面100円，残存期間7年，クーポン・レート4.5%の社債Xを取り上げます。利払いは年1回，現在時点は利払い日直後とします。社債のクーポンに関しては金融機関の保証付きなので支払は確実だが，7年後の元本償還は保証がなく不確実です。もしもデフォルトが発生した場合，回収金額は元本の10%と見積もられています。市場がこの社債のデフォルト確率を5%とみているとき，社債の価格はいくらになりますか。ただし，市場参加者はリスク中立的であるものとします。

表11-1 国債と社債

債券	残存期間(年)	クーポン(%)	最終利回り(%)	価格(円)	スポット・レート(%)
国債A	1	1.0	2.50		
国債B	2	2.0		98.75	
国債C	3	3.5	3.00	101.42	
国債D	4	3.5		100.13	
国債E	5	4.0		100.32	4.00
国債F	6	0.0	4.40		
国債G	7	4.5		99.90	4.65
社債X	7	4.5		問1	
国債H	8	5.0		102.32	
国債I	9	4.0	5.00		
国債J	10	4.5		97.25	

（平成15年第4問Iより作成）

(2) 額面100円，残存期間 5 年，市場価格93.68円の社債 X を取り上げます。利払いは年 1 回，現在時点は利払い日直後とします。社債のクーポンに関しては金融機関の保証付きなので支払は確実であり，5 年間に受け取るクーポンの現在価値は19.53円です。しかし，5 年後の元本償還は保証がなく不確実です。もしもデフォルトが発生した場合，回収金額は元本の 5 ％と見積もられています。市場はこの社債のデフォルト確率をいくらとみていますか。ただし，市場参加者はリスク中立的であるものとします。

表11－2　国債と社債

債券	残存期間(年)	クーポン(％)	最終利回り(％)	価格（円）	スポット・レート(％)
国債 A	1	5.0	3.55	101.44	
国債 B	2	4.0		100.70	
国債 C	3	3.0	4.00	97.22	
国債 D	4	2.5		93.10	
国債 E	5	0.0	5.00		
社債 X	5			93.68	
国債 F	6	3.0		88.00	5.48
国債 G	7	2.0		80.50	
国債 H	8	5.0		97.00	
国債 I	9	6.0		103.47	
国債 J	10	4.0	6.00		
国債 K	永久債	5.0		76.92	

(平成14年第 4 問 I より作成)

(3) 額面100円，残存期間 3 年，クーポン・レート 0 ％，市場価格84.93円の社債 Z を取り上げます。利払いは年 1 回，現在時点は利払い日直後とします。社債に関して市場がその支払不能確率を 4 ％とみているとき，市場は社債が満期時に支払不能になった場合に回収できる金額は額面の

何％と考えているのでしょうか。ただし，市場参加者はリスク中立であると仮定します。

表11－3　国債と社債

	残存期間	クーポン・レート	最終利回り	価　格
国債W	1年	6％		101.00円
国債X	2年	4％	5.10％	
国債Y	3年	0％	5.00％	
社債Z	3年	0％		84.93円

(平成13年第4問Ⅰより作成)

【解答＆解答の解説】

(1) デフォルトの可能性のある債券の評価：社債の価格

P＝利付社債の評価額，F＝デフォルトが起こらなかった場合に受け取る償還価額，F_F＝デフォルトが起こった場合に受け取る償還価額，C＝クーポン額，r＝デフォルト・リスクのない債券のスポット・レート（無リスク金利），h＝倒産した場合の額面価額Fに対する受取りの割合（回収率），d＝デフォルト確率（$0 \leq d \leq 1$）とすると，利付社債の評価額（P）は，

$$P = \frac{C}{(1+r)} + \frac{C}{(1+r)^2} + \cdots\cdots + \frac{C}{(1+r)^7} + \frac{\{(1-d)F + dhF\}}{(1+r)^7}$$

です。本問題では，C＝100×0.045＝4.5，r＝0.0465（7年物国債Gのスポット・レート），F＝100，d＝0.05，h＝0.1であり，7年物国債Gの価格は，

$$99.90 = \frac{C}{(1+r)} + \frac{C}{(1+r)^2} + \cdots\cdots + \frac{C}{(1+r)^7} + \frac{F}{(1+r)^7}$$

$$= \frac{4.5}{(1+0.0465)} + \frac{4.5}{(1+0.0465)^2} + \cdots\cdots + \frac{4.5}{(1+0.0465)^7}$$

$$\quad + \frac{100}{(1+0.0465)^7}$$

$$\fallingdotseq \frac{4.5}{(1+0.0465)} + \frac{4.5}{(1+0.0465)^2} + \cdots\cdots + \frac{4.5}{(1+0.0465)^7}$$

であるので，

$$\frac{4.5}{(1+0.0465)}+\frac{4.5}{(1+0.0465)^2}+\cdots\cdots+\frac{4.5}{(1+0.0465)^7}$$

$$\fallingdotseq 99.90-72.74872=27.15128$$

です。かくて，

$$P=\frac{C}{(1+r)}+\frac{C}{(1+r)^2}+\cdots\cdots+\frac{C}{(1+r)^7}+\frac{\{(1-d)F+dhF\}}{(1+r)^7}$$

$$=27.15128+\frac{\{(1-0.05)\times100+0.05\times0.1\times100\}}{(1+0.0465)^7}$$

$$\fallingdotseq 27.15128+69.475\fallingdotseq 96.63円 \quad \boxed{答え}$$

(2) デフォルトの可能性のある債券の評価：社債のデフォルト確率

同様にして，利付社債の評価額（P）は，

$$P=\frac{C}{(1+r)}+\frac{C}{(1+r)^2}+\cdots\cdots+\frac{C}{(1+r)^5}+\frac{\{(1-d)F+dhF\}}{(1+r)^5}$$

です。本問題では，

$$\frac{C}{(1+r)}+\frac{C}{(1+r)^2}+\cdots\cdots+\frac{C}{(1+r)^5}=19.53円$$

であり，$r=0.05$（5年物国債Eの最終利回り），$F=100$，$h=0.05$であるので，

$$93.68=\frac{C}{(1+r)}+\frac{C}{(1+r)^2}+\cdots\cdots+\frac{C}{(1+r)^5}$$

$$+\frac{\{(1-d)F+dhF\}}{(1+r)^5}$$

$$=19.53+\frac{\{(1-d)\times100+d\times0.05\times100\}}{(1+0.05)^5}$$

です。これをd（デフォルト確率）について解けば，$d=0.056$（5.6％） $\boxed{答え}$
です。

(3) デフォルトの可能性のある債券の評価：回収できる金額

社債Zは3年物割引債券です。割引社債の評価額（P）は，

$$P = \frac{\{(1-d)F + dhF\}}{(1+r)^3}$$

です。本問題では、$P=84.93$, $F=100$, $r=0.05$（3年物国債Yの最終利回り）、$d=0.04$であるので、

$$84.93 = \frac{\{(1-0.04) \times 100 + 0.04 \times h \times 100\}}{(1+0.05)^3}$$

です。これを h（倒産した場合の額面価額Fに対する受取りの割合：回収率）について解けば、$h ≒ 0.579$（57.9％）**答え** です。

【知っておきましょう】 債券投資の5つのリスク

債券投資には、「デフォルト・リスク（信用リスクあるいは債務不履行リスク）」「価格変動リスク（金利変動リスク）」「利子（クーポン）再投資リスク」「途中償還リスク」「流動性リスク」の5つのリスクを伴います。デフォルト・リスクとは、債券の利子・元本の全部ないし一部が受け取れなくなるリスクのことです。

【知っておきましょう】 デフォルトの可能性のある割引債の評価

1年満期の割引社債を評価しましょう。$P=$割引社債の評価額、$F=$割引社債の額面価額、$h=$倒産した場合の額面価額Fに対する受取りの割合（回収率）、$r=$デフォルト・リスクのない割引債の利回り、$d=$倒産する確率（$0 \leq d \leq 1$）とすると、倒産しなかった場合の割引社債の評価額（P_S）は、$P_S = \dfrac{F}{(1+r)}$ であり、倒産した場合の割引社債の評価額（P_F）は、$P_F = \dfrac{hF}{(1+r)}$ です。倒産するか、しないかは不確実であるので、割引社債の評価額（P）は、

$$P = (1-d)P_S + dP_F$$
$$= (1-d)\left\{\frac{F}{(1+r)}\right\} + d\left\{\frac{hF}{(1+r)}\right\}$$
$$= \frac{(1-d)F + dhF}{(1+r)}$$

です。

―【知っておきましょう】 デフォルトの可能性のある利付債の評価―

n年満期の利付社債を評価しましょう。P＝利付社債の評価額, F＝デフォルトが起こらなかった場合に受け取る償還価額, F_F＝デフォルトが起こった場合に受け取る償還価額, C＝デフォルトが起こらなかった場合に受け取るクーポン額, C_{Ft}＝第t期にデフォルトが起こった場合に受け取るクーポン額, $_0r_t$＝デフォルト・リスクのない割引債の第t期におけるスポット・レート（無リスク金利）, d_t＝第t期におけるデフォルト確率（$0 \leq d_t \leq 1$）とすると, 利付社債の評価額（P）は,

$$P = \frac{(1-d_1)C + d_1 C_{F1}}{(1+_0r_1)} + \frac{(1-d_2)C + d_2 C_{F2}}{(1+_0r_2)^2} + \cdots\cdots$$
$$+ \frac{(1-d_n)(C+F) + d_n(C_{Fn} + F_F)}{(1+_0r_n)^n}$$

です。

問題11－2：信用リスクと社債の対国債スプレッド

　各債券の額面はすべて100円, 利付債券の利払いは年1回, 現在時点は利払い直後, 途中償還および財務特約等の条項はないものとします。また国債の支払不能（デフォルト）確率はゼロとします。社債Zに関する次の記述のうち, 正しくないものはどれですか。

① 社債Zの価格は社債Yの価格より低い。
② 社債Zの複利最終利回りは社債Yの複利最終利回りより高い。
③ 社債Zの対国債スプレッドは社債Yの対国債スプレッドより大きい。
④ 社債Zと社債Yの価格差は支払い不能確率のみによって説明される。

表11-4　信用リスク

	残存期間	クーポン・レート	価格	格付け機関 M社	格付け機関 N社
国債W	1年	0.0%	98.23	AAA	Aaa
社債X	1年	3.0%	93.00	BB−	Ba3
社債Y	2年	4.0%	99.00	AA+	A1
社債Z	2年	4.0%	−	BBB+	Baa3

（平成15年第4問Ⅲより作成）

【解答＆解答の解説】

① 正しい

社債Zと社債Yの残存期間，クーポン・レートは同じです。格付けは社債Zが社債Yより低く，信用力が低い分だけ割引率は高く，市場価格は低い。

② 正しい

社債Zと社債Yの残存期間，クーポン・レートは同じです。市場価格は社債Zが社債Yより低いので，社債Zの複利最終利回り＞社債Yの複利最終利回りです。

③ 正しい

社債の対国債スプレッド＝社債の複利最終利回り－同じ残存期間の国債の複利最終利回りであり，社債Zの複利最終利回り＞社債Yの複利最終利回りであるので，社債Zの対国債スプレッド＞社債Yの対国債スプレッドです。

④ 正しくない　答え

利付社債の評価額は，倒産した場合の額面価額に対する受取りの割合（回収率）にも依存しています。

問題11-3：社債の信用リスク・プレミアム

各債券の額面はすべて100円，利付債の利払いは年1回，現在時点は利払日直後，国債の支払不能（デフォルト）確率はゼロであり，残存期間2年に対応するフォワード・レートとは1年後から2年後にかけてのフォワード・レートを意味するものとします。残存期間2年，価格94.44円のゼロ・クーポンの社債があります。この社債には信用リスクを反映してリスク・プレミアムがついていると考えられるが，その値は年率いくらになりますか。

表11-5　スポット・レートとフォワード・レート

残存期間	スポット・レート	フォワード・レート
1年	2.0%（r_1）	
2年	2.7%（r_2）	（$f_{1,2}$）
3年	（r_3）	1.8%（$f_{2,3}$）

（平成12年第1問Ⅰより作成）

【解答＆解答の解説】

期間2年，価格94.44円のゼロ・クーポンの社債は2年物割引債券です。割引社債の評価額（P）は，

$$P = \frac{F}{(1+r)^2}$$

です。本問題では，P＝94.44，F＝100であるので，

$$94.44 = \frac{100}{(1+r)^2}$$

です。これを r（割引社債の複利最終利回り）について解けば，r ≒ 0.029（2.9%）です。同一条件の国債利回りは，2年物スポット・レートより2.7%です。かくて，社債のリスク・プレミアムは，2.9－2.7＝0.2% **答え** です。

問題11-4：格　付　け

各債券の額面はすべて100円，利付債券の利払いは年1回，現在時点は利払い直後，途中償還および財務特約等の条項はないものとします。また国債の支払不能（デフォルト）確率はゼロとします。

表11-6　格　付　け

	残存期間	クーポン・レート	価　格	格付け機関	
				M社	N社
国債W	1年	0.0%	98.23	AAA	Aaa
社債X	1年	3.0%	93.00	BB−	Ba3
社債Y	2年	4.0%	99.00	AA+	A1
社債Z	2年	4.0%	−	BBB+	Baa3

（平成15年第4問Ⅲより作成）

(1) 社債Yに対する格付け機関M社および同N社の格付けに関する次の推測のうち，正しくないものはどれですか。

① M社はN社と比較して高い格付けを付ける傾向がある。

② M社とN社で格付けが付されたタイミングが異なる。

③ M社とN社とで想定されている格付けごとのデフォルト率が異なる。

④ N社の格付けのほうがM社と比較して保守的であり，より信頼できる。

(2) 社債X～Zの格付けに関する次の記述のうち，正しくないものはどれですか。

① 社債Xは他の社債と比べて債務履行の確実性に問題がある。

② 社債Yは格付け機関M社，N社の格付けではいわゆる投資適格債券である。

③ 社債ZはA未満であり，債務履行の確実性に問題があると懸念され，投資には不適格である。

④ 社債X～Zに対する格付けは一般に長期債に対する格付けであり，

短期債については別の格付けで表すことがある。

(3) 格付け機関Ｎ社が社債Ｚの格付けを$B_{aa}3$からB_a1に変更したときに起こりうると想定される事象に関する次の記述のうち，可能性が低いものはどれですか。

① 信用リスク・プレミアムの増大に伴い社債Ｚの価格が下落する。

② 機関投資家等による大量売却などから需給が悪化し社債Ｚの価格が下落する。

③ 社債Ｙの価格も下落する。

④ 社債Ｚの発行体が今後新規に社債を発行する際の調達コストが増大する。

(4) 債券格付けが投資家の意思決定に役立つ指標であると信頼されるための要件に関する次の記述のうち，正しくないものはどれですか。

① 債券格付けの高低は，正確な情報に基づきその債券の信用リスクの大小を正確に反映していなければならない。

② 格付けは正確な情報に基づいて判断される必要があるため，提供されるタイミングは遅くなってもかまわない。

③ 格付けの中立性を維持するために，格付け機関は中立でなければならない。

④ ある対象の定量的・定性的情報が同一であった場合には，異時点間の同一対象，同一時点における複数対象は同水準の格付けが付けられるはずである。

(5) 格付けを利用した債券ポートフォリオ戦略に関する次の記述のうち，正しいものはどれですか。

① 高格付け債は需要が高く常に割高，低格付け債は需要が低く常に割安なため，低格付け債を購入して高格付け債を売却する戦略が有効。

② 金利低下局面では，格付けの高い銘柄が格付けの低い銘柄に比べて価格上昇率が大きいことから，高格付け債にポジションをシフトする

戦略が有効。
③ 好況時には，リスク・プレミアム低下に伴い，低格付け債にポジションをシフトする戦略が有効。
④ 債券の格付けは個別債券に対して付されるものであり，ポートフォリオ全体の信用リスク管理には利用できない。

【解答＆解答の解説】

(1) 格付け会社の格付けの比較

① 正しい

M社は「スタンダード＆プアーズ」「フィッチ」などと同じ格付け記号，N社はムーディーズと同じ格付け記号を使っています。国債Wと社債Xについては同じレベルの格付け，社債Yと社債ZについてはM社のほうが高い。

② どちらともいえない

格付け会社が格付けを付与するタイミングは債券発行時であることが多いが，発行後に格付けを行うこともあるし，銘柄の信用力の変化に応じて格付けの変更を行うこともあります。格付けを見ただけでは，格付けを付与したタイミングは判断できません。

③ どちらともいえない

本問題の情報だけでは，両格付け会社が格付けに想定したデフォルト確率については，何もわかりません。

④ 正しくない 答え

保守的であるから信頼できると考えるのは誤りです。適正な水準よりも低い格付けは信頼できません。また，厳密に言えば，「格付け」は相対的信用力の順位を表すものであり，絶対水準についてのものではありません。

(2) 格付けの意味

① 正しい

格付けBB－とB$_a$3は「投機的格付け」と呼ばれ，ともに他の債券よりも

低い信用力を示しています。つまり，格付け会社は，社債Ｘは何らかの意味で元利払いの確実性に問題があると考えています。

② 正しい

格付けＡＡ＋とＡ１は「投資適格級」に分類されています。

③ 正しくない 答え

格付けＢＢＢ＋と$B_{aa}3$は投資適格であり，投機的格付けではありません。

④ 正しい

短期格付けは長期格付けとは異なる記号で示されています。

(3) 格付けの変更

① 正しい

信用力の低下によって将来の予想キャッシュ・フローが低下し，社債Ｚの価格は下落する可能性が高い。

② 正しい

機関投資家の債券投資資金には格付けなどによる制限が課されていることが多いので，格付けが$B_{aa}3$からB_a1（投機的格付け）に変更されると，当該社債は売却されることが多い。

③ 正しくない 答え

社債Ｙと社債Ｚの間に，発行体が同じである，あるいは発行体の間の関係が強い等の条件がない限り，社債Ｚの信用力の低下やそれに伴う格付けの引き下げは，社債Ｙの価格に影響を及ぼしません。

④ 正しい

社債Ｚの価格は下落し，利回りや対国債スプレッドは上昇します。したがって，今後新規に社債を発行する際の調達コストは増大します。

(4) 格付けの要件

① 正しい

債券格付けは，債券の信用力・債券の信用リスクの大小を表しています。

② 正しくない 答え

債券の格付けはその時点での債券の信用力を示しています。新規に格付けを

行う場合や格付けの変更を行う場合，できるだけ早いタイミングで現在の状態に関する見解を投資家に発表しなければなりません。

③　正しい

　格付け機関は中立でなければなりません。

④　正しい

　格付けは，時系列でみても横断面でみても一貫した定義がなされていなければなりません。

(5)　**格付けを利用した債券ポートフォリオ戦略**

①　正しくない

　通貨，残存期間，クーポン・レートおよびクーポン支払いタイミングなどの条件が同一であるならば，高格付け債の価格＞低格付け債の価格です。しかし，高格付け債が常に割高，低格付け債が常に割安と限りません。

②　正しくない

③　正しい　**答え**

④　正しくない

　いくつかの格付け会社は，債券に投資する投資信託（債券ポートフォリオ）の格付けを行っています。

第12章 デュレーションと コンベクシティ

問題12−1：デュレーション

額面100円，残存期間3年，クーポン・レート4％，複利最終利回り2.4％の国債がある。クーポンの受取は年1回です。この国債の価格とマコーレイのデュレーションを求めなさい。

(平成12年第1問Ⅰより作成)

【解答＆解答の解説】

残存期間3年，クーポン・レート4％の国債では，クーポンは100円×0.04＝4円であり，1年目末に4円，2年目末に4円，3年目末に（4＋100）円を受け取ることができます。P＝国債の価格，D＝マコーレイのデュレーションとすると，本問題では，C＝4，F＝100，r＝0.024（2.4％）であるので，

$$P = \frac{C}{(1+r)} + \frac{C}{(1+r)^2} + \frac{(C+F)}{(1+r)^3}$$

$$= \frac{4}{(1+0.024)} + \frac{4}{(1+0.024)^2} + \frac{4+100}{(1+0.024)^3}$$

≒104.58円 **答え**

$$D = 1 \times \frac{\frac{C}{(1+r)}}{P} + 2 \times \frac{\frac{C}{(1+r)^2}}{P} + 3 \times \frac{\frac{C+F}{(1+r)^3}}{P}$$

$$= 1 \times \frac{\frac{4}{(1+0.024)}}{104.58} + 2 \times \frac{\frac{4}{(1+0.024)^2}}{104.58} + 3 \times \frac{\frac{4+100}{(1+0.024)^3}}{104.58}$$

≒2.89年 **答え**

【知っておきましょう】 デュレーション（D）と修正デュレーションの定義

P＝債券価格，r＝複利最終利回り，C＝一定のクーポン額（年1回利払い），F＝償還価額，n＝残存期間とすると，

$$P = \frac{C}{(1+r)} + \frac{C}{(1+r)^2} + \frac{C}{(1+r)^3} + \cdots + \frac{C+F}{(1+r)^n}$$

であり，デュレーション（マコーレイのデュレーション：D）は，

$$D = 1 \times \frac{\frac{C}{(1+r)}}{P} + 2 \times \frac{\frac{C}{(1+r)^2}}{P} + \cdots + n \times \frac{\frac{C+F}{(1+r)^n}}{P}$$

と定義されています。つまり，デュレーションとは，「将来のキャッシュ・フローの発生時点までの期間を，それぞれの現在価値をウェイトとした加重平均残存年数」であり，債券投資の「平均回収期間」です。また，$\frac{D}{(1+r)}$ は「修正デュレーション」と呼ばれています。

問題12-2：修正デュレーション

額面100円，残存期間3年，クーポン3.5％，複利最終利回り3.0％，債券価格101.42円の国債がある。クーポンの受取は年1回です。この国債の修正デュレーションを求めなさい。

（平成15年第4問Ⅰより作成）

【解答＆解答の解説】

「修正デュレーション」は $\frac{D}{(1+r)}$ と定義されています。残存期間3年，クーポン・レート3.5％の国債では，クーポンは100円×0.035＝3.5円であり，1年目末に3.5円，2年目末に3.5円，3年目末に(3.5＋100)円を受け取ることができます。D＝マコーレイのデュレーションとすると，本問題では，C＝3.5，F＝100，r＝0.030（3.0％），P＝101.42であるので，

$$D = 1 \times \frac{\frac{C}{(1+r)}}{P} + 2 \times \frac{\frac{C}{(1+r)^2}}{P} + 3 \times \frac{\frac{C+F}{(1+r)^3}}{P}$$

$$= 1 \times \frac{\frac{3.5}{(1+0.03)}}{101.42} + 2 \times \frac{\frac{3.5}{(1+0.03)^2}}{101.42} + 3 \times \frac{\frac{3.5+100}{(1+0.03)^3}}{101.42}$$

であり，修正デュレーションは，

$$\frac{D}{(1+r)} = \frac{D}{(1+0.03)} \fallingdotseq 2.82 \quad \boxed{答え}$$

問題12－3：複利最終利回りの変化と債券価格の変化

表12－1はX，Y，Zの国債3銘柄についてのデータです。最終利回り，デュレーション，コンベクシティの各数値は，クーポンの支払いを年1回と仮定して，年1回複利で計算したものです。額面100億円分の銘柄Yを売却して，同一のデュレーションを持つ銘柄Xと銘柄Zのポートフォリオに入れ替えるには，額面で銘柄Xを57.65億円，銘柄Zを40.32億円購入すればよい。

表12－1　複利最終利回りの変化と債券価格の変化

	銘柄X	銘柄Y	銘柄Z
クーポン・レート	4.00%	5.00%	6.00%
残存年数	2年	5年	10年
価格	100.00円	102.00円	110.00円
最終利回り	4.00%	4.54%	4.72%
デュレーション	1.96年	4.55年	7.92年
修正デュレーション	1.89年	4.35年	7.56年
コンベクシティ	5.41	24.18	72.86

（平成11年第1問Ⅱより作成）

(1) 債券の最終利回りがそれぞれ0.10%上昇するとき，銘柄入替えを実行しない場合に比較して，実行する場合の損得勘定はいくらになりますか。

160 第2部 債券投資

デュレーションによる近似計算を用いて答えなさい。

(2) 銘柄Xの最終利回りが1.00％上昇，銘柄Zの最終利回りが1.00％低下，銘柄Yの最終利回りは変化しないとき，銘柄入替えを実行しない場合に比較して，実行する場合の損得勘定はいくらになりますか。デュレーションによる近似計算を用いて答えなさい。

【解答＆解答の解説】

(1) デュレーションによる近似計算

$$\frac{dP}{P} = -D \times \frac{dr}{(1+r)}$$

つまり，

（債券価格の変化率）＝－D×（粗利回りの変化率）

です。本問題では，銘柄入替えを実行しない場合のデュレーションと，実行する場合のデュレーションは同一であるので，複利最終利回りがそれぞれ0.10％上昇しても，債券価格の変化率は1次近似としては同じであり，ほぼ損得なし **答え** です。

(2) 修正デュレーションによる近似計算

$$dP = -P \times \frac{D}{(1+r)} \times dr$$

であるので，

銘柄Xの価格の変化＝－57.65×1.89×0.01≒－1.09億円

銘柄Zの価格の変化＝－40.32×7.56×（－0.01）≒3.05億円

です。したがって，－1.09＋3.05＝1.96億円の得 **答え** です。

─【知っておきましょう】 複利最終利回りの変化と債券価格の変化:デュレーション（D）─

P＝利付債券価格，r＝複利最終利回り，C＝一定のクーポン額（年1回利払い），F＝償還価額，n＝残存期間とすると，

$$P = \frac{C}{(1+r)} + \frac{C}{(1+r)^2} + \frac{C}{(1+r)^3} + \cdots\cdots + \frac{C+F}{(1+r)^n}$$

です。

$$\frac{dP}{dr} = -P \times \frac{D}{(1+r)}$$

であるので，

$$D = -\frac{\frac{dP}{P}}{\frac{dr}{(1+r)}} = -\frac{債券価格の変化率}{粗利回りの変化率}$$

です。つまり，デュレーションは，債券価格の粗利回り（1＋r）に対する弾力性です。デュレーションは，債券価格と複利最終利回りの関係を線形近似したものであり，

$$dP = -P \times \frac{D}{(1+r)} \times dr$$

です。ただし，利回り水準の大きな変化に対しては債券価格の誤差は大きくなるので，「一定の複利最終利回りの変化に対する債券価格の変化を簡単に計算できる」デュレーションの有効性は低下します。

図12-1 実際の債券価格と利回り曲線

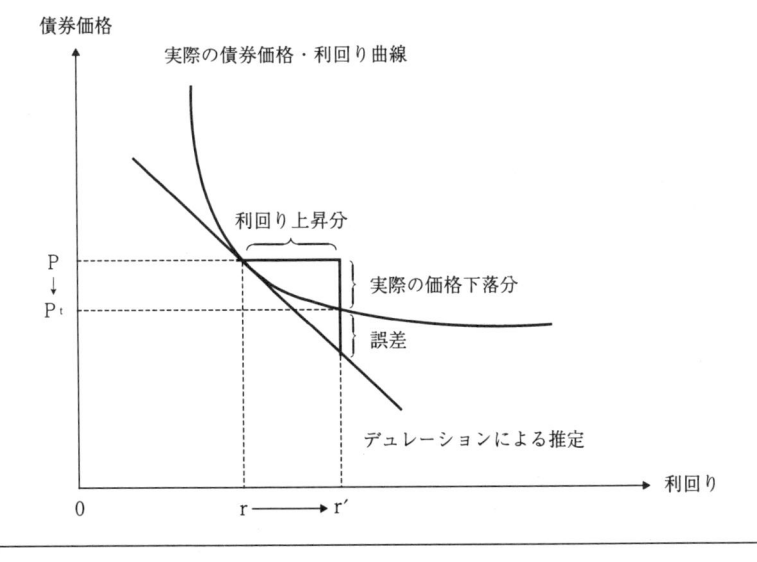

問題12－4：デュレーションの性質

クーポン・レート4.00％，残存年数2年，債券価格100円，複利最終利回り4.00％，デュレーション1.96年，修正デュレーション1.89年の国債Xを取り上げます。銘柄Xと同じ残存年数2年，同じ最終利回り4.00％の債券で，クーポン・レートが5.00％のもの（銘柄X_1），3.00％のもの（銘柄X_2），0.00％のもの（銘柄X_3）のデュレーションはそれぞれどうなりますか。

① X_1：1.97年　X_2：1.95年　X_3：1.92年
② X_1：1.95年　X_2：1.97年　X_3：1.98年
③ X_1：1.96年　X_2：1.96年　X_3：1.96年
④ X_1：1.97年　X_2：1.95年　X_3：2.00年
⑤ X_1：1.95年　X_2：1.97年　X_3：2.00年

(平成11年第1問Ⅱより作成)

【解答＆解答の解説】

計算をしなくても，デュレーションの性質から解答することができるでしょう。「他の条件が等しい場合には，クーポン・レートが高いほどデュレーションは小さい」ので，デュレーションの大小関係は，$X_1 < X_2 < X_3$です。したがって，①，③，④は正答より排除され，「②X_1：1.95年　X_2：1.97年　X_3：1.98年」「⑤X_1：1.95年　X_2：1.97年　X_3：2.00年」が正答の候補として残ります。銘柄X_3はクーポン・レート0.00％であるので割引債であり，「割引債のデュレーションは残存年数に等しい」ので，銘柄X_3のデュレーションは2年です。**答え**は⑤です。

【知っておきましょう】 デュレーションの性質

デュレーションの性質には，次のものがあります。
① 割引債のデュレーションは残存年数に等しい。利付債のデュレーションは残存年数より短い。
② 他の条件が等しい場合には，残存年数が長いほどデュレーションは大きい。
③ 他の条件が等しい場合には，クーポン・レートが高いほどデュレーションは小さい。

問題12－5：イミュニゼーション戦略

イミュニゼーション運用に関する次の記述のうち，正しくないものはどれですか。
① 概念的には，投資期間に対応する満期の割引債を購入すれば，投資期間中の金利変動によって満期時の投資成果が影響されない運用ができる。しかし，実際には投資期間に合致する割引債が存在しないなどの問題点がある。
② 一定の仮定のもとでは，投資期間と債券ポートフォリオのデュレーションを一致させることで，期間中の金利が変動しても満期時のポートフォリオの価値を確定できる。
③ 利付債ポートフォリオのデュレーションを投資期間に一致させたイミュニゼーション・ポートフォリオを一度組めば，その後はバイ・アンド・ホールドのままでイミュニゼーションの目標は達成可能である。
④ イミュニゼーション・ポートフォリオの組合わせは無数に考えられるので，その中から最適な組合せを選び出さなければならない。

(平成11年第1問Ⅰより作成)

【解答＆解答の解説】

答え は③です。というのは，デュレーションの変化に応じて，絶えず債券ポートフォリオのリバランスが必要であるからです。

【知っておきましょう】 イミュニゼーション戦略

債券投資計画期間に債券ポートフォリオのデュレーションを一致させるようにポートフォリオを構築し，債券ポートフォリオの価値を金利変化の影響を受けないようにする戦略は「イミュニゼーション戦略」と呼ばれています。

問題12－6：コンベクシティ

(1) 表12－2に示す債券A～債券Dは，クーポンの支払いが年1回の債券です。いずれの債券も，今日の最終利回りは3％です。スポット・レート曲線は常に水平と仮定します。投資期間1年の投資家がスポット・レートの低下を予想するとき，どの債券を選ぶのが最もよいですか。また，その理由を説明しなさい。

表12－2　デュレーションとコンベクシティ

	債券A	債券B	債券C	債券D
残存年数	9年	5年	7年	11年
クーポン・レート	2.0%	10.0%	6.0%	8.2%
今日の価格（額面100円当たり）	92.21円	132.06円	118.69円	148.11円
マコーレー・デュレーション	8.29年	4.29年	6.02年	8.29年
コンベクシティ	76.00	22.91	42.97	83.96

（平成14年第4問Ⅲより作成）

(2) 表12－3に示す債券X，Y，Zは，クーポンの支払いが年1回の債券です。いずれの債券も，今日の最終利回り（年1回複利）は2.00％であり，今日は利払い日直後です。スポット・レート・カーブは水平と仮定します。明日，スポット・レートが1％低下したならば，各債券の価格

はいくらになりますか。近似計算式を利用して推測しなさい。

(平成15年第4問Ⅱより作成)

表12－3　コンベクシティ

	銘柄X	銘柄Y	銘柄Z
残存年数	2年	5年	10年
クーポン・レート	2.00%	10.00%	6.00%
今日の価格（額面100円当たり）	100.00円	137.71円	135.93円
マコーレー・デュレーション	1.98年	4.30年	8.15年
修正デュレーション	1.94年	4.22年	7.99年
コンベクシティ	5.69	23.48	79.83

(3) コンベクシティに関する次の記述のうち，正しくないものはどれですか。

① 市場金利が低下すると，コンベクシティは低下する。

② 残存期間が等しければ，低クーポン債のコンベクシティのほうが高クーポン債のコンベクシティよりも大きい。

③ コール条項の付いていない固定利付債のコンベクシティの値は正である。

④ 金利のボラティリティが上昇したときには，コンベクシティの大きい債券の魅力が増す。

(平成13年第4問Ⅲより作成)

【解答＆解答の解説】

(1) デュレーションとコンベクシティ

スポット・レートが低下すれば，債券価格は上昇します。金利が低下すると予想されているので，債券価格へのプラスの影響をできるだけ大きく得るために，デュレーションが最も大きい債券を選択すればよい。債券A，Dのデュレーションが8.29年で最大であるが，コンベクシティは債券Aが76.00，債券

Dが83.96であるので，債券D 答え を選択すればよい。コンベクシティの債券価格変化率への影響は $(\frac{1}{2})(dr)^2$ であるので微小です。ですから，はじめからコンベクシティで判断するのは誤りです。本問題では，

$$\frac{dP}{P} = -\frac{D}{(1+r)} \times dr + (\frac{1}{2})BC(dr)^2$$

において，デュレーション（D），複利最終利回り（r）が同一であるので，コンベクシティによって判断されたのです。

(2) **複利最終利回りの変化と債券価格の変化：コンベクシティ（BC）**

P′＝スポット・レートが1％低下した後の債券価格とすると，

$$\frac{dP}{P} = -\frac{D}{(1+r)} \times dr + (\frac{1}{2})BC(dr)^2$$

であるので，

$$P' = P \times \{1 + (\frac{dP}{P})\}$$

$$= P \times [1 - \{\frac{D}{(1+r)}\} \times dr + (\frac{1}{2})BC(dr)^2]$$

です。$\frac{D}{(1+r)}$＝修正デュレーションであり，本問題では，

銘柄X：

$P' = 100.00 \times \{1 - 1.94 \times (-0.01) + (\frac{1}{2}) \times 5.69 \times (-0.01)^2\}$

$\fallingdotseq 101.97$円 答え

銘柄Y：

$P' = 137.71 \times \{1 - 4.22 \times (-0.01) + (\frac{1}{2}) \times 23.48 \times (-0.01)^2\}$

$\fallingdotseq 143.68$円 答え

銘柄Z：

$P' = 135.93 \times \{1 - 7.99 \times (-0.01) + (\frac{1}{2}) \times 79.83 \times (-0.01)^2\}$

$\fallingdotseq 147.33$円 答え

(3) **コンベクシティ**

① 正しくない（答え）

コンベクシティは大雑把にいえば，残存年数の2乗の加重平均値です。市場

金利の上昇（低下）に対しては，より長い残存期間にかかるウェイトが小さく（大きく）なるので，コンベクシティは低下（上昇）します。

② 正しい

残存期間が等しければ，クーポン・レートの低い債券の方がコンベクシティは大きい。

③ 正しい

コール条項の付いていない債券の場合，コンベクシティの値は正です。

④ 正しい

金利のボラティリティが上昇すれば，金利変化幅の予想値が大きくなるので，コンベクシティの大きい債券の魅力は増す。

――【知っておきましょう】 コンベクシティ（ＢＣ）の定義――

Ｐ＝債券価格，ｒ＝複利最終利回り，Ｃ＝一定のクーポン額（年１回利払い），Ｆ＝償還価額，ｎ＝残存期間とすると，

$$P = \frac{C}{(1+r)} + \frac{C}{(1+r)^2} + \frac{C}{(1+r)^3} + \cdots\cdots + \frac{C+F}{(1+r)^n}$$
$$= P(r)$$

です。複利最終利回り（ｒ）が微小変化したときの債券価格（Ｐ）の値，つまり$P(r+\Delta r)$をテイラーの定理を利用して１次近似したものが「デュレーション（Ｄ）」であり，２次近似したものが「コンベクシティ（ＢＣ）」です。

$$\frac{dP}{P} = -\frac{D}{(1+r)} \times dr + \left(\frac{1}{2}\right) BC(dr)^2$$

であり，ポートフォリオのコンベクシティは組み入れ銘柄のコンベクシティの時価加重平均です。

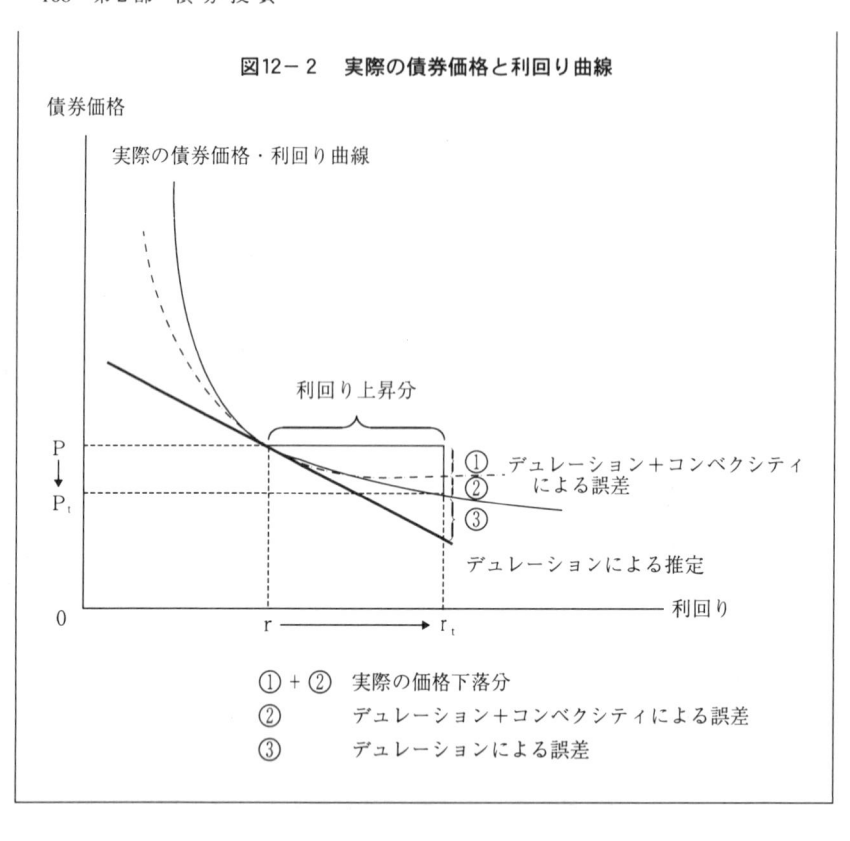

図12-2　実際の債券価格と利回り曲線

① + ②　実際の価格下落分
②　　　　デュレーション＋コンベクシティによる誤差
③　　　　デュレーションによる誤差

問題12-7：バーベル・ポートフォリオの構築

　表12-4に示す債券X，Y，Zは，クーポンの支払いが年1回の債券です。いずれの債券も，今日の最終利回り（年1回複利）は2.00％であり，今日は利払い日直後です。スポット・レート・カーブは水平と仮定します。額面100億円分の銘柄Yを売却して，銘柄Xと銘柄Zからなり，時価が同額でかつ同一デュレーションのポートフォリオに入れ替えるには，銘柄Xと銘柄Zを額面でどれだけ購入すればよいですか。

第12章 デュレーションとコンベクシティ 169

表12-4 バーベル・ポートフォリオの構築

	銘柄X	銘柄Y	銘柄Z
残存年数	2年	5年	10年
クーポン・レート	2.00%	10.00%	6.00%
今日の価格（額面100円当たり）	100.00円	137.71円	135.93円
マコーレー・デュレーション	1.98年	4.30年	8.15年
修正デュレーション	1.94年	4.22年	7.99年
コンベクシティ	5.69	23.48	79.83

(平成15年第4問Ⅱより作成)

【解答＆解答の解説】

ポートフォリオのデュレーションは，組み入れ銘柄のデュレーションの時価加重平均で近似できます。x＝銘柄Xの購入額面，z＝銘柄Zの購入額面とすると，

$$x \times (\frac{100.00}{100}) \times 1.98 + z \times (\frac{135.93}{100}) \times 8.15$$
$$= 100 \times (\frac{137.71}{100}) \times 4.30$$
$$x \times (\frac{100.00}{100}) + z \times (\frac{135.93}{100})$$
$$= 100 \times (\frac{137.71}{100})$$

の2本の方程式を解くと，x≒85.93億円，z≒38.09億円 **答え** を得ることができます。

―【知っておきましょう】 ブレット・ポートフォリオとバーベル（ダンベル）・ポートフォリオ―

ブレット・ポートフォリオとバーベル（ダンベル）・ポートフォリオは債券運用戦略です。「ブレット・ポートフォリオ」は，保有債券の残存期間をひとつに集中させる運用方法であり，「バーベル（ダンベル）・ポートフォリオ」は，例えば，短期債と長期債を分散保有し，中期債を保有しないといった運用方法です。

問題12－8：バーベル・ブレット戦略

表12－5はX，Y，Zの国債3銘柄についてのデータです。最終利回り，デュレーション，コンベクシティの各数値は，クーポンの支払いを年1回と仮定して，年1回複利で計算したものです。額面100億円分の銘柄Yを売却して，同一のデュレーションを持つ銘柄Xと銘柄Zのポートフォリオに入れ替えるには，銘柄Xと銘柄Zを額面でそれぞれどれだけ購入すればよいか。

表12－5　バーベル・ブレット戦略

	銘柄X	銘柄Y	銘柄Z
クーポン・レート	4.00%	5.00%	6.00%
残存年数	2年	5年	10年
価格	100.00円	102.00円	110.00円
最終利回り	4.00%	4.54%	4.72%
デュレーション	1.96年	4.55年	7.92年
修正デュレーション	1.89年	4.35年	7.56年
コンベクシティ	5.41	24.18	72.86

（平成11年第1問Ⅱより作成）

【解答＆解答の解説】

　長期債と短期債を組み合わせた債券ポートフォリオ（バーベル型ポートフォリオ）と残存期間を集中させた債券ポートフォリオ（ブレット型ポートフォリオ）を，複利最終利回り，デュレーション等について比較検討し，より有利なポートフォリオに入れ替え売買する投資戦略は「バーベル・ブレット戦略」と呼ばれています。本問題は，ブレット型（銘柄Y）とバーベル型（銘柄Xと銘柄Zからなるポートフォリオ）を比較検討し，時価総額が等しく，かつ同一のデュレーションを持つように銘柄Xと銘柄Zへの投資割合を考える問題です。

　まず，デュレーションを一致させる銘柄Xと銘柄Zへの投資割合を考えましょう。D_X，D_Y，D_Z＝銘柄X，Y，Zのデュレーション，x＝銘柄Xへの投資比率，$(1-x)$＝銘柄Zへの投資比率とすると，バーベル型ポートフォリオがブレット型ポートフォリオと同一のデュレーションを持つためには，

$$xD_X+(1-x)D_Z=D_Y$$

が成立しなければなりません。本問題では，$D_X=1.96$，$D_Y=4.55$，$D_Z=7.92$であるので，$x=0.5654$，$(1-x)=0.4346$です。

　次に，時価総額を一致させる銘柄Xと銘柄Zへの投資割合を考えましょう。銘柄Y（額面100億円分）の時価総額は，額面100円当たりの価格が102.00円であることから，$100億円\times(\frac{102}{100})=102億円$です。

　銘柄Xへの投資比率＝0.5654，銘柄Zへの投資比率＝0.4346であるので，

　　銘柄Xへの時価投資額＝0.5654×102億円＝57.6708億円

　　銘柄Zへの時価投資額＝0.4346×102億円＝44.3292億円

です。銘柄Xと銘柄Zの額面100円当たりの価格がそれぞれ100.00円，110.00円であることから，

　　銘柄Xへの額面購入額＝$57.6708億円\times(\frac{100}{100})=57.6708億円$　**答え**

　　銘柄Zへの額面購入額＝$44.3292億円\times(\frac{100}{110})\fallingdotseq40.299億円$　**答え**

問題12−9：ブレット・ポートフォリオとバーベル
　　　　　（ダンベル）・ポートフォリオ

債券ポートフォリオのデュレーションを一定にして，「中期債の売り，短期債と長期債の買い」によってポートフォリオの銘柄構成を変更すると，債券ポートフォリオの特徴はどう変化するか。できるだけ一般的で，かつ重要と思われる事項を簡潔に述べなさい。

（平成11年第1問Ⅱより作成）

【解答＆解答の解説】

長期債と短期債を組み合わせた債券ポートフォリオ（バーベル型ポートフォリオ）と中期債（ブレット型ポートフォリオ）について，デュレーションが等しい場合，一般的に，

① 利回りは中期債（ブレット型ポートフォリオ）の方が高い。
② コンベクシティは，長期債と短期債を組み合わせた債券ポートフォリオ（バーベル型ポートフォリオ）の方が高い。

したがって，利回り曲線のパラレル・シフトが比較的小さいとき，利回りの大きいブレット型の方が高い利益をもたらします。逆に，利回り曲線のパラレル・シフトが比較的大きいとき，コンベクシティの大きいバーベル型の方が高い利益をもたらします。また，長短金利差が縮小する（利回り曲線の傾きが緩やかになる）と，長期債の価格変化の影響が大きいため，バーベル型の方が高い利益をもたらします。 答え 。

第 3 部

株式投資

第13章 株式の価格・投資収益率と投資尺度

問題13-1：株式の予想投資収益率

ある証券アナリストは，今後1年間のX，Y，Zという3つの株式銘柄について，以下のような予想を提示している。銘柄Xの現在の株価は500円，銘柄Yのそれは1,000円，銘柄Zのそれは1,500円である。また，予想期間の市場ポートフォリオの期待投資収益率は25％，リスクフリー・レートは5％であるものとする。証券アナリストの予想に基づく3つの銘柄の予想投資収益率を求めなさい。

表13-1 株式の予想投資収益率

銘柄	株価	予想株価	予想配当	予想ベータ
X	500円	600円	5円	0.8
Y	1,000円	1,200円	10円	1.0
Z	1,500円	2,000円	10円	1.2

(平成14年第3問Ⅱより作成)

【解答＆解答の解説】

P_t＝第t期首の株価，P^*_{t+1}＝第t＋1期首（第t期末）の株価，D_t＝第t期中（第t期末）に受け取る配当とすれば，

$$\text{銘柄Xの予想投資収益率} = \frac{D_t + (P^*_{t+1} - P_t)}{P_t}$$

$$= \frac{5 + (600 - 500)}{500} = 21\% \quad \text{答え}$$

銘柄Yの予想投資収益率 $= \dfrac{D_t + (P^*_{t+1} - P_t)}{P_t}$

$= \dfrac{10 + (1,200 - 1,000)}{1,000} = 21\%$ **答え**

銘柄Zの予想投資収益率 $= \dfrac{D_t + (P^*_{t+1} - P_t)}{P_t}$

$= \dfrac{10 + (2,000 - 1,500)}{1,500} = 34\%$ **答え**

【知っておきましょう】 株式の投資収益率

R_t =第 t 期中の株式の投資収益率，P_t =第 t 期首の株価，P_{t+1} =第 t＋1 期首（第 t 期末）の株価，D_t =第 t 期中（第 t 期末）に受け取る配当，b ＝ 1 株当たりの有償増資比率，C ＝ 1 株当たりの有償増資払込金としましょう。

(1) 増資のないときの投資収益率

$R_t = \dfrac{D_t + (P_{t+1} - P_t)}{P_t}$

$= \dfrac{D_t}{P_t} + \dfrac{P_{t+1} - P_t}{P_t}$

$\dfrac{D_t}{P_t}$ は配当利回り（インカム・ゲイン率），$\dfrac{P_{t+1} - P_t}{P_t}$ は値上がり率あるいは値下がり率（キャピタル・ゲイン率あるいはキャピタル・ロス率）です。

(2) 有償増資があるときの投資収益率

$R_t = \dfrac{D_t + (1+b)P_{t+1} - P_t - bC}{P_t}$

問題13−2：株式の投資収益率

　優良企業として名高かった製造業のA社は，最近，主力製品の欠陥が発覚して未曾有の経営危機に直面しています。2001年3月期決算では無配となる見込みです。このため，最近まで2,000円以上だったA社の株価は，2001年3月末現在で1,000円にまで急落しています。この危機を乗り越えるための経営再建計画では，今後4年間にわたり収益力を回復し，1株当たり配当を毎期倍々のペースで増加させ，4年後（2005年3月末）の株価を2,500円とする目標を打ち出した。再建が完了する5年目（2006年3月期）以降は，毎期8％の成長率で配当を増加させることができると見込んでいます。A社株は現在の1,000円を底値として，目標株価に向けて徐々に回復し，2005年3月期末の株価が目標どおり2,500円になったとします。このとき，今後4年間のA社株の投資収益率（年率）はいくらになりますか。ただし，配当の再投資は考慮しなくてよい。

表13−2　株式の投資収益率

	現在	経営再建4カ年計画				5年目
		1年目	2年目	3年目	4年目	
決算期	2001年3月期	2002年3月期	2003年3月期	2004年3月期	2005年3月期	2006年3月期
1株当たり配当	無配	10円	20円	40円	80円	
期末株価	1,000円	→			目標 2,500円	

（平成13年第3問Ⅲより作成）

【解答＆解答の解説】

　今後4年間の投資収益率（幾何平均：☞p.5）は，

$$\left(\frac{10+20+40+80+2,500}{1,000}\right)^{\frac{1}{4}} - 1$$

$$=0.2759\ (27.59\%) \quad \boxed{答え}$$

問題13−3：株式の投資尺度：PERとROE

ある銘柄の期初の1株当たり純資産は500円，毎年のROEは5％，配当性向は30％で一定，現在の株価は1,000円です。
(1) この銘柄のPERはいくらになりますか。
(2) この銘柄の配当利回りはいくらになりますか。

(平成13年第3問Ⅱより作成)

【解答＆解答の解説】

ROE（Return on Equity：自己資本利益率）$=\dfrac{\text{税引後当期純利益}}{\text{自己資本}}$であり，本問題では，1株当たり自己資本（1株当たり純資産）＝500円であるので，1株当たり純利益＝1株当たり自己資本×ROE＝500円×0.05＝25円です。

(1) PER（株価収益率）

$$PER=\dfrac{\text{株価}}{\text{1株当たり純利益}}=\dfrac{1{,}000円}{25円}=40倍 \quad \text{答え}$$

(2) 配当利回り

$$\text{配当性向}=\dfrac{\text{配当金}}{\text{純利益}}$$

であり，本問題では，1株当たり純利益＝25円，配当性向30％であるので，1株当たり配当金＝1株当たり純利益×配当性向＝25円×30％＝7.5円です。

$$\text{配当利回り}=\dfrac{\text{1株当たり配当金}}{\text{株価}}=\dfrac{7.5円}{1{,}000円}$$
$$=0.0075\ (0.75\%) \quad \text{答え}$$

【知っておきましょう】 株式の投資尺度：BPSとEPS

BPS（Bookvalue Per Share：1株当たり純資産）$=\dfrac{\text{期末自己資本}}{\text{期末発行済株式数}}$

EPS（Earnings Per Share：1株当たり純利益）$=\dfrac{\text{税引後純利益}}{\text{発行済株式数}}$

【知っておきましょう】 株式の投資尺度：PERとPBR

PER（Price Earnings Ratio：株価収益率）= $\dfrac{株価}{EPS}$

PBR（Price Bookvalue Ratio：株価純資産倍率）= $\dfrac{株価}{BPS}$

問題13-4：株式の投資尺度：EPSとPBR

表13-3は電子部品の製造販売の大手M社の2期の実績と1期先の予想を要約したものです。

表13-3　M社の2期の実績と1期先の予想　　（単位：億円）

決　算　期	2000年3月期	2001年3月期	2002年3月期（予　想）
売　上　高	3,950	4,835	3,460
経　常　利　益	513	833	280
当　期　純　利　益	337	535	190
1株当たり当期利益（円）	140.32	221.7	78.2
1株当たり配当金（円）	35.00	45.00	50.00
総　資　産　額	4,603	5,126	ー
純　資　産　額	3,803	4,317	ー
翌会計年度の最初の営業日の株価（4月の始値）	24,360円	10,620円	ー

(1) 2001年3月期の財務数値と翌会計年度の4月の株価の始値を前提として，M社の配当利回りと益利回りを求めなさい。

(2) 2001年3月期の財務数値と翌会計年度の4月の株価の始値を前提とすると，M社の株価純資産倍率はいくらになりますか。

（平成14年第3問Ⅰより作成）

【解答＆解答の解説】

(1) 配当利回りと益利回り

$$配当利回り = \frac{2001年3月期の1株当たり配当金}{最初の営業日の株価}（4月の始値）$$

$$= \frac{45.00}{10,620} \fallingdotseq 0.42\% \quad \text{答え}$$

$$益利回り = \frac{2001年3月期のEPS}{最初の営業日の株価}（4月の始値）$$

$$= \frac{221.7}{10,620} \fallingdotseq 2.09\% \quad \text{答え}$$

(2) PBR（株価純資産倍率）

$$EPS = \frac{税引後純利益}{発行済株式数}$$ であり，本問題では，

$$2001年3月期の発行済株式数 = \frac{税引後純利益}{EPS}$$

$$= \frac{535}{221.7} = 2.413億株$$

です。$PBR = \dfrac{株価}{BPS}$，$BPS = \dfrac{期末自己資本}{期末発行済株式数}$ であり，本問題では，

$$BPS = \frac{2001年3月期の純資産額}{発行済株式数} = \frac{4,317億円}{2.413億株}$$

$$\fallingdotseq 1,789円$$

$$PBR = \frac{株価}{BPS}$$

$$= \frac{10,620円}{1,789円} \fallingdotseq 5.94倍 \quad \text{答え}$$

問題13－5：株式の投資尺度：PCFR

株式の評価尺度として使われる指標に関する次の記述のうち，正しくないものはどれですか。

① PERの上昇をもたらすものは，要求収益率を上回るROEを生む事業機会と内部留保による成長である。
② わが国の配当利回りが歴史的に低下してきたのは，額面に対する配当率が固定的であったことが一因である。
③ 株価キャッシュ・フロー比率は，会計基準の違う国の間でも比較可能な尺度である。
④ 株価EBITDA比率は，負債が多く減価償却費も大きい設備投資中心型の企業の評価に使うのが適切である。

（平成14年第3問Ⅲより作成）

【解答＆解答の解説】

答え は④です。

$$株価EBITDA比率 = \frac{株価}{1株当たり減価償却控除前営業利益}$$

です。EBITDA＝営業利益＋減価償却費であり，株価EBITDA比率は，金利負担控除前のキャッシュ・フローと株価を比較したものです。「企業価値＝株式価値＋負債価値」であり，株価と比較するのは，株主に帰属するキャッシュ・フローのみであるべきですが，株価EBITDA比率は債権者に帰属するキャッシュ・フローも含めてしまっている点で厳密には適切ではありません。

【知っておきましょう】 株式の投資尺度：PCFR

$$PCFR（株価キャッシュ・フロー比率） = \frac{株価}{1株当たりキャッシュ・フロー}$$

ここで，キャッシュ・フロー＝税引後当期純利益＋減価償却費です。

問題13−6：株式の予想価格

A銘柄の現在株価が1,000円で，今期末の予想配当が10円であるとき，要求収益率が10%とすると，今期末の予想株価はいくらになりますか。

(平成12年第5問Iより作成)

【解答＆解答の解説】

R_t＝第 t 期中の株式の要求収益率，P_t＝第 t 期首の株価，P^*_{t+1}＝第 t+1 期首（第 t 期末）の予想株価，D^*_t＝第 t 期中（第 t 期末）に受け取る予想配当としましょう。本問題では，R_t＝0.1（10%），P_t＝1,000円，D^*_t＝10円であるので，

$$R_t = \frac{D^*_t + (P^*_{t+1} - P_t)}{P_t}$$

$$= \frac{10 + (P^*_{t+1} - 1{,}000)}{1{,}000} = 0.1$$

より，P^*_{t+1}＝1,090円 **答え**

第14章 配当割引モデルによる株式の評価

問題14－1：配当割引モデルによる株式価値

表14－1は，N社の経営状態に関する2期の実績と1期先の予想を要約したものです。配当割引モデルを使って，N社の株式の1998年4月1日の株式価値を推定したとき，その価値はいくらになりますか。ただし，2001年4月1日現在の株式価値は255円，割引率は3.8%とする。

表14－1　N社の経営状態に関する2期の実績と1期先の予想

(単位：億円)

決　算　期	1999年3月期	2000年3月期	2001年3月期(予　想)
売　上　高	1,850	1,940	2,000
経 常 損 益	8	23	100
当期純利益	4	5	50
1株当たり当期利益（円）	0.90	1.1	11.4
1株当たり配当金（円）	3	3	5
潜在株式調整後1株当たり当期利益（円）	－	－	
総 資 産 額	3,100	3,370	3,500
純 資 産 額	1,440	1,530	1,660

(注)　1999年3月期と2000年3月期の潜在株式調整後1株当たり当期利益については，調整計算の結果，1株当たりの当期利益が減少しないため記載していない。

(平成13年第3問Ⅰより作成)

【解答＆解答の解説】

1999年3月期から2001年3月期までの3回の配当金および2001年4月1日現在での株式価値を1998年4月1日における割引現在価値として計算すると，

$$V_0 = \frac{C_1}{(1+r_1)} + \frac{C_2}{(1+r_2)^2} + \frac{C_3}{(1+r_3)^3}$$

$$= \frac{3}{(1+0.038)} + \frac{3}{(1+0.038)^2} + \frac{5+255}{(1+0.038)^3}$$

$\fallingdotseq 238.15$円　答え

【知っておきましょう】　配当割引モデル（DDM：Dividend Discount Model）

「配当割引モデル」は，株式の内在価値（本質的価値）を，将来の各期間の予想キャッシュ・フローの現在価値の合計であるとするものです。1年目末にC_1，2年目末にC_2，3年目末にC_3，……の予想キャッシュ・フロー（予想配当）が生じるとしましょう。1年目，2年目，3年目，……のキャッシュ・フローに対する割引率（投資家の年当たり要求収益率）をそれぞれr_1，r_2，r_3，……とすると，各期間のキャッシュ・フローの割引現在価値の合計は $\sum_{t=1}^{\infty} \frac{C_t}{(1+r_t)^t}$ であり，第1年目期首（現在：第0年目末）の株式の内在価値V_0は，

$$V_0 = \frac{C_1}{(1+r_1)} + \frac{C_2}{(1+r_2)^2} + \frac{C_3}{(1+r_3)^3} + \cdots\cdots$$

です。

問題14-2：配当割引モデル：ゼロ成長モデル（定額モデル）

97年度の利益が将来にわたってコンスタントに得られると仮定すると，その利益を全額配当し続けると想定したときのA社の株式価値はいくらになりますか。ただし，要求収益率は5.59％，1株当たりの当期利益は129円62銭とする。

（平成11年第5問Ⅱより作成）

第14章 配当株式モデルによる株式の評価　185

【解答＆解答の解説】
　これは「ゼロ成長（定額）配当割引モデル」と呼ばれているものです。ゼロ成長モデルでは，将来の各期間の予想キャッシュ・フロー（予想配当）は一定（C）であると仮定されています。本問題では，C＝129円62銭，r＝割引率（要求収益率）であるので，現在（第0年目末）の株式Aの内在価値V_Aは，

$$V_A = \frac{C}{(1+r)} + \frac{C}{(1+r)^2} + \frac{C}{(1+r)^3} + \cdots\cdots$$

$$= \frac{C}{r} = \frac{129.62}{0.0559} \fallingdotseq 2{,}320 \text{円} \quad \boxed{答え}$$

です。

┌**【知っておきましょう】**　2つの配当割引モデル：ゼロ成長モデルと定率成長モデル┐
　配当割引モデルは，株式の内在価値（本質的価値）を，将来の各期間の予想キャッシュ・フロー（予想配当）の現在価値の合計であるとするものです。無限の将来にわたる予想配当についての仮定によって，次の2つのモデルが区別されています。

(1)　ゼロ成長モデル
　「ゼロ成長モデル」では，将来の各期間の予想キャッシュ・フロー（予想配当）は一定（C）であると仮定されています。現在（第0年目末）の株式の内在価値V_0は，

$$V_0 = \frac{C}{(1+r)} + \frac{C}{(1+r)^2} + \frac{C}{(1+r)^3} + \cdots\cdots$$

$$= \frac{C}{r}$$

です。

(2)　定率成長モデル
　「定率成長モデル」では，将来の各期間の予想キャッシュ・フロー（予想配当）は一定率（g）で成長すると仮定されています。つまり，$C_t = C_1(1+g)^{t-1}$（t＝2, 3, ……）と仮定されています。現在（第0

年目末)の株式の内在価値 V_0 は，

$$V_0 = \frac{C_1}{(1+r)} + \frac{C_2}{(1+r)^2} + \frac{C_3}{(1+r)^3} + \cdots\cdots$$

$$= \frac{C_1}{(1+r)} + \frac{C_1(1+g)}{(1+r)^2} + \frac{C_1(1+g)^2}{(1+r)^3} + \cdots\cdots$$

$$= \frac{C_1}{(r-g)}$$

です。ただし，$0 < g < r$ です。

問題14－3：配当割引モデル：定率成長モデル

上場しているA社は未上場のB社を買収しようとしている。B社の経営は安定しており，そのキャッシュ・フローの今期予想額は10億円で，今後，年率３％で永久に増加するとみられる。割引率を７％としたとき，B社の妥当な買収価格はいくらになりますか。

(平成14年第３問Ⅲより作成)

【解答＆解答の解説】

本問題では，$C_1 = 10$，$r = 0.07$（７％），$g = 0.03$（３％）であるので，B社の妥当な買収価格（株式の内在価値）は，

$$V_0 = \frac{C_1}{(r-g)} = \frac{10}{(0.07-0.03)} = 250 億円 \quad \boxed{答え}$$

です。

【知っておきましょう】 割引率（ｒ）の意味

$$V_0 = \frac{C_1}{(r-g)}$$

であるので，

$$r = \frac{C_1}{V_0} + g = 配当利回り＋配当成長率$$

$$= 配当利回り＋株価成長率$$

です。

問題14－4：CAPMと配当割引モデルによる株式の評価：定率成長モデル

表14－2を前提にして，株式分析に関する以下の問いに答えなさい。

表14－2　株式の評価：定率成長モデル

	株価（円）	今期予想1株当たり配当（円）	配当成長率（％）	ベータ
株式X	500	10	4	1.1
株式Y	800	12	2	0.6
株式Z	1,500	15	7	1.4

（注）無リスク利子率は1％，市場リスク・プレミアムは5％。

(1) CAPMと定率成長配当割引モデルを前提にすると，株式Xの理論株価はいくらになりますか。

(2) 定率成長配当割引モデルおよび表14－2の株価と整合的な株式Yに対する投資家の要求収益率はいくらになりますか。

(3) (1)と同様の前提のもとでは，株式Yと株式Zの株価評価として適切な組み合わせはどれですか。

　① Yは割安だが，Zは割高である。
　② Yは割安だが，Zは妥当である。
　③ Yは割高だが，Zは割安である。
　④ Yは割高だが，Zは妥当である。

(平成15年第3問Ⅰより作成)

【解答&解答の解説】

(1) CAPMと定率成長配当割引モデル

r_i＝第i証券の投資収益率，r_f＝安全資産の利子率（リスクフリー・レート），β_i＝第i証券のベータ，r_M＝市場ポートフォリオの投資収益率とすると，第i証券の割引率（$E[r_i]$）は，CAPM（資本資産評価モデルあるいは資本資産価格モデル）によれば，

$$E[r_i]=r_f+\beta_i\{E[r_M]-r_f\}$$

です（☞p.56）。本問題では，$r_f=0.01$（1％），$\beta_X=1.1$，$E[r_M]-r_f$＝市場リスク・プレミアム＝0.05（5％）であるので，株式Xの割引率は，

$$E[r_X]=r_f+\beta_X\{E[r_M]-r_f\}=0.01+1.1\times0.05=0.065（6.5％）$$

です。

CAPMと定率成長配当割引モデルを前提にすると，株式Xの理論株価（内在価値：V_X）は，本問題では，C＝今期予想1株当たり配当＝10円，g＝配当成長率＝0.04（4％）であるので，

$$V_X=\frac{C}{(r-g)}=\frac{C}{(E[r_X]-g)}=\frac{10}{(0.065-0.04)}=400円 \text{ 答え } です。$$

(2) 定率成長配当割引モデルを前提にした要求収益率

本問題では，C＝12円，V_Y＝800円，g＝0.02（2％）であるので，

$$V_Y=\frac{C}{(r-g)}=\frac{12}{(r-0.02)}=800$$

より，r＝要求収益率＝0.035（3.5％）　答え　が得られます。

(3) 定率成長配当割引モデルとCAPMによる株価の割高・割安の判定

まず，(1)の株式Xと同様に，CAPMによって，株式Y，Zの割引率（要求収益率）を求めます。本問題では，$r_f=0.01$（1％），$\beta_Y=0.6$，$\beta_Z=1.4$，$E[r_M]-r_f$＝市場リスク・プレミアム＝0.05（5％）であるので，株式Y，Zの割引率はそれぞれ，

$$E[r_Y]=r_f+\beta_Y\{E[r_M]-r_f\}=0.01+0.6\times0.05=0.04（4.0％）$$

$$E[r_Z]=r_f+\beta_Z\{E[r_M]-r_f\}=0.01+1.4\times0.05=0.08（8.0％）$$

です。また，(1)の株式Xと同様に，CAPMと定率成長配当割引モデルを前提にすると，株式Y，Zの理論株価（内在価値：V_Y，V_Z）はそれぞれ，

$$V_Y = \frac{C}{(E[r_Y]-g)} = \frac{12}{(0.04-0.02)} = 600円$$

$$V_Z = \frac{C}{(E[r_Z]-g)} = \frac{15}{(0.08-0.07)} = 1,500円$$

です。株式Y，Zの実際の価格はそれぞれ800円，1,500円であるので，Yは割高，Zは妥当です。したがって，答えは④です。

問題14-5：配当政策と理論株価：モジリアニ＝ミラーの定理

B社の今期予想1株当たりの利益は50円であり，これまでも同額の利益を維持してきた。B社の配当性向は従来100％であったが，今期末から50％とし，残りの内部留保額で新規事業への投資を行うことになった。これにより，配当成長率は5％が見込まれている。投資家の要求収益率が10％のとき，B社の配当政策の変化は理論株価にどのような影響を与えますか。

① 理論株価は上昇する。
② 理論株価は下落する。
③ 理論株価は不変である。
④ これだけでは，どちらともいえない。

（平成11年第5問Ⅰより作成）

【解答＆解答の解説】

これは「配当政策は株式価値に影響しない」というモジリアニ＝ミラーの定理のひとつです。配当性向が100％の場合，ゼロ成長配当割引モデルを用いると，理論株価は$\frac{50}{0.1}=500円$です。一方，配当性向が50％の場合，定率成長配当割引モデルを用いると，理論株価は$\frac{(50 \times 0.5)}{(0.1-0.05)}=500円$です。したがって，

答え は③です。

問題14-6：CAPMに基づく均衡投資収益率とα値

ある証券アナリストは，今後1年間のX，Y，Zという3つの株式銘柄について，以下の表14-3のような予想を提示している。銘柄Xの現在の株価は500円，銘柄Yのそれは1,000円，銘柄Zのそれは1,500円である。また，予想期間の市場ポートフォリオの期待投資収益率は25％，リスクフリー・レートは5％であるものとする。以下の問いに答えなさい。

表14-3　3つの株式銘柄のデータ

銘柄	株価	予想株価	予想配当	予想ベータ
X	500円	600円	5円	0.8
Y	1,000円	1,200円	10円	1.0
Z	1,500円	2,000円	10円	1.2

(1) CAPMを使って，3つの銘柄の均衡投資収益率を求めなさい。
(2) アナリスト予想に基づく銘柄X，Y，Zの予想投資収益率をそれぞれ21％，21％，34％とします。投資魅力度をα値で評価するとき，3つの銘柄を投資魅力度の高い順に並べなさい。

(平成14年第3問Ⅱより作成)

【解答＆解答の解説】

(1) CAPMに基づく均衡投資収益率

本問題では，$r_f=0.05$（5％），$\{E[r_M]-r_f\}=0.25-0.05=0.2$（2％）であるので，銘柄X，Y，ZのCAPMに基づく均衡投資収益率はそれぞれ，

$E[r_X] = r_f + \beta_X \{E[r_M] - r_f\} = 0.05 + 0.8 \times 0.2$
　　　$= 0.21$（21％）**答え**

$E[r_Y] = r_f + \beta_Y \{E[r_M] - r_f\} = 0.05 + 1.0 \times 0.2$
　　　$= 0.25$（25％）**答え**

$$E[r_z] = r_f + \beta_z \{E[r_M] - r_f\} = 0.05 + 1.2 \times 0.2$$
$$= 0.29 \ (29\%) \ \boxed{答え}$$

です。

(2) **投資魅力度としてのα値**

「α値」＝アナリスト予想に基づく予想投資収益率－ＣＡＰＭに基づく均衡投資収益率であるので，銘柄Ｘ，Ｙ，Ｚのα値をそれぞれα_X，α_Y，α_Zとすると，

$\alpha_X = 21 - 21 = 0\%$

$\alpha_Y = 21 - 25 = -4\%$

$\alpha_Z = 34 - 29 = 5\%$

です。「α値」が大きい方が投資魅力度は高いので，投資魅力度の序列は高い方からＺ，Ｘ，Ｙ　$\boxed{答え}$　です。

【知っておきましょう】　株式の割安・割高

① 割安・買い

　配当割引モデルに基づく予想投資収益率＞ＣＡＰＭに基づく均衡投資収益率

② 割高・売り

　配当割引モデルに基づく予想投資収益率＜ＣＡＰＭに基づく均衡投資収益率

第15章 サステイナブル成長率と成長機会の現在価値

問題15－1：サステイナブル成長率

A社はロボットやファクトリー・オートメーション機器で強い技術力を持つ会社である。表15－1はA社の経営状態に関する96年度と97年度の要約である。98年6月に行われた株主総会によって，A社の1株当たり配当は24円に確定した。97年度の利益率および配当政策を前提として，A社のサステイナブル成長率を求めなさい。

表15－1　A社の経営状態　　（単位：億円）

	96年度	97年度
売 上 高	1,564	1,875
経 常 利 益	468	606
当 期 利 益	225	310
1株当たりの当期利益	106円56銭	129円62銭
総 資 産	5,413	5,777
純 資 産	5,016	5,275

（平成11年第5問Ⅱより作成）

【解答＆解答の解説】

本問題では，配当性向 $=\dfrac{24}{129.62}$，ROE $=\dfrac{310}{5,016}$ であるので，

$$
\begin{aligned}
\text{サステイナブル成長率} &= \text{内部留保率} \times \text{ROE} \\
&= (1-\text{配当性向}) \times \text{ROE} \\
&= \left\{1-\left(\dfrac{24}{129.62}\right)\right\} \times \left(\dfrac{310}{5,016}\right) \\
&= 0.050359 \ (5.0359\%) \quad \text{答え}
\end{aligned}
$$

194 第3部 株式投資

【知っておきましょう】 サステイナブル成長率（内部成長率）

A社の第0期末（第1期首）の1株当たり株主資本を1,000円，毎年の株主資本利益率（ROE）を10％，配当性向を30％としましょう。A社は新たな外部資金調達（増資や負債調達）を行わずに，内部留保のみで成長するとすれば，A社の1株当たりの株主資本，1株当たりの利益（税引き利益），1株当たりの配当，1株当たりの内部留保はすべて，

サステイナブル成長率＝内部留保率×ROE
　　　　　　　　　　＝（1－配当性向）×ROE
　　　　　　　　　　＝（1－0.3）×0.1＝0.07（7％）

で成長します。ここで，ROE（株主資本利益率）＝ $\frac{今期の利益}{今期首株主資本}$ です。

表15-2　ROEと配当性向

	1株当たり株主資本	1株当たり利益	1株当たり配当	1株当たり内部留保
	×ROE10%	×配当性向30%		
1期目	1,000円 →	100円 →	30円	70円
2期目	1,070円	107円	32.1円	74.9円
3期目	1,144.9円	114.49円	34.347円	80.143円
⋮	⋮	⋮	⋮	⋮

問題15-2：サステイナブル成長率とROE

A銘柄のサステイナブル成長率が5％，配当性向が50％であるとき，ROEはいくらになりますか。

(平成12年第5問Iより作成)

【解答＆解答の解説】

本問題では，サステイナブル成長率＝0.05，配当性向＝0.5であるので，

　　サステイナブル成長率＝（1－配当性向）×ROE

第15章　サステイナブル成長率と成長機会の現在価値　195

において，

　　$0.05 = (1 - 0.5) \times ROE$

であり，ROE＝0.1（10％）**答え**が得られます。

問題15－3：利益増加額を維持するための増資率

　サステイナブル成長率5％のA社が，負債を持たず年率10％の利益増加基調を持続するためには，毎期末にどれほど増資を行う必要がありますか。
① 発行済み株式数の9.54％に相当する時価発行増資が必要である。
② 発行済み株式数の4.76％に相当する時価発行増資が必要である。
③ 発行済み株式数の2.00％に相当する時価発行増資が必要である。
④ 発行済み株式数の1.41％に相当する時価発行増資が必要である。
⑤ 増資を行う必要はない。

（平成11年第5問Ⅰより作成）

【解答＆解答の解説】

　増資前の株式時価総額に対する増資額の比率を x とすれば，本問題では，サステイナブル成長率が5％であるので，年率10％の利益増加率を持続するためには，

　　$(1 + 0.05)(1 + x) = 1 + 0.10$

が成立しなければならず，x ≒ 0.0476（4.76％）**答え**です。

問題15－4：成長機会の現在価値（PVGO）

　定額（ゼロ成長）配当割引モデルで求めた株式の内在価値が2,320円，定率成長配当割引モデルで求めた株式の内在価値が4,584円とする。両者の差額は何と呼ばれていますか。また，両者が異なっている理由を説明しなさい。

（平成11年第5問Ⅱより作成）

【解答＆解答の解説】

両者の差額は「成長機会の現在価値（ＰＶＧＯ）」と呼ばれています。理由はＲＯＥが投資家の要求収益率よりも高い新規事業に投資した場合には、それを評価し、株価が上昇することになるからです 答え 。

【知っておきましょう】 成長機会の現在価値（ＰＶＧＯ）

Ａ社の第１期の１株当たり予想収益を10円、割引率（要求収益率）を10％としましょう。また、Ａ社は新たな外部資金調達を行わずに、内部留保のみで成長するとしましょう。

$$\text{成長機会の現在価値（ＰＶＧＯ）} = \text{利益の一部を配当する場合の株式の内在価値} - \text{利益の全額を配当する場合の株式の内在価値}$$

です。

(1) 利益の全額を配当する場合の株式の内在価値（V_0）

$$V_0 = \frac{C_1}{(1+r_1)} + \frac{C_2}{(1+r_2)^2} + \frac{C_3}{(1+r_3)^3} + \cdots \quad (\text{☞ p.184})$$

$$= \frac{10}{(1+0.1)} + \frac{10}{(1+0.1)^2} + \frac{10}{(1+0.1)^3} + \cdots$$

$$= \frac{10}{0.1} = 100\text{円}$$

です。

(2) 利益の一部を配当（配当性向40％）する場合の株式の内在価値（V_0）

① ＲＯＥ＝15％（ＲＯＥ＞投資家の要求収益率）のとき

１株当たり配当＝10円×0.4＝4円です。サステイナブル成長率（配当成長率）＝（１－配当性向）×ＲＯＥ＝（１－0.4）×0.15＝0.09（9％）です。

$$V_0 = \frac{C_1}{(1+r_1)} + \frac{C_2}{(1+r_2)^2} + \frac{C_3}{(1+r_3)^3} + \cdots \quad (\text{☞ p.184})$$

$$= \frac{4}{(1+0.1)} + \frac{4\times(1+0.09)}{(1+0.1)^2}$$

$$+ \frac{4\times(1+0.09)^2}{(1+0.1)^3} + \cdots$$

$$= \frac{4}{(0.1-0.09)} = 400円$$

であるので,

PVGO = 400 - 100 = 300円

です。

② ROE=10%（ROE=投資家の要求収益率）のとき

1株当たり配当=10円×0.4=4円です。サステイナブル成長率（配当成長率）=(1－配当性向)×ROE=(1－0.4)×0.10=0.06（6％）です。

$$V_0 = \frac{C_1}{(1+r_1)} + \frac{C_2}{(1+r_2)^2} + \frac{C_3}{(1+r_3)^3} + \cdots \text{(☞ p.184)}$$

$$= \frac{4}{(1+0.1)} + \frac{4 \times (1+0.06)}{(1+0.1)^2}$$

$$+ \frac{4 \times (1+0.06)^2}{(1+0.1)^3} + \cdots$$

$$= \frac{4}{(0.1-0.06)} = 100円$$

であるので,

PVGO = 100 - 100 = 0円

です。

③ ROE=5％（ROE＜投資家の要求収益率）のとき

1株当たり配当=10円×0.4=4円です。サステイナブル成長率（配当成長率）=(1－配当性向)×ROE=(1－0.4)×0.05=0.03（3％）です。

$$V_0 = \frac{C_1}{(1+r_1)} + \frac{C_2}{(1+r_2)^2} + \frac{C_3}{(1+r_3)^3} + \cdots \text{(☞ p.184)}$$

$$= \frac{4}{(1+0.1)} + \frac{4 \times (1+0.03)}{(1+0.1)^2}$$

$$+ \frac{4 \times (1+0.03)^2}{(1+0.1)^3} + \cdots$$

$$= \frac{4}{(0.1-0.03)} = 57円$$

であるので,

　PVGO=57－100=－43円

です。

　かくて,

　ROE＞要求収益率のとき，PVGOはプラスです。

　ROE＝要求収益率のとき，PVGOはゼロです。

　ROE＜要求収益率のとき，PVGOはマイナスです。

第 4 部

デリバティブ

第16章 オプション取引

問題16-1：オプション

オプションに関する次の記述のうち，正しくないものはどれですか。ただし，取引コストは考慮しないものとする。
① 配当支払いのないアメリカン・プットは，満期前に権利行使されることはない。
② ボラティリティが上昇すると，コール，プットともに，プレミアムの上昇要因となる。
③ 同一条件のオプションの買い手と売り手の損益を合計すると0になる。
④ プット・コール・パリティは，ヨーロピアン・オプションに関する関係式である。

(平成13年第6問Ⅰより作成)

【解答＆解答の解説】

① 正しくない 答え

アメリカン・オプションは満期前に権利行使することができるが，実際にそうした方がよいかどうかは時間価値と関係があります（☞p.205）。配当支払いのない株式を原資産とするアメリカン・コールがイン・ザ・マネーにある場合，満期前行使をすると，本源的価値は実現されますが，時間価値はゼロになります。コール・オプションを市場で売却すると，「本源的価値＋時間価値」の価格で売却できる，つまり満期前に権利行使するより市場で売却した方が有利であるので，アメリカン・コールは満期前に権利行使されることはありませ

ん。しかし，配当支払いがある株式が原資産の場合は，満期前に権利行使される可能性があります。一方，配当支払いのない株式を原資産とするアメリカン・プットは満期前に権利行使される可能性があります。というのは，イン・ザ・マネーにある場合，満期前行使をすると，本源的価値が実現されるだけでなく，受け渡された代金からの時間価値を上回るかもしれない利息収入が生まれるからです。しかし，配当支払いがある株式が原資産の場合は，配当は権利行使すれば得られなくなるので，権利行使を抑制する効果があります。

② 正しい

ボラティリティ（原資産の価格変動）が大きいほど，オプション・プレミアムは上昇します（☞ p.219）。

③ 正しい

オプションの決済は，買手と売手の間で行われるので，両者の損益を合計すれば必ずゼロになります。

④ 正しい

ヨーロピアン・オプションで配当の支払いがないと仮定すると，コールとプットの間にはプット・コール・パリティ（☞ p.221）が成立します。

【知っておきましょう】 オプションの定義

「オプション」とは，指定した証券や商品，例えばA社の株式を，ある決められた期間内ないし日に，あらかじめ決められた価格で売ったり買ったりする権利のことです。指定した証券や商品は「原資産」，オプションを行使できる，ある決められた期間は「権利行使期間」，権利行使期間の最終日は「満期日」，オプションを行使するときの，あらかじめ決められた価格は「権利行使価格」とそれぞれ呼ばれています。

「オプション取引」は，今「将来時点で買います」「将来時点で売ります」と言っても，実際にその将来時点になったときに，買う買わない，売る売らないを選択できる取引です。権利行使価格で，原資産を買う権利は「コール」，売る権利は「プット」とそれぞれ呼ばれています。「買う権利」・「売る権利」の買手（option holder）は，プレミアム（オプション価

格あるいはオプション価値）を支払って，「買う」・「売る」の権利をそれぞれもつことができます。「買う権利」・「売る権利」の売手（option writer）は，プレミアム（オプション価格あるいはオプション価値）を受け取って，「買う」・「売る」の義務をそれぞれ負います。売手は不利のように見えますが，実際は買手が権利を行使できる機会の方が少ないと言われています。

満期日のみに権利を行使できるタイプのオプションは「ヨーロピアン」，満期日および満期日以前ならいつでも権利を行使できるタイプのオプションは「アメリカン」とそれぞれ呼ばれています。

【知っておきましょう】 プレミアム（オプション価格あるいはオプション料）

株式オプション取引とは，一定期間内に，株価がどう動くかを予想して，あらかじめ決められた価格（権利行使価格）で株式を買ったり，売ったりする権利を売買することです。つまり，

① 株価に対して強気（値上がり予想）であれば，コールは買いで，プットは売りです。

② 株価に対して弱気（値下がり予想）であれば，コールは売りで，プットは買いです。株式オプション取引は，上記の4つの基本投資パターン（コールの買い，コールの売り，プットの買い，プットの売り）をもとに，プレミアム（オプション価格あるいはオプション料）を見ながら，基本パターンの組み合わせを行うものです。つまり，プレミアムがオプション取引の相場です。

問題16-2：オプションの価値：本源的価値と時間価値

いま，ある企業の株価が300円であるとする。この株式に対して，行使価格200円のコール・オプションとプット・オプションが上場されていたとする。次の記述のうち，正しいものはどれですか。

① このコール・オプションはアウト・オブ・ザ・マネー（OTM）の状態にあり，その時間価値は100円である。

② このコール・オプションはイン・ザ・マネー（ITM）の状態にあり，その本源的価値は100円である。

③ このプット・オプションはイン・ザ・マネー（ITM）の状態にあり，その本源的価値は200円である。

④ このプット・オプションはアウト・オブ・ザ・マネー（OTM）の状態にあり，その時間価値は100円である。

⑤ A～Dのいずれでもない。

（平成14年第6問Ⅲより作成）

【解答＆解答の解説】

$S=$原資産価格，$K=$権利行使価格とすれば，

コール・オプションの本源的価値 $=\mathrm{Max}\{S-K, 0\}$

プット・オプションの本源的価値 $=\mathrm{Max}\{K-S, 0\}$

です。本問題では，$S=300$円，$K=200$円です。

① 誤り

$S>K$であるので，コール・オプションはITMの状態にあります。

② 正しい **答え**

$S>K$であるので，コール・オプションはITMの状態にあり，本源的価値$=S-K=300-200=100$円です。

③ 誤り

$S>K$であるので，プット・オプションはOTMの状態にあります。

④ 誤り

S＞Kであるので、プット・オプションはOTMの状態にあるが、時間価値＝オプション価値－本源的価値であり、オプション価値は不明であるので、時間価値も不明です。

⑤ 誤り

──【知っておきましょう】 オプションの価値：本源的価値と時間価値──

オプションの価値＝本源的価値＋時間価値

であり、「本源的価値」とは、原資産価格と権利行使価格との差額、つまり権利行使により得られる価値（利益）であり、「時間価値」とは、満期日までの原資産価格の不確実性に対する価値です。例えば、コールの場合、原資産価格≦権利行使価格であれば、本源的価値はゼロですが、満期日までに時間があれば、原資産価格が上昇して、原資産価格＞権利行使価格となる可能性は残っており、時間価値はプラスです。

──【知っておきましょう】 ITM, OTM, ATM──

権利行使すれば利益が生じる状態は「イン・ザ・マネー」（ITM：In The Money）、権利行使すれば損失が生じる状態は「アウト・オブ・ザ・マネー」（OTM：Out of The Money）、本源的価値がゼロ（原資産価格＝権利行使価格）である状態は「アット・ザ・マネー」（ATM：At The Money）とそれぞれ呼ばれています。

表16－1　ITM, OTM, ATM

	ITM	ATM	OTM
コール	$S_t > K$	$S_t = K$	$S_t < K$
プット	$S_t < K$	$S_t = K$	$S_t > K$

表16－2　ITM, OTM, ATM

	ITM	ATM	OTM
本質的価値	＋	0	0
時間価値	＋	最大	＋

206　第4部　デリバティブ

図16-1　株価とコール・オプションの価値

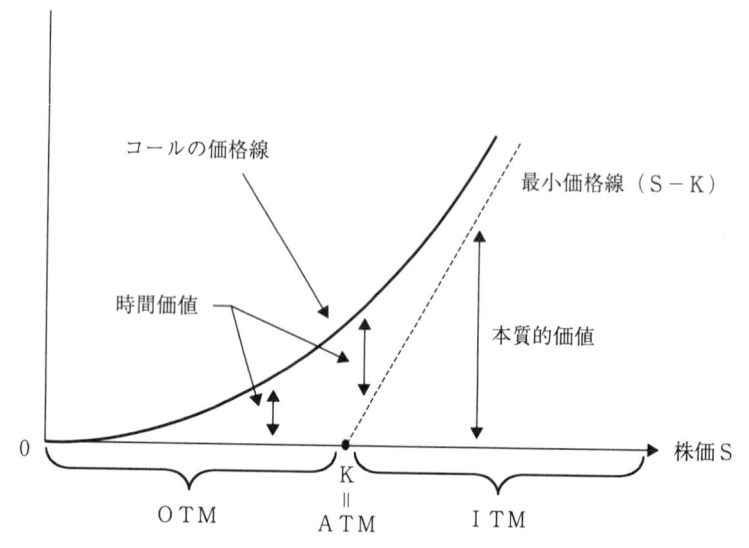

コールの価格C／コールの価格線／最小価格線（S-K）／時間価値／本質的価値／株価S／K＝ATM／OTM／ITM

図16-2　株価とプット・オプションの価値

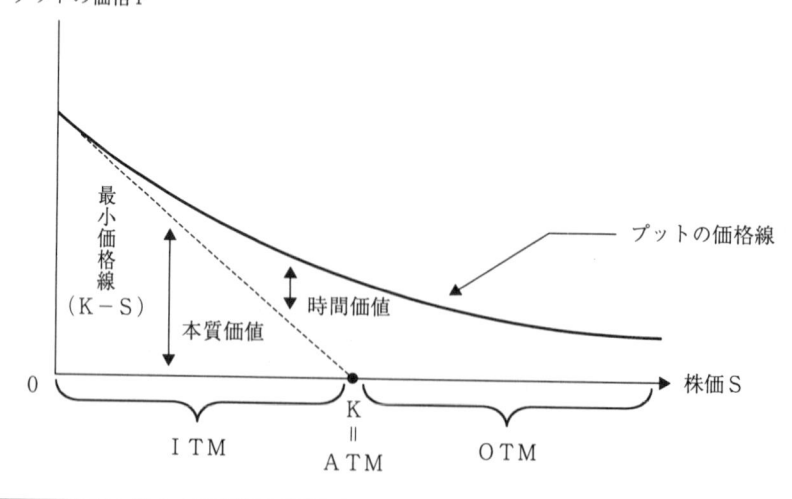

プットの価格P／最小価格線（K-S）／本質価値／時間価値／プットの価格線／株価S／K＝ATM／ITM／OTM

問題16-3：オプションの本源的価値

ある企業の株価が1,000円であるとし、この株式に対して、行使価格900円のコール・オプションとプット・オプションが取引されていたとする。次の記述のうち、正しいものはどれですか。

① コール・オプションはアウト・オブ・ザ・マネーであり、本源的価値は0円である。

② コール・オプションはイン・ザ・マネーであり、本源的価値は100円である。

③ プット・オプションはアウト・オブ・ザ・マネーであり、本源的価値は100円である。

④ プット・オプションはイン・ザ・マネーであり、本源的価値は100円である。

(平成15年第6問Ⅰより作成)

【解答＆解答の解説】

S＝原資産価格、K＝権利行使価格とすれば、

コール・オプションの本源的価値＝$\text{Max}\{S-K, 0\}$

プット・オプションの本源的価値＝$\text{Max}\{K-S, 0\}$

です。本問題では、$S=1,000$円、$K=900$円です。

① 誤り

$S>K$であるので、コール・オプションはITMの状態にあり、本源的価値＝$S-K=1,000-900=100$円です。

② 正しい 答え

③ 誤り

$S>K$であるので、プット・オプションはOTMの状態にあります。プット・オプションの本源的価値＝$\text{Max}\{K-S, 0\}=\text{Max}\{900-1,000, 0\}=0$円です。

④ 誤り

S＞Kであるので，プット・オプションはOTMの状態にあります。

図16－3　オプションの本源的価値

(縦軸：本源的価値，横軸：対象証券価格（株価），プット・オプションは左下がりで900円で0になり，コール・オプションは1,000円から右上がり)

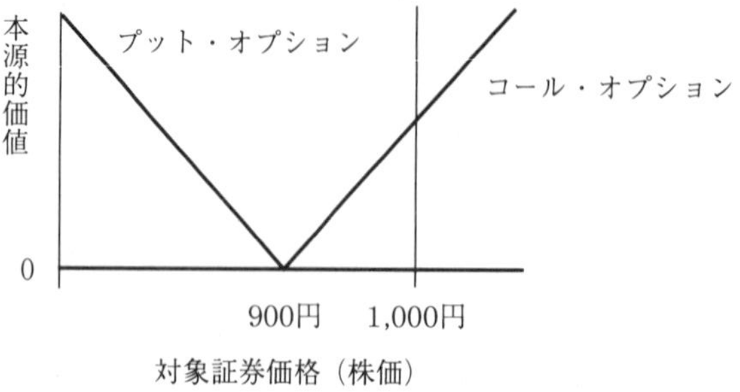

問題16－4：オプションの価値

債券Bの価格が115円のときに，この債券を対象とするアット・ザ・マネーの店頭オプションのコールとプットをそれぞれ1単位ずつ3円と4円で買建てた。債券Bの価格がいくらのときに，利益を得ることができますか。

① 111円超かつ118円未満
② 108円超かつ122円未満
③ 111円未満もしくは118円超
④ 108円未満もしくは122円超

（平成13年第6問Ⅱより作成）

【解答＆解答の解説】

S＝満期時点における原資産価格，K＝権利行使価格とすれば，

コール・オプションの本源的価値＝$\text{Max}\{S-K, 0\}$

プット・オプションの本源的価値＝$\text{Max}\{K-S, 0\}$

です。「アット・ザ・マネー」（ATM）は本源的価値がゼロ（原資産価格＝権利行使価格）である状態であるので，本問では，$K=115$円です。

コール1単位買いからの利益＝Max｛S－115, 0｝－3

プット1単位買いからの利益＝Max｛115－S, 0｝－4

であるので,

利益の合計＝［Max｛S－115, 0｝－3］＋［Max｛115－S, 0｝－4］

　　　　　＝Max｛S－115, 115－S｝－（3＋4）

　　　　　＝Max｛S－115, 115－S｝－7

です。利益の合計がプラスになるためには, 債券Bの価格が上下いずれにしても7円超変化すればよいので,

S－115＞7 あるいは115－S＞7

つまり,

S＞122あるいはS＜108　（**答え**は④です）

です。

──**【知っておきましょう】**　プット・オプションとコール・オプション──

　プット・オプション（売る権利）のペイオフを例証しましょう。A社の株式を購入する現在時点の株価は100円で, 1カ月後は120円に値上がりするか, 80円に値下がりするか, のいずれかだとします。A社の株式を購入したのちに, 値下がりのリスクをヘッジしたい人が,「権利行使価格100円, 権利行使期間1カ月のプット・オプション」を買ったとします。これは, この人が「1カ月後に100円で, A社の株式を売る権利」を手に入れたことを意味しています。

　A社の株価が, 1カ月後に120円になると, A社の株式は市場で120円で売ることができるので, オプションを行使する意味がなくなり,「権利行使価格100円のプット・オプション（売る権利）」の価値はゼロになります。100円で購入した保有株式には, 120－100＝20円の含み益が発生します。一方, 1カ月後に80円になると, オプションを行使する意味が生まれ,「権利行使価格100円のプット・オプション（売る権利）」の価値は, 100－80＝20円になります。というのは, A社の株式を市場で80円で買い, プッ

ト・オプション（売る権利）を行使して100円で売ると，差額20円を儲けることができるからです。100円で購入した保有株式には，80－100＝－20円の含み損が発生しますが，プット・オプションを行使して20円儲けることができるので，合計すると損失はゼロになります。つまり，プット・オプション（売る権利）を買うことによって，保有しているＡ社株価の値下がりのリスクをヘッジすることができました。

表16－3　プット・オプション

現在	1　年　後				
株　価	株　価	含み損益	オプション行使	オプションの価値	合　計
100	120	20	しない	0	20
	80	－20	する	20	0

　次に，上記と同じケースで，コール・オプション（買う権利）のペイオフを例証しましょう。Ａ社の株式を空売りする現在時点の株価は100円で，1カ月後は120円に値上がりするか，80円に値下がりするか，のいずれかだとします。Ａ社の株式を空売りしたのちに，値上がりのリスクをヘッジしたい人が，「権利行使価格100円，権利行使期間1カ月のコール・オプション」を買ったとします。これは，この人が「1カ月後に100円で，Ａ社の株式を買う権利」を手に入れたことを意味しています。

　Ａ社の株価が，1カ月後に80円になると，Ａ社の株式は市場で80円で買うことができるので，オプションを行使する意味がなくなり，「権利行使価格100円のコール・オプション（買う権利）」の価値はゼロになります。100円で空売りしているので，つまり市場から80円で買い，100円で売ることができるので，100－80＝20円の含み益が発生します。一方，1カ月後に120円になると，オプションを行使する意味が生まれ，「権利行使価格100円のコール・オプション（買う権利）」の価値は，120－100＝20円になります。というのは，Ａ社の株式をコール・オプション（買う権利）を行使して100円で買い，市場で120円で売ると，差額20円を儲けることができる

からです。100円で空売りしているので，つまり市場から120円で買い，100円で売らざるを得ないので，100－120＝－20円の含み損が発生します。合計すると損失はゼロになります。つまり，コール・オプション（買う権利）を買うことによって，空売りしているA社株価の値上がりのリスクをヘッジすることができました。

表16－4　コール・オプション

現在			1 年 後		
株価	株価	含み損益	オプション行使	オプションの価値	合　計
100	120	－20	する	20	0
	80	20	しない	0	20

問題16－5：オプションの損益

いま，長期国債先物が142.00円で取引され，この先物に対する長期国債先物オプションのコール・オプションが表16－5の価格（いずれも額面100円当たり表示）で取引されているものとする。なお，取引コストや証拠金は無視できるものとする。

(1) 行使価格141.50円のコール・オプションを1単位買い，行使価格142.00円のコール・オプションを1単位売り，満期まで保有したところ，オプションの満期において対象長期国債先物は143.00円であった。この間のオプションの損益は，額面100円当たりいくらになりますか。

(2) 行使価格141.50円のコール・オプションを1単位買い，行使価格142.50円のコール・オプションを1単位売り，満期まで保有するとしよう。オプションの損益が0円になるオプション満期時の先物価格はいくらになりますか。

表16-5 コール・オプションの価格

行使価格(円)	プレミアム(円)
141.50	0.74
142.00	0.38
142.50	0.15

(平成15年第6問Ⅲより作成)

【解答＆解答の解説】

(1) オプション取引のペイオフ・ダイアグラム

図16-4 オプション取引のペイオフ・ダイアグラム

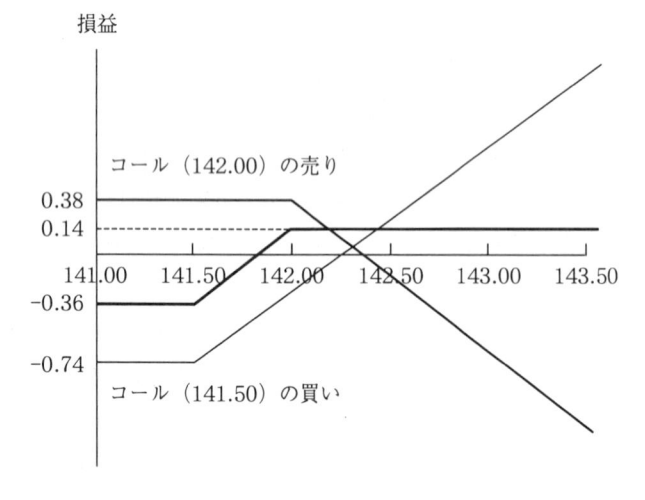

S＝満期時点における原資産価格，K＝権利行使価格とすれば，

コール・オプションの本源的価値＝$\text{Max}\{S-K, 0\}$

プット・オプションの本源的価値＝$\text{Max}\{K-S, 0\}$

です。本問題では，$S=143.00$円

$$\text{コール1単位買いからの利益}=\text{Max}\{S-141.50, 0\}-0.74$$
$$=\text{Max}\{143.00-141.50, 0\}-0.74$$

$$= 1.50 - 0.74 = 0.76$$

コール1単位売りからの利益 $= -(S - 142.00) + 0.38$

$$= -(143.00 - 142.00) + 0.38$$

$$= -1.0 + 0.38 = -0.62$$

であるので,

利益の合計 $= 0.76 + (-0.62) = 0.14$ 円 **答え**

です。

(2) **オプション取引のペイオフ・ダイアグラム**

図16－5　オプション取引のペイオフ・ダイアグラム

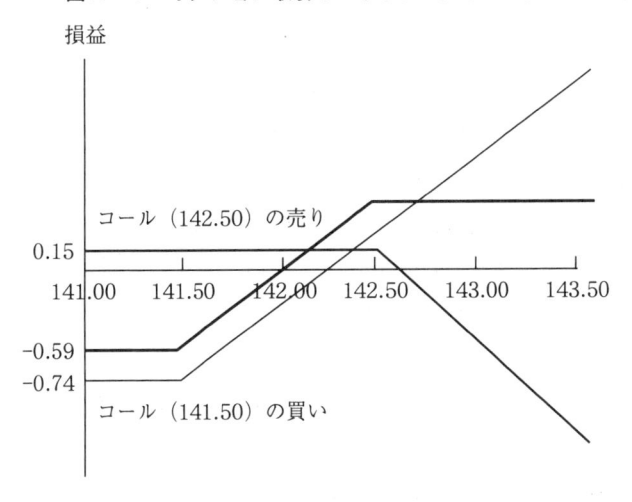

S＝満期時点における原資産価格，K＝権利行使価格とすれば，

　コール・オプションの本源的価値 $= \text{Max}\{S - K, 0\}$

　プット・オプションの本源的価値 $= \text{Max}\{K - S, 0\}$

です。本問題はS（オプション満期時の先物価格）を求める問題です。題意は，権利行使価格141.50円のコール1単位買いからの利益と権利行使価格142.50円のコール1単位売りからの利益の合計（オプションの損益）が0円になるというものであるので，

$$141.50 \leq S \leq 142.50$$

でなければなりません。

コール1単位買いからの利益＝Max｛S－141.50, 0｝－0.74
　　　　　　　　　　　　　＝（S－141.50）－0.74

コール1単位売りからの利益＝0＋0.15

であるので，

利益の合計＝｛（S－141.50）－0.74｝＋｛0＋0.15｝
　　　　　＝S－142.09

です。したがって，S＝142.09円 **答え** です。

───【知っておきましょう】 ペイオフ・ダイアグラム───

オプションの分析を行う上で欠かせないのが，オプションの「ペイオフ・ダイアグラム」と呼ばれている図です。それは，株価の変動（例えば，1カ月後の120円への値上がり，80円への値下がり）に伴うオプションの損益を図に表したものです。図の太線は「オプション料」ゼロのペイオフ・ダイアグラム，細線はプラスの「オプション料」のペイオフ・ダイアグラムをそれぞれ表しています。

(1)　オプション・バイヤー

「オプション・バイヤー」とは，オプションの買手（ロング・ポジション），つまりプット・オプション，コール・オプションの買手のことです。

①　プット・オプション

「権利行使価格100円，権利行使期間1カ月のプット・オプション（売る権利）」を取り上げます。1カ月後の株価が0円から100円の間は，100円で売る権利を買っているので，それを行使すれば，「100－株価＝ペイオフ」が得られます。1カ月後の株価が100円を超えると，市場で権利行使価格100円以上の価格で売れるので，プット・オプションを行使する意味はなくなり，オプションの価値はゼロになります。

図16－6　プットのペイオフ・ライン

[図: プットの購入者のペイオフ・ライン。縦軸ペイオフ、横軸株価（行使価格100）、オプション料]

② コール・オプション

「権利行使価格100円，権利行使期間1カ月のコール・オプション（買う権利）」を取り上げます。1カ月後の株価が0円から100円の間は，権利行使価格100円を下回る価格で買えるので，コール・オプションを行使する意味はなくなり，オプションの価値はゼロです。1カ月後の株価が100円を超えると，100円で買う権利を買っているので，それを行使すれば，「株価－100＝ペイオフ」が得られます。

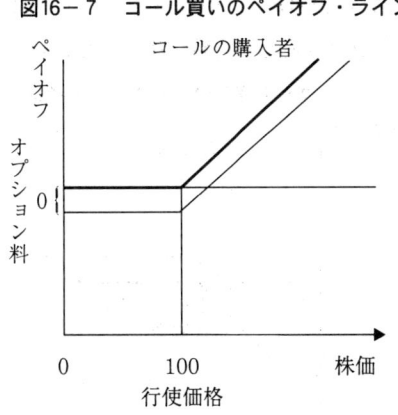

図16－7　コール買いのペイオフ・ライン

[図: コールの購入者のペイオフ・ライン。縦軸ペイオフ／オプション料、横軸株価（行使価格100）]

(2) オプション・ライター

「オプション・ライター」とは，オプションの売手（ショート・ポジション），つまりプット・オプション，コール・オプションの売手のことです。オプション取引は，今「将来時点で買います」「将来時点で売ります」と言っても，実際にその将来時点になったときに，買う買わない，売る売らないをオプション・バイヤーは選択できるのですが，オプション・ライターはオプション・バイヤーの選択に応じる義務がある取引です。つまり，オプション・ライターは，オプション・バイヤーが買う権利を行使すると言えば売らなくてはいけないし，売る権利を行使すると言えば買わなくてはいけない取引です。

① プット・オプション

「権利行使価格100円，権利行使期間１カ月のプット・オプション（売る権利）」を取り上げます。１カ月後の株価が０円から100円の間は，オプション・バイヤーは売る権利を行使するので，オプション・ライターは，市場評価が100円未満の株式を100円で買わなくてはいけません。「株価－100＝ペイオフ」の損失が発生します。１カ月後の株価が100円を超えると，オプション・バイヤーは，市場で権利行使価格100円以上の価格で売れるので，プット・オプションを行使する意味はなくなり，オプション・ライターは，何らかのアクションをとる必要はありません。

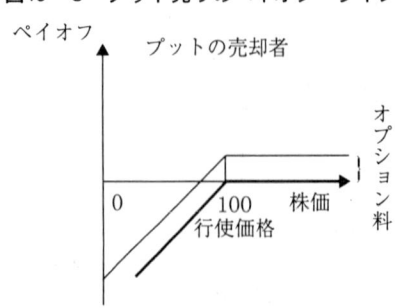

図16－8　プット売りのペイオフ・ライン

② コール・オプション

「権利行使価格100円，権利行使期間1カ月のコール・オプション（買う権利）」を取り上げます。1カ月後の株価が0円から100円の間は，オプション・バイヤーは，権利行使価格100円を下回る価格で買えるので，コール・オプションを行使する意味はなくなり，オプション・ライターは，何らかのアクションをとる必要はありません。1カ月後の株価が100円を超えると，オプション・バイヤーは買う権利を行使するので，オプション・ライターは，市場評価が100円超の株式を100円で売らなくてはいけません。「100－株価＝ペイオフ」の損失が発生します。

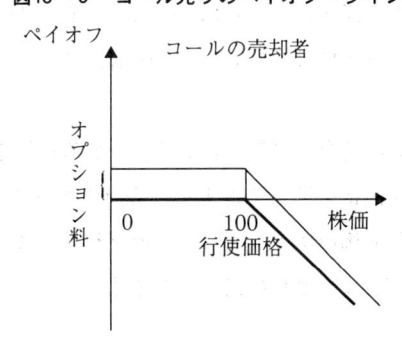

図16－9　コール売りのペイオフ・ライン

問題16－6：オプション・プレミアムの決定要因

ヨーロピアン・コール・オプション価格（プレミアム）に関する次の記述のうち，正しいものはどれですか。
① 満期が長くなると，ヨーロピアン・コール・オプション価格は低くなる。
② 原資産価格が高くなると，ヨーロピアン・コール・オプション価格は低くなる。
③ ボラティリティが低くなると，ヨーロピアン・コール・オプション価

格は高くなる。
④ 無リスク金利が上昇すると、ヨーロピアン・コール・オプション価格は高くなる。

(平成14年第6問Ⅲより作成)

【解答＆解答の解説】

① 誤り

満期日までの期間が長くなればなるほど、権利行使価格の割引現在価値は低くなるので、コールの買手にとっては有利、プットの買手にとっては不利です。しかし、満期日までの期間が長くなればなるほど、価格変動性（不確実性）は高まるので、オプション価格は上昇します（☞p.219）。

② 誤り

コール・オプションの場合、満期日になると、原資産価格水準に関係なく、権利行使価格で原資産価格を購入できます。原資産価格が権利行使価格を上回れば上回るほど、本源的価値は大きくなり、権利行使によって得られる利益も大きくなるので、オプション価格は高くなります。

③ 誤り

原資産価格の変動性は「ボラティリティ」と呼ばれています。ボラティリティが大きくなればなるほど、オプションの買手にとっては権利行使によって大きな利益をあげる可能性が高まるので、オプション価格は高くなります。

④ 正しい 答え

無リスク金利が高ければ高いほど、コールの買手にとっては、権利行使価格の割引現在価値は低くなり、コール・オプションの価値を高めます。

第16章 オプション取引

---【知っておきましょう】 オプション・プレミアムの決定要因---

表16-6 オプション・プレミアムの決定要因

決定要因		決定要因の上昇による影響	
		コール	プット
① 原資産価格（S_t）	↑	↑	↓
② 権利行使価格（K）	↑	↓	↑
③ ボラティリティ（σ）	↑	↑	↑
④ リスクフリーレート（r）	↑	↑	↓
⑤ 満期日までの残存期間（t）	↑	↑	↑
⑥ 配当（d）（株式オプションの場合）	↑	↓	↑

問題16-7：オプション・プレミアムに影響する要因：権利行使価格

　原資産である株式の価格が100円であるとして，次の4つのオプションのうちプレミアムが最も大きいものはどれですか。オプションの満期までの期間はいずれも1か月として，配当はないものとする。

① 行使価格100円のコール
② 行使価格95円のコール
③ 行使価格100円のプット
④ 行使価格95円のプット

（平成11年第6問Ⅰより作成）

【解答＆解答の解説】
　コール・オプションの場合，権利行使価格が低ければ低いほど，オプションの買手にとっては権利行使によって利益をあげる可能性が高くなるので，オプション価格は高くなります。プット・オプションの場合，権利行使価格が低ければ低いほど，オプションの買手にとっては権利行使によって利益をあげる可能性が低くなるので，オプション価格は低くなります。

S＝満期時点における原資産価格，K＝権利行使価格とすれば，

　コール・オプションの本源的価値＝Max{S－K, 0}

　プット・オプションの本源的価値＝Max{K－S, 0}

です。本問題では，S＝100円であるので，

① コール・オプションの本源的価値＝Max{S－K, 0}
　　　　　　　　　　　　　　　　　＝Max{100－100, 0}＝0

② コール・オプションの本源的価値＝Max{S－K, 0}
　　　　　　　　　　　　　　　　　＝Max{100－95, 0}＝5　**答え**

③ プット・オプションの本源的価値＝Max{K－S, 0}
　　　　　　　　　　　　　　　　　＝Max{100－100, 0}＝0

④ プット・オプションの本源的価値＝Max{K－S, 0}
　　　　　　　　　　　　　　　　　＝Max{95－100, 0}＝0

問題16－8：プット・コール・パリティ

　長期国債先物価格が133円のときに，権利行使価格が134円の長期国債先物オプション取引のコール・プレミアムが40銭，プット・プレミアムが60銭であったとする。オプション取引の満期までの金利が0.5％であったとすると，プット・コール・パリティを利用して裁定利益を得るためには，どのような取引を行えばよいですか。

① コール買い，プット売り，先物買い，預金
② コール買い，プット売り，先物売り，預金
③ コール売り，プット買い，先物買い，借入
④ コール売り，プット買い，先物売り，借入

（平成13年第6問Ⅱより作成）

【解答＆解答の解説】

　C＝コール・プレミアム，P＝プット・プレミアム，K＝権利行使価格，F

＝長期国債先物価格，r＝リスクフリー・レートとします。原資産が先物である場合の「プット・コール・パリティ」は，

$$C = P + \frac{(F-K)}{(1+r)}$$

です。本問題では，C＝0.4，P＝0.6，K＝134，F＝133，r＝0.005であるので，

$$P + \frac{(F-K)}{(1+r)} = 0.6 + \frac{(133-134)}{(1+0.005)} \fallingdotseq -0.395$$

であり，コールは割高，合成証券（プット買い，先物買い，借入）は割安です。裁定利益を得るためには，コールを売り，合成証券（プット買い，先物買い，借入）を買えばよい。したがって，（答え）は③です。

【知っておきましょう】　プット・コール・パリティ

　ヨーロピアン・オプションで配当の支払いがない場合には，コール・プレミアムとプット・プレミアムの間には，「プット・コール・パリティ」と呼ばれている関係式が成立します。

　C＝コール・プレミアム，P＝プット・プレミアム，K＝権利行使価格，S＝現在の株価，S_t＝満期日の株価，t＝満期日までの残存期間，r＝リスクフリー・レートとします。権利行使価格が同一のコールとプットを使って，「原株1単位買い，コール1単位売り，プット1単位買い，満期日に権利行使価格を返済する借入」といったポートフォリオを作ります。このポートフォリオは，満期日に$S_t>K$であろうが$S_t \leq K$であろうが，キャッシュ・フローはゼロであり，裁定機会がないとすれば，現在のキャッシュ・フローもゼロになるはずです。

$$-S + C - P + \frac{K}{(1+r)^t} = 0$$

つまり，

$$C = S + P - \frac{K}{(1+r)^t} \quad （プット・コール・パリティ）$$

です。

　「プット・コール・パリティ」$C = S + P - \frac{K}{(1+r)^t}$を使って合成証

券を作ることができます。$C = S + P - \frac{K}{(1+r)^t}$ は,
　コールの買い＝原株の買い＋プットの買い＋借入
を表していますが,「原株の買い＋プットの買い＋借入」は合成コール,すなわちコールを買った場合と同じポジションを作ることができることを意味しています。

表16－7　プット・コール・パリティ

取　引	現時点のコスト	満期日のキャッシュ・フロー	
		$S_t > K$	$S_t \leq K$
原株1単位買い	$+S$	S_t	S_t
プット1単位売り	$-C$	$-(S_t - K)$	0
プット1単位買い	$+P$	0	$K - S_t$
借　入　れ	$-\frac{K}{(1+r)^t}$	$-K$	$-K$
合　　　計	$+S - C + P - \frac{K}{(1+r)^t}$	0	0

問題16－9：オプション価格の決定：二項モデル

　株式Sの現在の株価が100円で,1期間後に20％上昇するか（確率60％）,10％下落するか（確率40％）2通りの可能性があるものとする。さらに,この株式が1期間後に10円の配当支払いを行った後,理論どおりに配当落ちし,2期間目にも1期間目と同様の株価変動パターンを示すとしたら,この株式を原資産とする権利行使価格100円のコール・オプション（満期は2期間目終了時点）の価格は,どう評価すべきであろうか。1期間当たりの金利を5％と想定したうえで,以下の問いに答えなさい。

(1)　図16－10には,オプションの満期まで2期間の株式Sの株価変動過程が示されている。2期間後の株価水準A～Dの組合わせとして,妥当なものはどれですか。

①	A	129.6	B	97.2	C	97.2	D	72.9
②	A	130.0	B	100.0	C	100.0	D	70.0
③	A	132.0	B	99.0	C	96.0	D	72.0
④	A	138.0	B	103.5	C	102.0	D	76.5
⑤	A	144.0	B	108.0	C	108.0	D	81.0

図16－10　株式Ｓの株価変動過程

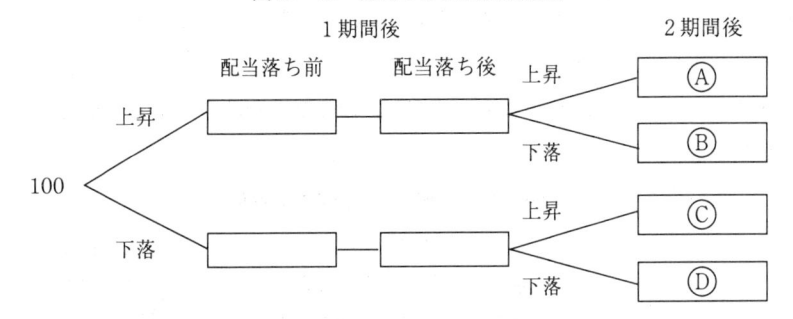

(2) 問(1)の二項過程におけるリスク中立確率を求めなさい。

(3) 株式Ｓを原資産とするコールがヨーロピアン・オプションであったとすると，理論株価はいくらになりますか。

(4) 株式Ｓを原資産とするコールがアメリカン・オプションであったとすると，最適な権利行使政策はどれですか。

　① 1期間後に株価が上昇した場合に，配当落ちの直後に権利行使する。

　② 1期間後に株価が上昇した場合に，配当落ちの直前に権利行使する。

　③ 1期間後に株価が上昇した場合でも権利行使は行わず，2期間目終了時点までオプションのまま保有する。

　④ 配当支払いのある原資産を対象とするアメリカン・コールの最適権利行使政策は特定化できない。

(5) 問(4)のアメリカン・コールの理論価格はいくらになりますか。

(平成12年第6問Ⅱより作成)

【解答&解答の解説】

S＝現在の株価，K＝権利行使価格，u＝1＋株価上昇率，d＝1＋株価下落率，C＝現在のコール・プレミアム，C_u＝株価が上昇したときの1期後のコール・プレミアム，C_d＝株価が下落したときの1期後のコール・プレミアム，C_{uu}＝株価が2期連続して上昇したときの満期時のコール・プレミアム，C_{ud}＝株価が第1期上昇・第2期下落（あるいは第1期下落・第2期上昇）したときの満期時のコール・プレミアム，C_{dd}＝株価が2期連続して下落したときの満期時のコール・プレミアム，r＝リスクフリー・レートとします。二項モデル（バイノミアル・オプション評価モデル）の2期間モデルの下での株価は次のとおりです。

図16－11　二項モデルの下での株価

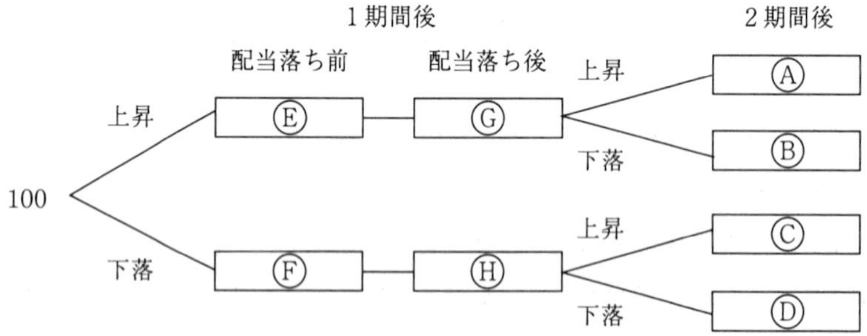

(1) 二項モデルの下での株価

本問題では，S＝100円，u＝1＋0.2＝1.2，d＝1－0.1＝0.9であり，1期間後に10円の配当支払いが行われます。

　　E　100×(1＋0.2)＝120
　　F　100×(1－0.1)＝90

であり，配当権利落ちによって配当額（本問題では10円）だけ株価は下がるので，

　　G　120－10＝110
　　H　90－10＝80
　　A　110×(1＋0.2)＝132

B   110×(1−0.1)=99
C   80×(1+0.2)=96
D   80×(1−0.1)=72

したがって，**答え**は③です。

(2) リスク中立確率

本問題では，$u=1+0.2=1.2$，$d=1-0.1=0.9$，$r=0.05$であり，「リスク中立確率」（☞p.227の【知っておきましょう】）は，

$$p = \frac{(1+r)-d}{(u-d)}$$

$$= \frac{(1+0.05)-0.9}{(1.2-0.9)} = 0.5 \quad \text{答え}$$

(3) ヨーロピアン・コール・オプションのプレミアム

ヨーロピアン・コール・オプションのプレミアムは，満期日の株価だけに依存するので，図16−12のようになり，②＝③，④＝⑤です。

図16−12 ヨーロピアン・コール・オプションの計算

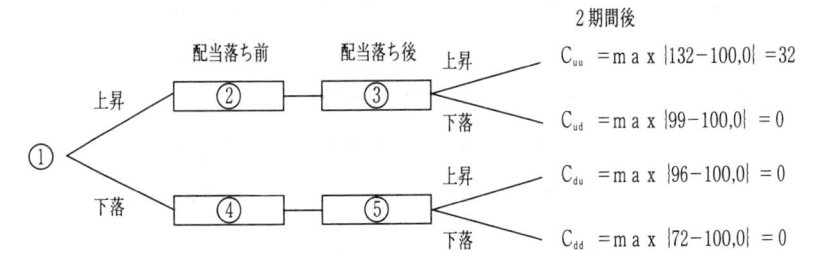

```
                                        2期間後
         配当落ち前  配当落ち後
              上昇              Cuu = max |132-100,0| = 32
    上昇   ②  →  ③
                     下落       Cud = max |99-100,0|  = 0
①
                     上昇       Cdu = max |96-100,0|  = 0
    下落   ④  →  ⑤
                     下落       Cdd = max |72-100,0|  = 0
```

C_u＝株価が上昇したときの1期後のコール・プレミアム，C_d＝株価が下落したときの1期後のコール・プレミアムとすれば，C_u＝②＝③，C_d＝④＝⑤です。リスク中立確率（$p=0.5$）を用いれば，第1期末（第2期首）時点におけるコールの理論価格（均衡価格）は，

$$C_u = \frac{pC_{uu}+(1-p)C_{ud}}{(1+r)}$$

$$= \frac{0.5 \times 32 + (1-0.5) \times 0}{(1+0.05)} \fallingdotseq 15.238$$

226　第4部　デリバティブ

$$C_d = \frac{pC_{du}+(1-p)C_{dd}}{(1+r)}$$

$$= 0$$

です。かくて，第1期首（現在）時点におけるコールの理論価格（均衡価格）は，

$$C = \frac{pC_u+(1-p)C_d}{(1+r)}$$

$$= \frac{0.5 \times 15.238 + (1-0.5) \times 0}{(1+0.05)} \fallingdotseq 7.26 \quad \boxed{答え}$$

(4) アメリカン・オプションの最適権利行使政策

　アメリカン・コール・オプションの場合，満期時点までに原資産に配当支払いがない場合，満期前には行使しません。満期時点までに原資産に配当支払いがある場合，権利行使して得られる金額が，同一条件のヨーロピアン・コール・オプションのプレミアムを上回る場合，満期直前に権利行使します。1期間後に株価が上昇した場合，配当落ち直前に権利行使すれば，120−100＝20円を直ちに得ることができます。一方，権利行使をせずに配当落ちを迎えれば，コール・プレミアムは問(3)より15.238（＜20）です。 $\boxed{答え}$ は②です。

(5) アメリカン・コール・オプションの理論価格

図16−13　アメリカン・コール・オプションの計算

```
           1期間後                    2期間後
        配当落ち前
  上昇 ┌─ 20 ─┐（権利行使により消滅）
       │                              上昇  C_du = max |96−100,0| = 0
 ①─┤                           ┌──
       │                              下落  C_dd = max |72−100,0| = 0
  下落 └─ 0 ──── 0 ──┘
```

　第1期首（現在）時点におけるコールの理論価格（均衡価格）は，

$$C = \frac{pC_u+(1-p)C_d}{(1+r)}$$

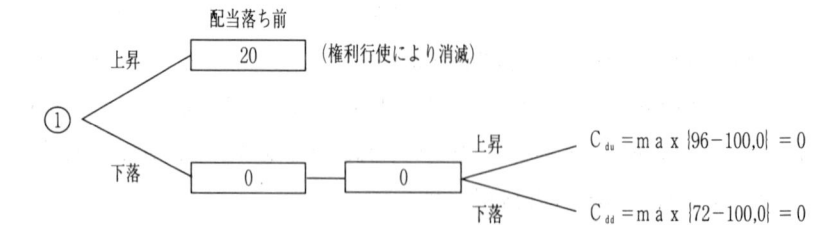

$$= \frac{0.5 \times 20 + (1-0.5) \times 0}{(1+0.05)} \fallingdotseq 9.52 \quad \text{答え}$$

【知っておきましょう】　オプション価格の決定：1期間の二項過程モデル

「買う権利」・「売る権利」の買手は，オプション料を支払って，「買う」・「売る」の権利をそれぞれもつことができます。「買う権利」・「売る権利」の売手は，オプション料を受け取って，「買う」・「売る」の義務をそれぞれ負います。では，どれくらいのオプション料であれば，オプション取引は成立するのでしょうか。実務の世界では，一定のオプション価格モデルがすでにできあがっていて，それに原資産の時価，権利行使価格，権利行使期間，原資産の価格変動性，短期金利などの数値を代入すれば，オプションの理論価格がでてくるようになっています。オプション価格モデルとしては，1973年に発表されたブラック＝ショールズ・モデル（Black＝Sholes Model）が有名ですが，その後70年代後半から80年代にかけて，実務的な利用を強く意識したさまざまなモデルが提案されています。その中でも，考え方として重要なのが「二項過程モデル」です。

　S＝現在の株価，K＝権利行使価格，u＝1＋株価上昇率，d＝1＋株価下落率，C＝現在のコール・プレミアム，C_u＝株価が上昇したときの1期後のコール・プレミアム，C_d＝株価が下落したときの1期後のコール・プレミアム，r＝リスクフリー・レートとします。

　以下の二項過程モデルの仮定は，次のとおりです。

① 株式の配当はゼロです。
② 税金，取引費用はありません。
③ 株価の時価はS円ですが，1年後にはuS円かdS円かのいずれかになります。
④ 証券市場は完全であり，無リスクの裁定機会は存在しません。

　二項過程モデルでは，株式（原資産）と借入を組み合わせたポートフォリオを作って，期末に株価が上昇しようと下落しようと，コールと同じペイオフが得られるようにできるとすれば，期首（現在時点）におけるコー

ル・プレミアムは，無リスクの裁定機会は存在しないことから，上記ポートフォリオ構築のコストに等しくなります。

(1) コール

図16-14 コール価値

原資産価格

現　在　　　1期後
　　　　　→ uS
　　S
　　　　　→ dS

コール価格

現　在　　　1期後
　　　　　→ C_u
　　C
　　　　　→ C_d

(2) 株式（原資産）と借入を組み合わせたポートフォリオ

期末に株価が上昇しようと下落しようと，コールと同じペイオフが得られるように，株式（原資産）を x 単位購入し，y の借入を行うとしましょう。

図16-15 株式（原資産）と借入を組み合わせたポートフォリオの価値

組み合わせ

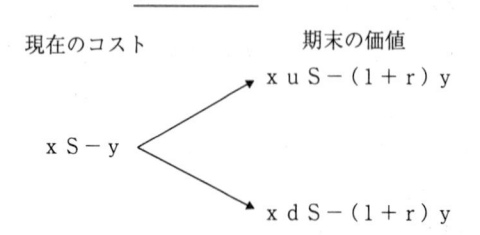

現在のコスト　　　　　期末の価値
　　　　　　　　→ $xuS-(1+r)y$
　xS-y
　　　　　　　　→ $xdS-(1+r)y$

期末時点では，コールの価値（本源的価値）と「株式と借入を組み合わせたポートフォリオ（複製）」の価値は等しいので，

$$xuS-(1+r)y=C_u$$
$$xdS-(1+r)y=C_d$$

であり，これらの2本の式から x^*，y^* を求めることができます。

$$x^*=\frac{C_u-C_d}{(u-d)S}$$

$$y^* = \frac{dC_u - uC_d}{(1+r)(u-d)}$$

かくて，期首（現在時点）におけるコールの理論価格（均衡価格）は，

$$C^* = x^*S - y^* = \frac{pC_u + (1-p)C_d}{(1+r)}$$

です。ただし，pは「リスク中立確率」と呼ばれ，「期末時点の株価の数学的期待値の現在割引価値が期首時点の株価になるような世界における株価の上昇確率」であり，

$$p = \frac{(1+r) - d}{(u-d)}$$

$$(1-p) = \frac{u - (1+r)}{(u-d)}$$

です。x^*は「ヘッジ・レシオ」または「デルタ」と呼ばれています。

【知っておきましょう】 オプション価格の決定：2期間の二項過程モデル

図16－16　2期間の二項過程モデル

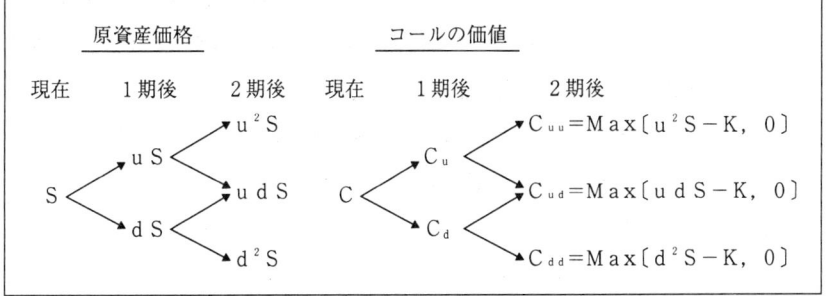

原資産価格　　　　　　　　コールの価値

現在　1期後　2期後　　　　現在　1期後　2期後

```
              u²S                           C_uu = Max[u²S - K, 0]
         uS                           C_u
   S          udS                C           C_ud = Max[udS - K, 0]
         dS                           C_d
              d²S                           C_dd = Max[d²S - K, 0]
```

問題16－10：ブラック＝ショールズ・モデル

(1) ブラック＝ショールズ・モデルが成立するための仮定に関する次の記述のうち，正しいものはどれですか。

　① 原資産は連続的な配当支払いを行う。

② 原資産の空売りはできない。
③ 原資産価格変化率の期待収益率は時間とともに変化するが、そのボラティリティは一定である。
④ 無リスク金利が存在し、満期まで一定である。

(平成13年第6問Iより作成)

(2) ブラック＝ショールズ・モデルにおける、コール・オプションのデルタ（Δ）やガンマ（Γ）に関する次の記述のうち、正しくないものはどれですか。
① デルタはヘッジ比率を意味する。
② ガンマはデルタの変化を意味する。
③ デルタはオプションがITM（イン・ザ・マネー）になるにつれて小さくなる。
④ デルタは、原証券価格が1単位増加したときの、オプション価格に与える影響を示す。

(平成15年第6問Iより作成)

(3) ブラック＝ショールズ・モデルにおける、リスク指標（オプションのギリシャ文字）に関する次の記述のうち、正しいものはどれですか。
① プット・オプションのベガ（v）あるいはカッパ（κ）は、アウト・オブ・ザ・マネーの状態のときに最も高くなる。
② コール・オプションのセータ（θ）はマイナスである。
③ コール・オプションのガンマ（γ）はプラス、プット・オプションのそれはマイナスである。
④ コール・オプションおよびプット・オプションのデルタ（Δ）は、常にマイナスの値をとる。

(平成13年第6問Iより作成)

【解答＆解答の解説】

(1) ブラック＝ショールズ・モデルの仮定

① 誤り

配当を支払わないモデルです。

② 誤り

原資産の取引は空売り，借入による購入ともに可能です。

③ 誤り

原資産価格変化率の期待収益率は一定です。

④ 正しい 答え

(2) ブラック＝ショールズ・モデルにおけるデルタ（Δ）やガンマ（Γ）

① 正しい

② 正しい

③ 正しくない 答え

デルタ（Δ）はITM（イン・ザ・マネー）になればなるほど大きくなり，1に近づきます。

④ 正しい

(3) オプションのリスク指標

① 誤り

ベガ（v）はアット・ザ・マネーのときに最大になります。

② 正しい 答え

③ 誤り

ガンマ（γ）はコール，プットともにプラスの値をとります。

④ 誤り

デルタ（Δ）は，コールの場合は0から1の値を，プットの場合は－1から0の値をとります。

【知っておきましょう】 ブラック＝ショールズ・モデル

　S＝現在の株価，K＝権利行使価格，C＝現在のコール・プレミアム，P＝現在のプット・プレミアム，r＝リスクフリー・レート，t＝満期までの期間（年間ベース：3カ月であれば，0.25年），σ＝株式収益率のボラティリティ（年間ベースの標準偏差），N(d)＝標準正規分布の累積密度関数，N′(d)＝標準正規分布の密度関数とします。

　ブラック＝ショールズ・モデルの仮定は，次のとおりです。

① 株式の配当はゼロです。
② 税金，取引費用はありません。
③ 株価の変化は幾何ブラウン運動に従い，一定期間後の株価は対数正規分布に従っています。
④ 株価変化率の分散は時間的に不変です。
⑤ 証券市場は完全であり，無リスクの裁定機会は存在しません。
⑥ 株式の売買は連続的に行われます。

　ブラック＝ショールズ・モデルによれば，ヨーロピアン・コール・オプション，ヨーロピアン・プット・オプションの理論価格はそれぞれ，

　　$C = SN(d_1) - Ke^{-rt}N(d_2)$
　　$P = -SN(-d_1) + Ke^{-rt}N(-d_2)$

です。ただし，

$$d_1 = \frac{\ln(\frac{S}{K}) + \{r + (\frac{\sigma^2}{2})\}t}{\sigma\sqrt{t}}$$

$$d_1 = \frac{\ln(\frac{S}{K}) + \{r - (\frac{\sigma^2}{2})\}t}{\sigma\sqrt{t}}$$

$$\quad = d_1 - \sigma\sqrt{t}$$

【知っておきましょう】 ブラック＝ショールズ・モデルによるプレミアム決定要因

表16－8　ブラック＝ショールズ・モデルによるプレミアム決定要因

		コール・オプション	プット・オプション
①	デルタ(Δ)	$\dfrac{\partial C}{\partial S} = N(d_1) > 0$	$\dfrac{\partial P}{\partial S} = N(d_1) - 1 < 0$
②	ガンマ(Γ)	$\dfrac{\partial^2 C}{\partial S^2} = \dfrac{\partial \Delta}{\partial S} = \dfrac{N'(d_1)}{S\sigma\sqrt{t}} > 0$	$\dfrac{\partial^2 P}{\partial S^2} = \dfrac{\partial \Delta}{\partial S} = \dfrac{N'(d_1)}{S\sigma\sqrt{t}} > 0$
③	ベガ(ν)	$\dfrac{\partial C}{\partial \sigma} = S\sqrt{t}\,N'(d_1) > 0$	$\dfrac{\partial P}{\partial \sigma} = S\sqrt{t}\,N'(d_1) > 0$
④	ロー(ρ)	$\dfrac{\partial C}{\partial r} = tKe^{-rt}N(d_2) > 0$	$\dfrac{\partial P}{\partial r} = -tKe^{-rt}N(-d_2) > 0$
⑤	セータ(θ)	$\dfrac{\partial C}{\partial t} = -\dfrac{SN'(d_1)\sigma}{2\sqrt{t}} - rKe^{-rt}N(d_2) < 0$	$\dfrac{\partial P}{\partial t} = -\dfrac{SN'(d_1)\sigma}{2\sqrt{t}} + rKe^{-rt}N(-d_2) < 0$

第17章 先物取引と先渡取引

問題17－1：先物取引と先渡取引

先物取引と先渡契約に関する次の記述のうち，正しくないものはどれですか。

① 先物取引は，取引が活発に行われるように限月，取引単位，原資産などがきわめて標準化されている。

② 先渡契約は，相手方が明示的にいる相対取引であり，顧客のニーズに応じて細かく契約の仕様を決定できる点がよい。

③ 先物取引は市場を介した取引であり，反対売買で簡単に契約を解消できる点がよい。

④ 先渡契約では，相手方がきちんと契約を履行しないリスクに備えて，毎日，値洗いという方法で契約者双方の利益や損失を確定している。

(平成11年第6問Ⅰより作成)

【解答＆解答の解説】

① 正しい
② 正しい
③ 正しい
④ 正しくない 答え

先渡契約では，通常は証拠金の積立は行われず，買手は取引相手の信用リスクを負担することになります。先物契約では，値洗いという方法で契約者双方の利益や損失を確定しています。

―【知っておきましょう】　先渡取引：外国為替の先物予約は先渡し―
　先物取引・先渡取引は，あらかじめ定められた将来時点において，あらかじめ定められた価格で，金融商品を受け渡す売買取引のことです。「先渡（フォワード）取引」とは，①「将来時点で買います」と言っておれば，受渡決済日になると，現物をすべて引き取り，購入代金を払わなければならない取引です。受渡決済日になると，現物の購入代金すべてを用意する必要があります。②1人の売手と1人の買手の間の相対（あいたい）取引であり，一般には，店頭取引です。取引内容（受渡決済日など）は2人の間の相談で自由に決定することができ，標準化されていません。③通常は証拠金の積立は行われず，買手は取引相手の信用リスクを負担することになります。④「外国為替の先物予約」と言われていますが，それはドルの先渡取引です（Forward Exchange は一般には為替先物と訳されています）。ですから，先渡取引と先物取引を区別せずに，一括して先物取引と呼ぶことがあります。

―【知っておきましょう】　先物取引：差金決済と追い証―
　「先物取引」は，先渡取引と類似した取引ですが，「先物（フューチャー）取引」とは，①受渡決済日までに，反対売買（買いに対しては転売，売りに対しては買い戻し）をいつでもできる取引です。決済は購入代金と売却代金の差額の授受による差金決済が原則です。また，現引き・現渡しによる「受け渡し決済」も可能です。②多数の売手と多数の買手の間の市場取引です。市場（取引所）で大量かつ集中的に売買されるように，取引内容（受渡決済日など）は標準化されています。③先物取引には，取引が円滑に行われるように，清算機関が介在しています。清算機関は，決済時点での債務不履行リスク削減のため，売手・買手に証拠金の事前積立を要求し，日々建玉（たてぎょく：未決済取引残高）の評価損益を計算し（それは「値洗い」と呼ばれています），評価損が一定額を上回ったとき，証拠金の積み増し（追い証）を徴求します。

問題17－2：現物取引と先物取引の比較

　デリバティブの理論価格は，裁定の考え方に基づいて導かれる。すなわち，理論どおりに価格形成が行われていない場合には，デリバティブと原資産の売買や（A）利子率での貸借を組み合わせることによって裁定利益を得ようとする投資行動（裁定取引）が生じて，理論価格へ収斂するメカニズムが働くと想定されているのである。

　たとえば，株価指数先物取引では，先物を買建てた場合と現物株のインデックス売買を行った場合のペイオフが比較される。後者のペイオフにとって，（B）はプラス要因だが，（C）はマイナス要因になるため，株価指数と先物価格の間に一定の関係式を導くことができる。この関係式が成立していない場合には，割安な方を買って割高な方を売ることによって裁定利益を得ることができると考えるのである。

　上記の文章を読み，A，B，Cに当てはまる言葉として，適切な組み合わせはどれですか。

① A　無リスク資産の　　　B　配当　C　金利
② A　リスク水準に応じた　B　配当　C　金利
③ A　無リスク資産の　　　B　金利　C　配当
④ A　リスク水準に応じた　B　金利　C　配当

(平成14年第6問Ⅱより作成)

【解答&解答の解説】

A　裁定取引は無リスクで利益を得る取引であるから，デリバティブ評価での貸借金利にはリスクフリー，すなわち「無リスク資産の」金利が用いられます。

B　株価指数現物が配当支払いを行う場合，株価指数現物を保有していれば配当を受け取れますが，株価指数先物を買建てていても配当を受け取ることは

できません。株価指数現物の「配当」支払いは株価指数先物のペイオフにとってマイナス要因です。

C 現物株のインデックス売買の決済は売買時点ですが，株価指数先物の決済は購入代金と売却代金の差額の授受による差金決済が原則です。株価指数先物を買建てた場合，日々建玉の評価損益が計算され，評価損が一定額を上回ったとき，証拠金の積み増し（追い証）を徴求されますが，証拠金額は株価指数現物の購入代金よりも少額です。したがって，貨幣の時間価値の点からは，現物は不利，先物は有利です。貨幣の時間価値による先物の有利性は金利が高いほど大きくなるので，「金利」は先物のペイオフにとってプラス要因であり，逆に，現物株のインデックス売買にとってマイナス要因です。

かくて，①が 答え です。

問題17－3：先物取引における証拠金

TOPIX先物の取引単位は，先物価格の10,000倍とし，取引コストは考慮しないものとする。

(1) TOPIX先物を885ポイントで1単位買い建てたところ，株式相場が急落し，先物価格が5％値下がりしたとする。証拠金率が12％のとき，証拠金勘定の残高の変化率はいくらになりますか。

(2) 問(1)において，12％の証拠金率を維持することが求められたとき，追加的に差し入れることが必要な証拠金額はいくらですか。

(平成15年第6問Ⅱより作成)

【解答＆解答の解説】

(1) 証拠金勘定の残高の変化率

TOPIX先物を885ポイントで1単位買い建てたときの証拠金は，
$$885 \times 10{,}000 \times 0.12 = 1{,}062{,}000 円$$
です。先物価格が5％下落しているので，先物価格は，

$885 \times (1 - 0.05) = 840.75$ポイント

であり, 損は,

$(840.75 - 885) \times 10,000 = -442,500$円

です。証拠金勘定の残高は,

$1,062,000 - 442,500 = 619,500$円

であり, 変化率は,

$\dfrac{(619,500 - 1,062,000)}{1,062,000} = -0.42 \; (-42\%)$ 　**答え** です。

(2) 追加証拠金額

株価指数先物取引では, 日々建玉の評価損益が計算され (それは「値洗い」と呼ばれています), 評価損が一定額を上回ったとき, 証拠金の積み増し (追い証) が徴求されます。12%の証拠金率を維持するためには,

$840.75 \times 10,000 \times 0.12 - 619,500 = 389,400$円 　**答え**

の追加証拠金を差し入れなくてはいけません。

問題17-4：先物の理論価格

日経平均株価が8,500円のときに, ちょうど3ヵ月後に満期が到来する日経平均株価先物の理論価格はいくらになりますか。ただし, 今後1年間の予想利子率は1%で, この間のイールド・カーブはフラット, また, 今後3ヵ月間の予想配当利回りは0.4%と仮定する。

(平成15年第6問Ⅱより作成)

【解答＆解答の解説】

本問題では, $S_t = $ t時点 (現在時点) の日経平均株価の価格 $= 8,500$円, $r = $ リスクフリー・レート (3ヵ月) $= 0.01 \times \left(\dfrac{3}{12}\right)$, $d = $ 配当利回り (3ヵ月) $= 0.004$であるので, t時点 (現在時点) の日経平均株価先物の理論価格 (F_t^*) は,

$$F_t^* = S_t + (r - d) \times S_t \times \frac{(T-t)}{365}$$
$$= 8,500 + \{0.01 \times (\frac{3}{12}) - 0.004\} \times 8,500$$
$$= 8,487.25 円 \quad \boxed{答え}$$

です。

【知っておきましょう】 株価指数先物の理論価格

「株価指数先物」取引は，売買の対象商品を株価指数とする金融先物取引です。株価指数は抽象的なものですから，具体的な対象物件は存在しません。

F_t^* ＝ t 時点（現在時点）の株価指数先物の理論価格，S_t ＝ t 時点（現在時点）の株価指数現物の価格，r ＝リスクフリー・レート（年率），d ＝配当利回り（年率），T ＝満期日とすると，t 時点（現在時点）の株価指数先物の理論価格（F_t^*）は，

$$F_t^* = S_t + (r - d) \times S_t \times (\frac{T-t}{365})$$

です。この式が成立するのは，表17－1に見られるように，作成したポートフォリオ（資金借入＋株価指数現物買い＋株価指数先物売り）の現在時点のコストはゼロであり，かつ，将来にわたって何らリスクを伴わないので，市場における裁定関係から，満期日におけるキャッシュ・フローの合計はゼロでなければならないからです。

表17－1　株価指数先物の理論価格の導出

		現時点のコスト	将来のキャッシュ・フロー
①	資金借入（金利 r）	$-S_t$	$-(1 + r \times \frac{T-t}{365})S_t$
②	現物指数買い	S_t	S_T
③	先物売契約	0	$F_t - S_T$
④	配　　当	0	$(d \times \frac{T-t}{365})S_t$
	合　　計	0	$F_t - (1 + r \times \frac{T-t}{365})S_t + (d \times \frac{T-t}{365})S_t$

$(r-d) \times S_t \times (\frac{T-t}{365})$ は「持越費用」と呼ばれ，

「持越費用」$= r \times S_t \times (\frac{T-t}{365}) - d \times S_t \times (\frac{T-t}{365})$

　　　　　＝資金借入コスト－配当収入

であるので，

　現在時点の株価指数先物の理論価格

　　＝現在時点の株価指数現物の価格＋持越費用

　　＝現在時点の株価指数現物の価格＋（資金借入コスト－配当収入）

です。

―【知っておきましょう】　現物価格（S_t）と先物価格（F_t）：順ザヤと逆ザヤ―

「先物価格（F_t）－現物価格（S_t）」は「ベーシス」と呼ばれ，ベーシスは満期日が近づくにつれて0に収束し，満期日に0になります。また，「$F_t > S_t$」の状態はプレミアム状態（順ザヤ，上ザヤ），「$F_t < S_t$」の状態はディスカウント状態（逆ザヤ，下ザヤ）とそれぞれ呼ばれています。

問題17－5：先渡価格

　現在，T-Billの価格は，満期まで150日のものが98.37，90日のものが99.05，60日のものが99.40である。今日から60日後に満期がくるT-Bill先物取引（90日物T-Billを対象）を考える。

(1)　市場価格から想定されている「90日物T-Bill」の今日から60日後の先渡価格はいくらになりますか。

(2)　今から60日後に満期がくるT-Bill先物（90日物T-Billを対象）の価格は実際には95.60であった。これは先渡価格（「90日物T-Bill」の今日から60日後の先渡し）のいくらに相当しますか。

(平成14年第6問Ⅰより作成)

【解答&解答の解説】

(1) 先渡価格

150日, 90日, 60日経てば100になる現在価値がそれぞれ98.37, 99.05, 99.40です。r_{150}, r_{90}, r_{60}=150日, 90日, 60日満期の直物金利とすれば, $98.37(1+r_{150})=100$, $99.05(1+r_{90})=100$, $99.40(1+r_{60})=100$です。r_F=現在時点から60日後の90日満期の先渡金利, P=90日物T-Billの今日から60日後の先渡価格とすれば,

$$(1+r_{60})(1+r_F)=(1+r_{150})$$

であるので,

$$\left(\frac{100}{99.40}\right) \times \left(\frac{100}{P}\right) = \left(\frac{100}{98.37}\right)$$

です。

$$P^* = \left(\frac{100}{99.40}\right) \times 100 \times \left(\frac{98.37}{100}\right) \fallingdotseq 98.96 \quad \boxed{答え}$$

(2) 先物価格に織り込まれた先渡価格

「先渡価格」「先物価格に織り込まれた先渡価格」はともに「60日後に, そのときの90日物T-Billを受け渡しする契約価格」です。

$F_{t,k}$=現在時点からt日後に清算が行われるk日物T-Billの先物価格, $d_{t,k}$=t日後からk日後にかけての割引率(年率)とすれば,

$$F_{t,k} = 100 \times (1 - d_{t,k})$$

であるので, 題意より,

$$F_{60,90} = 95.60 = 100 \times (1 - d_{60,90})$$

であり, $d_{60,90}=0.044$です。

$P_{t,k}$=現在時点からt日後において償還日までk日のT-Bill先渡価格とすると,

$$P_{t,k} = 100 \times \left\{ 1 - \left(\frac{k}{360}\right) \times d_{t,k} \right\}$$

であるので, 題意より,

$$P_{60,90} = 100 \times \left\{ 1 - \left(\frac{90}{360}\right) \times d_{60,90} \right\}$$

$$= 100 \times \{1 - (\frac{90}{360}) \times 0.044\}$$
$$= 98.90 \quad \boxed{答え}$$

です。

問題17－6：先物為替レート

外国為替の先物為替レートに関する次の文章を読み，以下の問いに答えなさい。

現在の国内金利（1年物）は1％，米国金利（1年物）は4％である。また，外国為替市場で，直物為替レートが105円／＄，先物為替レート（1年）が103円／＄で取引されているとする。貸出金利と借入金利の差はなく，手数料，税金は考えない。このとき，ある投資家（金融機関）が1億円を借り，直物でドルを購入すると，[A]万ドルになる。この[A]万ドルを米国金利で1年間運用すると，[B]万ドルになる。この[B]万ドルを，現在の先物為替レートで売る契約を行うと，1年後に[C]万円を確実に受け取ることができる。この受取から，借りた1億円に利子をつけて返済しても，[C]万円と返済額10,100万円との差額が利益として残る。この利益は，自己資金ゼロでかつ無リスクで手に入れられる。このような取引を[D]取引という。現実の為替市場ではこのような取引機会はほとんど存在しないので，この取引の利益がゼロになるように為替レートが決定される。

(1) AとBに入る正しい組合わせはどれですか。

	A	B
①	95.24	96.19
②	95.24	99.05
③	97.09	98.06
④	97.09	100.98

(2) Cに入る正しい数値はいくらですか。

(3) Dに入る正しい語句はどれですか。

① 現先

② 投機

③ ヘッジ

④ 裁定

(4) 直物為替レートは105円のままで,「この取引の利益がゼロになるように為替レートが決定される」に従って先物為替レートが値つけされている場合,先物為替レートはいくらになりますか。

(平成12年第6問Iより作成)

【解答＆解答の解説】

本問題では,$e=$現在の直物為替レート$=105$円,$f=$現在の1年物の先物為替レート$=103$円,$r=$現在の1年満期の国内金利$=0.01$,$r_w=$現在の1年満期の米国金利$=0.04$です。

(1) 円からドルへの直物市場での変換とドル建て運用

A　1単位の円－（円からドルへの直物市場での変換）→ 1円$\times(\frac{ドル}{円})=1\times(\frac{1}{e})$ドルであるので,

1億円$\times(\frac{1}{e})=1$億円$\times(\frac{1}{105})=95.24$万ドル　**答え**

B　1円$\times(\frac{ドル}{円})=1\times(\frac{1}{e})$ドル－（運用）→ $1\times(\frac{1}{e})(1+r_w)$ドルであるので,

1億円$\times(\frac{1}{e})(1+r_w)=95.24$万ドル$\times(1+0.04)$
$\fallingdotseq 99.05$万ドル　**答え**

(2) ドルから円への先物市場での変換

$1\times(\frac{1}{e})(1+r_w)$ドル－（ドルから円への先物市場での変換）→ $1\times(\frac{1}{e})(1+r_w)$ドル$\times(\frac{円}{ドル})=1\times(\frac{1}{e})(1+r_w)\times f$円であるので,

1億円$\times(\frac{1}{e})(1+r_w)\times f=99.05$万ドル$\times103\fallingdotseq10,200$万円　**答え**

(3) **裁定取引**

自己資金ゼロで，かつ無リスクで利益が得られる取引は「裁定取引」**答え**と呼ばれています。

(4) **先物為替レート**

問題は，$1億円 \times (\frac{1}{e})(1+r_w) \times f - 1億円 \times (1+r) = 0$ を満たす f を計算することです。

$$f = \frac{(1+r)}{(1+r_w)} \times e$$

$$= \frac{(1+0.01)}{(1+0.04)} \times 105 ≒ 102円 \text{ 答え}$$

―【知っておきましょう】　金利裁定：アンカバーの金利平価式―

「金利裁定」は，自国通貨建て・外国通貨建ての短期資産間の裁定関係です。外貨建て資産運用を行うときに，為替リスク（為替レート変動のリスク）をヘッジするために為替の先物を用いれば「カバー付き」，為替リスクにさらされたままであれば「カバーなし（アンカバー）」とそれぞれ呼ばれています。

以下の，「アンカバーの金利平価式」の説明では，国際間の資本移動は完全に自由で，自国証券と外国証券は為替リスク以外のリスクに関して差がないと仮定します。そして，投資家は危険中立者（☞ p.25）であり，証券の選択基準は，運用の元利合計の期待値（リターン）だけであると仮定します。次に，記号を，e ＝今期の直物為替レート，e^* ＝来期の予想直物為替レート，r ＝ 1年満期の自国証券の円建て金利，r_w ＝ 1年満期の外国証券のドル建て金利，と定義します。1単位の円を内外の証券に投資します。外国通貨建て証券は，満期時の直物為替レートが不明なので，為替リスクがあります。ですから，自国証券と外国証券は同じ資産とは言えません。自国証券，外国証券への投資の満期時の元利合計は，それぞれ次のようになります。

① 自国証券への運用

1単位の円 − (運用) → $1 \times (1+r)$ 円

② 外国証券への運用

1単位の円 − (円からドルへの直物市場での変換) → $1円 \times (\frac{ドル}{円}) = 1 \times (\frac{1}{e})$ ドル − (運用) → $1 \times (\frac{1}{e})(1+r_w)$ ドル − (ドルから円への直物市場での変換) → $1 \times (\frac{1}{e})(1+r_w)$ ドル $\times (\frac{ドル}{円}) = 1 \times (\frac{1}{e})(1+r_w) \times e^*$ 円

自国証券,外国証券への投資の元本はいずれも円1単位ですので,満期時の元利合計を比較して高い方に運用されます。外国証券への投資の方が元利合計が大きいと予想されるときには,つまり,

$$(1+r) < (\frac{1}{e})(1+r_w) \times e^* \text{ (自国証券元利＜外国証券元利)}$$

であれば,直物ドル買いが大量に出て,直物為替レート(e)は上昇(ドル高・円安)し,元利合計のギャップは解消します。逆は逆で,その結果,均衡では,

$$(1+r) = (\frac{1}{e})(1+r_w) \times e^* \text{ (自国証券元利＝外国証券元利)}$$

が成立します。両辺を $(1+r_w)$ で割ると,

$$\frac{(1+r)}{(1+r_w)} = \frac{e^*}{e}$$

であり,そして $\frac{(1+r)}{(1+r_w)} \fallingdotseq 1+r-r_w$ であるので,

$$1+r-r_w = \frac{e^*}{e}$$

つまり,

$$r - r_w = \frac{(e^*-e)}{e} \text{ (アンカバーの金利平価式)}$$

を得ることができます。かくて,

$$r = r_w + \frac{(e^*-e)}{e}$$

自国証券の利子率＝外国証券の利子率＋為替レートの予想変化率です。内外金利差は,為替レートの予想変化率に一致しています。

第17章　先物取引と先渡取引　247

──【知っておきましょう】　カバー付きの金利平価式──

「カバー付き」とは，先物カバー付きのことです。「アンカバーの金利平価式」の説明のところで，自国証券と外国証券は同じ資産ではないと言いましたが，外国証券へ投資するときに，満期の元利合計を前もって先物市場で売っておけば，満期時には円ベースで確定した元利合計を得ることができ，自国証券と外国証券は無差別になります。「カバー付きの金利平価式」は，来期の予想直物為替レート（e^*）を先物為替レート（f）で置き換えたものです。つまり，

$$r - r_w = \frac{f - e}{e} \quad （カバー付きの金利平価式）$$

です。$\frac{f-e}{e}$ は，「直先スプレッド」と呼ばれています。先物レートが直物レートよりもドル安（$f < e$）のときは「ディスカウント（d）」，先物レートが直物レートよりもドル高（$f > e$）のときは「プレミアム（p）」とそれぞれ呼ばれています。118.10円を直物レートとすれば，「1カ月d 0.551」は，「1カ月先物レート」が，

　　118.10 － 0.551 ≒ 117.55円（5ケタの表示）

であることを示しています。

問題17－7：裁定取引

　株価指数先物価格と理論価格がかい離した場合の裁定取引に関する次の記述のうち，正しいものはどれですか。
① 理論価格より先物価格が高い場合，先物を売り，対象株式ポートフォリオを買う。
② 理論価格より先物価格が高い場合，先物を買い，対象株式ポートフォリオを売る。
③ 理論価格より先物価格が低い場合，先物を売り，対象株式ポートフォリオを買う。

④ 理論価格より先物価格が低い場合、先物を買い、対象株式ポートフォリオを買う。

(平成14年第6問Ⅲより作成)

【解答＆解答の解説】

① 正しい 答え

「先物価格（F_t）＞先物の理論価格（F_t^*）」のとき、割高な先物を売って、割安な現物（対象株式ポートフォリオ）を買えば、決済日の現物価格（＝先物価格）いかんにかかわらず、裁定取引の利益を得ることができます。

② 誤り

③ 誤り

「先物価格（F_t）＜先物の理論価格（F_t^*）」のとき、割安な先物を買って、割高な現物（対象株式ポートフォリオ）を売れば、決済日の現物価格（＝先物価格）いかんにかかわらず、裁定取引の利益を得ることができます。

④ 誤り

【知っておきましょう】 買い裁定と売り裁定

「裁定取引」とは、一物一価の法則により完全競争市場では均衡において価格は一つとなると考えて、割高なものを売却して割安なものを買い、やがて均衡価格に戻った時に反対売買で利益を得る取引です。

① 買い裁定

「先物価格（F_t）＞先物の理論価格（F_t^*）」のとき、割高な先物を売って、割安な現物（決済日の現物価格と先物価格は等しくなっていますので）を買えば、決済日の現物価格（＝先物価格）いかんにかかわらず、裁定取引の利益を得ることができます。

② 売り裁定

「先物価格（F_t）＜先物の理論価格（F_t^*）」のとき、割安な先物を買っ

て，割高な現物（決済日の現物価格と先物価格は等しくなっていますので）を売れば，決済日の現物価格（＝先物価格）いかんにかかわらず，裁定取引の利益を得ることができます。

問題17－8：債券先物取引における転換係数（交換比率）

債券先物取引において現物決済を行う場合，標準物と受渡適格銘柄との間の転換係数（交換比率）に関する次の記述のうち，正しくないものはどれですか。
① 受渡適格銘柄の年利子が高くなれば，転換係数は高くなる。
② 受渡適格銘柄の受渡決済期日以降（当該受渡決済期日を除く）に到来する利払い回数が増加すると，転換係数は増加する。
③ 受渡適格銘柄の受渡決済期日における残存月数が長くなると，転換係数は高くなる。
④ 受渡適格銘柄の受渡決済期日から次回利払日までの月数が多くなると，転換係数は高くなる。

(平成15年第6問Ⅰより作成)

【解答＆解答の解説】

① 正しい

受渡適格銘柄のクーポン・レート（ａ）が高くなれば，転換係数は高くなります。

② 正しい

受渡適格銘柄の受渡決済期日以降（当該受渡決済期日を除く）に到来する利払い回数（ｂ）が増加すると，転換係数は増加します。

③ 正しくない 答え

受渡適格銘柄の受渡決済期日における残存月数（ｃ）が長くなると，転換係

数は低くなります。

④ 正しい

受渡適格銘柄の受渡決済期日から次回利払日までの月数（d）が多くなると，転換係数は高くなります。

【知っておきましょう】 転換係数(交換比率：コンバージョン・ファクター)

CF＝転換係数，a＝受渡適格銘柄のクーポン・レート，b＝受渡適格銘柄の受渡決済期日以降（当該受渡決済期日を除く）に到来する利払い回数，c＝受渡適格銘柄の受渡決済期日における残存月数，d＝受渡適格銘柄の受渡決済期日から次回利払日までの月数，X＝標準物のクーポン・レートとすれば，

$$CF = \frac{\frac{a}{X} \times \{(1+\frac{X}{2})^b - 1\} + 100}{(1+\frac{X}{2})^{\frac{c}{6}} \times 100} - \frac{a \times (6-d)}{1,200}$$

問題17－9：ヘッジのための先物の売建枚数

いま，ＴＯＰＩＸをベンチマークとする時価160億円の十分に分散された株式ポートフォリオを保有している。株式相場の下落リスクをヘッジするために株価指数先物取引を利用しようと思っている。株式ポートフォリオを相場下落による損失から守るために，ＴＯＰＩＸ先物を使ってヘッジしようと思う。いま，3カ月満期のＴＯＰＩＸ先物の価格は1,616である。何単位売買したらよいですか。ただし，株式ポートフォリオの市場ポートフォリオに対するベータの値は0.88です。

（平成12年第6問Ⅳより作成）

【解答＆解答の解説】

本問題では，V_0＝第1期首時点の株式ポートフォリオの評価額＝160億円，F_0＝第1期首時点の株価指数先物の価格＝1,616，β_{VS}＝株式ポートフォリオ評価額の株価指数現物価格弾力性＝0.88，β_{FS}＝株価指数先物価格の株価指数現物価格弾力性＝1.0，M＝株価指数先物の契約乗数＝10,000であるので，「パーフェクト・ヘッジのための必要契約枚数（x^*）」は，

$$x^* = \frac{V_0}{(F_0 \times M)} \times \left(\frac{\beta_{VS}}{\beta_{FS}}\right)$$

$$= \frac{V_0}{(F_0 \times M)} \times \beta_{VS}$$

$$= \frac{160億円}{(1,616 \times 10,000)} \times 0.88 ≒ 871枚 \quad \boxed{答え}$$

です。

【知っておきましょう】　デリバティブ取引の3つの目的

① リスク回避（リスク・ヘッジ）

　資産・負債の状況は「ポジション」と呼ばれ，現在および将来のポジションが金利・為替レートなどの変動によって被る損失を防ぐことは「リスク・ヘッジ」と呼ばれています。伝統的金融商品（原資産）ではヘッジできなかったリスクが，デリバティブの活用によりヘッジ可能になったりします。また，伝統的金融商品が行っているリスク・ヘッジを，デリバティブの活用により有効かつ低コストで行うことができます。

② さや抜き（裁定）

　伝統的金融商品と金融派生商品の市場間，および各金融派生商品の市場間には，時間差・空間（市場）差で相場の「ゆがみ」や「乖離」が生じることがあります。相場の僅かのずれを利用して「さや抜き」をねらうことは「裁定取引」（アービトラージ）と呼ばれています。さや抜き（裁定）は，リターンは小さいが，リスクはあまり大きくありません。

③ 投　　機

　相場変動により影響を受けるポジションをあえて作り出すこと（リスク・テーキング）は「投機」（スペキュレーション）と呼ばれています。デリバティブ取引には，先物取引であれば証拠金，金利スワップ取引であれば金利，オプション取引であればオプション料といった，元本と比較すればごく僅かの元手で，元本と同規模の取引を行うことができるという「レバレッジ効果」があり，デリバティブの活用による投機はハイリスク・ハイリターンです。

---【知っておきましょう】　売りヘッジと買いヘッジ---

　「売りヘッジ」はショート・ヘッジ，「買いヘッジ」はロング・ヘッジとそれぞれ呼ばれています。売りヘッジは，売却のデリバティブ契約を原資産保有に見合った額だけ締結することにより将来の原資産価格が下落するリスクをヘッジすることです。これに対し，買いヘッジは，将来，原資産の購入を予定している場合，あらかじめ購入のデリバティブ契約を締結することにより，将来の原資産価格が上昇するリスクをヘッジすることです。

---【知っておきましょう】　パーフェクト・ヘッジの必要契約枚数---

　以下では，株価指数先物を用いた「売りヘッジ」を取り上げます。S_0＝第1期首時点の株価指数現物の価格，S_1＝第1期末時点の株価指数現物の予想価格，V_0＝第1期首時点の株式ポートフォリオの評価額，V_1＝第1期末時点の株式ポートフォリオの予想評価額，F_0＝第1期首時点の株価指数先物の価格，F_1＝第1期末時点の株価指数先物の予想価格，β_{VS}＝株式ポートフォリオ評価額の株価指数現物価格弾力性，β_{FS}＝株価指数先物価格の株価指数現物価格弾力性，M＝株価指数先物の契約乗数（例えば，日経225先物の場合は1,000），x＝ヘッジのための契約枚数とします。

　株価指数の現物の評価損益，株価指数先物x枚売りヘッジの評価損益は

それぞれ,

$$V_1 - V_0 = V_0 \times (\frac{S_1 - S_0}{S_0}) \times \beta_{VS} - (F_1 - F_0) \times M$$

$$= -F_0 \times (\frac{S_1 - S_0}{S_0}) \times \beta_{FS} \times x \times M$$

であり, ヘッジされたポジションからの利益は,

$$(V_1 - V_0) - (F_1 - F_0) \times M$$

$$= V_0 \times (\frac{S_1 - S_0}{S_0}) \times \beta_{VS} - F_0 \times (\frac{S_1 - S_0}{S_0}) \times \beta_{FS} \times x \times M$$

$$= (\frac{S_1 - S_0}{S_0})(V_0 \times \beta_{VS} - F_0 \times \beta_{FS} \times x \times M)$$

です。「パーフェクト・ヘッジのための必要契約枚数（x^*）」は,（$V_0 \times \beta_{VS} - F_0 \times \beta_{FS} \times x \times M$）＝0より,

$$x^* = (\frac{V_0}{F_0 \times M}) \times \frac{\beta_{VS}}{\beta_{FS}}$$

であり,（$\frac{\beta_{VS}}{\beta_{FS}}$）は「最適ヘッジ比率」と呼ばれています。「$\beta_{FS} = 1.0$」（現在のベーシスと1期後のベーシスとが等しいケース）のときは,

$$x^* = (\frac{V_0}{F_0 \times M}) \times \beta_{VS}$$

です。

> **【知っておきましょう】** 日経平均先物価格と日経平均株価
>
> 　日経平均株価とは日経平均「現物」価格のことであるので，日経平均先物価格とは異なります。日経平均先物価格＞日経平均株価（日経平均現物価格）の状態は，「プレミアム状態（順ザヤ）」と呼ばれています。逆に，日経平均先物価格＜日経平均株価（日経平均現物価格）の状態は，「ディスカウント状態（逆ザヤ）」と呼ばれています。そして，日経平均先物価格と日経平均株価との差は「ベーシス」と呼ばれています。ベーシスは受け渡し決済日が近づくにつれて，ゼロに収束します。ベーシスの変動に伴うリスクは「ベーシス・リスク」と呼ばれ，ヘッジ・裁定のために先物・先渡しを利用する場合，投資家は新たにベーシス・リスクを負担することになります。現物価格の変動リスクよりもベーシスの変動リスクのほうが相対的に小さいということが知られていますが，先物・先渡し契約の締結により原資産価格の変動リスクをヘッジしようとしたとしても，ベーシス・リスクはリスクとして残ります。

第18章 スワップ取引

問題18－1：スワップ取引

スワップ取引に関する次の記述のうち，正しくないものはどれですか。

① ベーシス・スワップとは同じ通貨で，異なるインデックスに対するキャッシュ・フローを支払うものをいう。

② 金利スワップとは一方の当事者が長期金利を，他方が短期金利を支払うような契約をいう。

③ スワップ契約の価値の評価は，信用リスクを考慮したうえで，パーイールドの国債利回りによる複製に基づいて行うことができる。

④ 金利スワップは金利先渡し契約のポートフォリオとみなすことができる。

(平成15年第6問Iより作成)

【解答＆解答の解説】

① 正しい

「ベーシス・スワップ」は，異なるインデックスに対するキャッシュ・フローの交換です。なお，「同じ通貨」ではない場合，「クウォント・スワップ」と呼ばれることもあります。

② 正しくない　答え

円同士の金利を交換する取引は「円／円スワップ」と呼ばれ，固定金利と変動金利の交換が一般的です。

③ 正しい

信用リスクがないならば,スワップ契約の価値はパーイールドの国債利回りから計算できます。

④ 正しい

金利スワップ契約は,各利払い日に固定金利サイドが一定の金利を支払うという金利先渡し契約を,各利払い日についてそれぞれ結んだ場合の価値に等しいものです。

【知っておきましょう】 金利スワップ

「金利スワップ」は,同一通貨の中で異種金利を交換（スワップ）する契約です。円同士の金利を交換する取引は「円／円スワップ」と呼ばれ,固定金利と変動金利の交換が一般的です。変動金利の指標としては,主にＬＩＢＯＲ（ロンドン銀行間貸出金利）が使用されます。

金利スワップ取引と通常の金融取引との重要な相違点は,利息の交換が行われるだけで元本の移動は生じないことです。取引においては,利息計算のための名目上の元本が設定されるにすぎず,これは名目元本または想定元本と呼ばれています。利息の交換日には,想定元本より計算された利息について,当事者間で差金決済が行われます。

問題18-2：スワップ

(1) 現在,3年もののＬＩＢＯＲ基準の円金利スワップのクォーテーションは,売り1.24％,買い1.20％である。ＬＩＢＯＲ＋0.4％の変動金利で調達して,金利スワップでヘッジしたとすると,いくらの固定金利で調達したことになりますか。

(2) 今後,市場金利は低下すると予想される一方,自社の財務内容が改善されて信用リスクは低下すると確信している企業にとって,次の資金調達のうち,最も適している方法はどれですか。

①　長期借入（固定金利）
②　短期借入の転がし（変動金利）
③　変動利付債券の発行
④　短期借入＋固定金利支払・変動金利受取のスワップ

(平成12年第6問Ⅴより作成)

【解答＆解答の解説】

(1) 金利スワップによる負債の交換

　ＬＩＢＯＲ＋0.4％の変動金利で調達しているので，これをヘッジするためには，固定金利支払・変動金利受取の金利スワップを組まなければなりません。円金利スワップのクォーテーションによれば，市場参加者（銀行）の受け取りたい固定金利水準（売りレート：offer rate）は1.24％，支払いたい固定金利水準（買いレート：bid rate）は1.20％です。

図18−1　金利スワップによる負債の交換

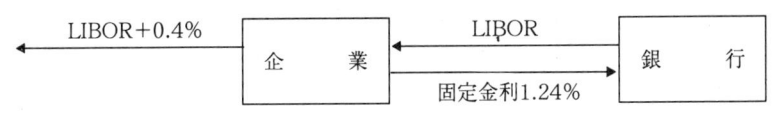

```
        LIBOR+0.4%              LIBOR
    ←─────────  ┌──────┐ ←─────────  ┌──────┐
                 │ 企 業 │                │ 銀 行 │
                 └──────┘ ─────────→ └──────┘
                              固定金利1.24%
```

したがって，

　　1.24＋0.4＝1.64％　**答え**

です。

【知っておきましょう】　円金利スワップのクォーテーション（相場表）

　固定金利と変動金利のスワップ（円／円スワップ）の場合，変動金利に対する固定金利（ＬＩＢＯＲと交換してもよい固定金利の水準）が「3年 1.24〜1.20」のようなクォーテーション（相場表）で表示されています。1.24％は市場参加者が受け取りたい固定金利の水準（売りレート：offer rate），1.20％は市場参加者が支払いたい固定金利の水準（買いレート：bid rate）です。

―【知っておきましょう】 スワップ取引による損益―

例えば，A社がB社に対して想定元本10億円に対する年率1.5%の固定金利（年2回利払い）を支払い，代わりにB社がA社に同額の想定元本に対する6カ月LIBOR金利を支払う期間3年のスワップを2000年8月1日で行ったとします。スワップ契約締結後の金利水準（6カ月LIBOR）によるA社から見た損益（ネット・キャッシュ・フロー：変動金利－固定金利）は次のようになります。

図18－2　スワップ取引による損益

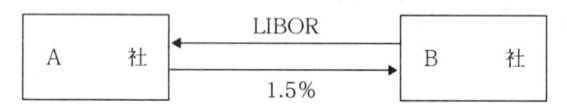

```
           LIBOR
  A 社  ←――――――→  B 社
           1.5%
```

A社のキャッシュ・フロー

利息交換日	変動金利 （年率）	受取変動利息 （円）	支払固定利息 （円）	ネット・キャッシュ・フロー（円）
01.2.1	1.20%	+6,000,000	－7,500,000	－1,500,000
01.8.1	1.50%	+7,500,000	－7,500,000	0
02.2.1	1.40%	+7,000,000	－7,500,000	－500,000
02.8.1	1.80%	+9,000,000	－7,500,000	+1,500,000
03.2.1	2.00%	+10,000,000	－7,500,000	+2,500,000
03.8.1	2.20%	+11,000,000	－7,500,000	+3,500,000

A社から見た損益（ネット・キャッシュ・フロー：変動金利－固定金利）は，LIBORが1.5%より高くなればプラスであり，1.5%より低くなればマイナスです。この取引では，A社は将来の金利上昇を，B社は将来の金利下落を予想したポジションをとっていることになるが，金利スワップにおける損得は，将来の金利動向に対する読みに依存しています。

(2) 最適な資金調達方法

答えは「②短期借入の転がし（変動金利）」 **答え** です。

---【知っておきましょう】　企業の資金調達形態---

　一般に，企業の資金調達コストはリスクフリー金利の動向と，それに上乗せされる信用リスク・プレミアムの2つの要因によって決定されます。したがって，2つの要因をどのように見るかによって，企業は資金調達の形態を選択します。

表18－1　企業の資金調達形態

	リスクフリー金利		リスク・プレミアム	
	変　動	固　定	変　動	固　定
①　短期借入	○		○	
②　長期借入		○		○
③　変動利付債	○			○
④　短期借入＋スワップ		○	○	

①←市場金利が不変ないし低下して，信用度が上昇するとき
②←市場金利が上昇して，信用度が不変ないし低下するとき
③←市場金利が不変ないし低下して，信用度が不変ないし低下するとき
④←市場金利が上昇して，信用度が上昇するとき

問題18－3：スワップの利用

　スワップの利用に関する次の記述のうち，正しくないものはどれですか。
①　今後金利水準が上昇すると予想したので，信用度の改善が見込まれる企業は短期借入とスワップ（変動金利受取・固定金利支払）の組み合わせで調達した。
②　今後金利が下落すると予想したので，固定金利受取・変動金利支払のスワップを組んだ。
③　長期信用銀行は最近短期貸出が増えているので，固定金利支払・変動金利受取のスワップで金利リスクをヘッジした。
④　社債の額面と想定元本が同じスワップのカウンターパーティーに対す

る信用リスクは，社債と比べてはるかに小さい。

（平成11年第6問1より作成）

【解答＆解答の解説】

① 正しい

今後金利水準が上昇すると予想し，信用度の改善が見込まれるときは，資金調達は「短期借入＋スワップ」です。

② 正しい

固定金利受取・変動金利支払のスワップを組むと，金利が下落すると，支払金利が減少します。

③ 正しくない 答え

長期信用銀行は固定金利で調達しているので，短期貸出の金利変動リスクをヘッジするには，固定金利受取・変動金利支払のスワップを組まなければなりません。

④ 正しい

スワップの場合，元本部分の支払いが行われないこと，金利動向によるネット処理であることから，社債の額面と想定元本が同じスワップのカウンターパーティーに対する信用リスクは，社債と比べてはるかに小さくなります。

第19章 転換社債・ワラント債とポートフォリオ・インシュアランス

問題19−1：転換社債

転換社債に関する次の記述のうち，正しくないものはどれですか。
① 一般に乖離率が大きいほど，転換社債は割高である。
② 一般に株価のボラティリティが大きいほど，転換社債の価値は高い。
③ 一般にパリティが大きいほど，転換社債価格の株価との連動性は高い。
④ 一般に金利が上昇すると，転換社債価格は下落する。

(平成11年第6問Ⅰより作成)

【解答＆解答の解説】

① 正しくない **答え**

パリティ価格 $[=(\frac{株価}{転換価格})\times100]$ が下がると，カイ離率（％）$[=\frac{(転換社債の時価-パリティ価格)}{パリティ価格}\times100]$ は大きくなるが，それは必ずしも割高を意味するものではありません。

② 正しい
③ 正しい
④ 正しい

―【知っておきましょう】 転換社債―

「転換社債（新株予約権付社債）」は「ＣＢ」(Convertible Bond) と呼ばれ，発行後所定の期間内に株式に転換することのできる債券です。将来，株価が上昇すれば，あらかじめ決められた価格（転換価格）で株式に転換して値上がり益を得ることができます。反対に，株価が上昇しなければ，社債のままで保有することで償還まで確定した利回りと元本が得られます。株式に転換して，値上がり益が得られるかどうかは，「パリティ価格」（転換社債の理論価格）が100円を超えるかどうかがポイントです。パリティ価格は，株価を転換価格（ＣＢを株式に転換する場合に，株式１株を得るのに必要なＣＢの額面価格）で割って100をかけたものです。償還までの期間は，２年～15年までとさまざまです。

―【知っておきましょう】 転換社債の価値―

　転換社債は普通社債と株式の両者の性質をもっています。クーポンの系列と償還金額を普通社債の利回りで割り引いた現在価値は「転換社債の社債価値」，株式に転換した場合の価値は「転換価値」とそれぞれ呼ばれています。転換価値は，株価が上昇するとともに上昇します。

　　　社債価値＞転換価値のとき，転換社債の価値＝社債価値＋プレミアム
　　　社債価値＜転換価値のとき，転換社債の価値＝転換価値＋プレミアム
です。

―【知っておきましょう】 転換価格，パリティ価格およびカイ離率―

$$株数 = \frac{転換社債の額面金額}{転換価格}$$

であるので，例えば，転換社債の額面金額300万円，転換価格1,500円とすると，株式に転換した場合，$\frac{300万円}{1,500円} = 2,000$株を得ることができます。

$$パリティ価格 = \frac{株価}{転換価格} \times 100$$

$$\text{カイ離率（\%）} = \frac{\text{転換社債の時価} - \text{パリティ価格}}{\text{パリティ価格}} \times 100$$

とそれぞれ定義されています。表19－1は，転換価格を2,000円として計算しています。

表19－1　転換価格，パリティ価格およびカイ離率

株　価	転換社債の時価	パリティ価格	カイ離率
1,700円	90円	85円	5.88%
2,200円	115円	110円	4.55%
2,500円	123円	125円	－1.60%

「パリティ価格」は，株価から逆算された転換社債の理論価格（額面100円当たり）です。

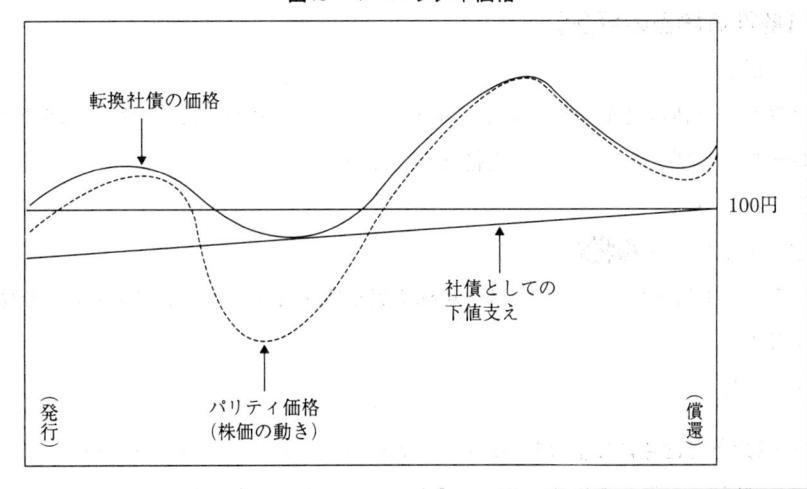

図19－1　パリティ価格

問題19－2：ワラント債

ワラント債に関する次の記述のうち，正しくないものはどれですか。
① ワラント債への投資家は普通社債に加え，新株をあらかじめ決められた価格で将来買うことができる権利を有している。
② ワラント債には発行後ワラント部分と社債部分を分離して売買できるものもある。
③ ワラント債を発行する企業は，新株を買う権利の買い手である。
④ ワラント債を購入する投資家は，コール・オプションのロング・ポジションを保有しているのと同じである。

(平成14年第6問Ⅲより作成)

【解答＆解答の解説】

① 正しい

　ワラント債は社債とワラントをセットにしたものであり，ワラント部分はコール・オプションとしての性格を有しています。

② 正しい

③ 正しくない　答え

　ワラント債を発行する企業は，新株を買う権利（コール・オプション）の売手です。

④ 正しい

【知っておきましょう】　ワラント債

「ワラント債（新株引受権付社債）」は，発行後所定の期間内に新株を買うことができる権利（ワラント）が付いている社債です。通常，債券部分（ポンカス債と呼ばれています）とワラント部分が切り離されて流通しています。ワラントには，社債の発行時に新株を買える値段（行使価格）が決められているので，株価が値上がりし，行使価格を上回ってくれば，株

第19章　転換社債・ワラント債とポートフォリオ・インシュアランス　265

式市場から買うよりも安く株式を得ることができます。ただし，ワラントには，権利行使期間（4年〜15年など）を過ぎると，無価値になるリスクがあります。

──【知っておきましょう】　ワラント債の価値──
　ワラント債の価値＝普通社債としての価値＋ワラントの価値
です。普通社債としての価値は，クーポンの系列と償還金額を普通社債の利回りで割り引いた現在価値です。
　株価＜ワラントの行使価格のとき，ワラントの価値＝プレミアム
　株価＞ワラントの行使価格のとき，ワラントの価値＝ワラント価格の下
　　限＋プレミアム
です。ここで，「プレミアム」は，将来の株価上昇の可能性によるものです。

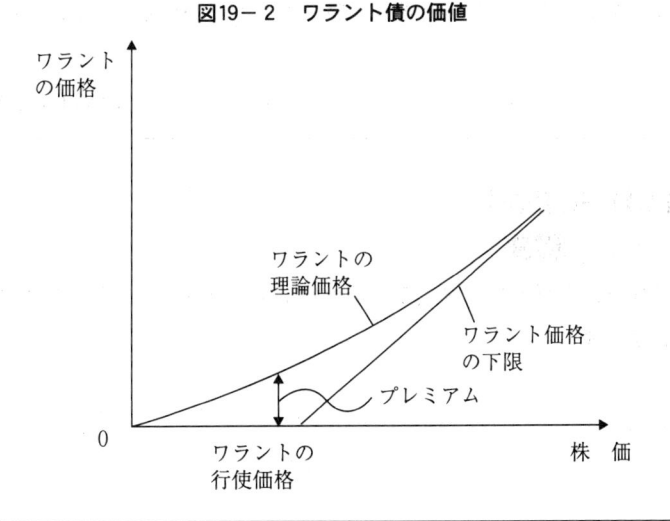

図19－2　ワラント債の価値

問題19-3：転換社債とワラント債

転換社債とワラント債に関する以下の記述のうち，正しくないものはどれですか。

① 転換社債は，発行企業の株式を原資産とするプット・オプションと普通社債との組合せを投資家に売っていると考えられる。

② 転換社債とワラント債の違いは，前者は社債と交換に株式を受け取るのに対して，後者は通常，社債額面相当金額を支払って株式を受け取る点にある。

③ 転換社債とワラント債は，キャッシュ・フローの流出（利子支払い）が，同額の資金調達を普通社債でした場合と比較して小さくてすむという点で好まれることがある。

④ 転換社債やワラント債の発行が日本で好まれた理由の１つに，発行に伴うコスト（手数料や発行条件の厳しさなど）が小さいことが挙げられる。

(平成11年第6問Ⅰより作成)

【解答＆解答の解説】

① 正しくない　答え

転換社債は，発行企業の株式を原資産とするコール・オプションと普通社債との組合せです。

② 正しい

③ 正しい

④ 正しい

問題19−4：ポートフォリオ・インシュアランス

現物株式を保有しているときに，その値下がりリスクを回避するためにデリバティブを利用したいと考えている。次の戦略のうちで最も適切なものはどれですか。

① プット・オプションの売り
② コール・オプションの買い
③ 先物の買い
④ プット・オプションの買い

【解答＆解答の解説】

現物株式の値下がり時に，その損失を相殺するようなプラスのペイオフが生ずる取引を行わなければなりません。

① 誤り

プット・オプション（売る権利）を売れば，現物株式が値下がりした場合には，マイナスのペイオフ，すなわち損失が生じます。

② 誤り

コール・オプション（買う権利）を買えば，現物株式が値下がりした場合には，ペイオフは生じません。

③ 誤り

先物を買えば，現物株式が値下がりした場合には，マイナスのペイオフ，すなわち損失が生じます。

④ 最も適切です 答え

プット・オプション（売る権利）を買えば，現物株式が値下がりした場合には，プットを権利行使して，現物株式の損失を相殺することができます。現物株式が値上がりした場合には，権利放棄をするので，ペイオフは生じません。

> **【知っておきましょう】** ポートフォリオ・インシュアランス：プロテクティブ・プット
>
> 「ポートフォリオ・インシュアランス」とは，相場下落時にポートフォリオの損失を軽減し，上昇時の収益をある程度確保しようとするものです。ポートフォリオ・インシュアランスをかけておきたい期間と等しい権利行使期間と，これ以下にはポートフォリオの価値を下げたくないという一定水準に等しい権利行使価格をもち，そして現物で保有している銘柄を原株とするプット・オプションを購入すれば，そのポートフォリオを一定水準に維持できます。このような利用目的のプットは「プロテクティブ・プット」と呼ばれています。

問題19−5：ポートフォリオ・インシュアランス：プロテクティブ・プット

日経平均株価に関するベータ値が1.0の株式ポートフォリオ20億円（2,000,000,000円）を管理している。3カ月後に日経平均株価が10％下落すると予想され，3カ月の保険をかけて現在の評価額を維持したいと考えている。権利行使価格が20,000円で3カ月後に満期の来るプット・オプションを借入金（金利は5％）で購入し，株価10％の下落に対して，ポートフォリオ・インシュアランスを行う。次の問いに答えなさい。なお，日経平均プット・オプションの取引単位は日経平均株価の1,000倍である。

(1) プットを何枚購入すればよいか。
(2) ポートフォリオ・インシュアランスのコストはいくらになるか。

【解答＆解答の解説】

(1) 「プロテクティブ・プット」の購入枚数

3カ月後に日経平均株価が10％下落すると，株式ポートフォリオ現物の評価損は，

2,000,000,000円×0.1＝200,000,000円（2億円）

です。オプションの満期日において，日経平均株価が10％下落していると，満期日におけるプット1単位の価値（本源的価値）は，S＝原資産価格，K＝権利行使価格とすれば，

$$プット・オプションの本源的価値 = \text{Max}\{K-S, 0\}$$
$$= \text{Max}\{20,000 - 20,000 \times 0.9, 0\}$$
$$= 2,000円$$

です。株式ポートフォリオ現物の損失をプット・オプションの本源的価値（利益）でカバーするための必要な枚数は，日経平均プット・オプションの取引単位が日経平均株価の1,000倍であるので，

$$2,000円 \times 1,000\text{x} = 200,000,000円$$

であり，

$$\text{x}^* = 100 \quad \boxed{答え}$$

(2) **ポートフォリオ・インシュアランスのコスト**

プット・オプションの購入価格は，

$$120円 \times 1,000倍 \times 100枚 = 12,000,000円$$

であり，3カ月間の支払利子は，

$$12,000,000円 \times 0.05 \times \left(\frac{3}{12}\right) = 150,000円$$

です。かくて，ポートフォリオ・インシュアランスのコストは，

$$12,000,000円 + 150,000円 = 12,150,000円 \quad \boxed{答え}$$

です。

付表

緒　言

表A－1　標準正規分布表（面積）

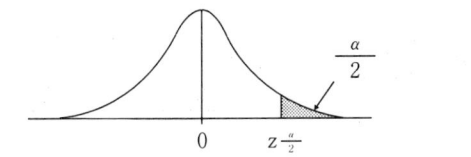

$$\frac{\alpha}{2} = P(Z > z_{\frac{\alpha}{2}}) = \int_{z_{\frac{\alpha}{2}}}^{\infty} f(z)\,dz$$

z	.00	.01	.02	.03	.04	.05	.06	.07	.08	.09
0.0	.5000	.4960	.4920	.4880	.4841	.4801	.4761	.4721	.4681	.4641
0.1	.4602	.4562	.4522	.4483	.4443	.4404	.4364	.4325	.4286	.4247
0.2	.4207	.4168	.4129	.4091	.4052	.4013	.3974	.3936	.3897	.3859
0.3	.3821	.3783	.3745	.3707	.3669	.3632	.3594	.3557	.3520	.3483
0.4	.3446	.3409	.3372	.3336	.3300	.3264	.3228	.3192	.3156	.3121
0.5	.3085	.3050	.3015	.2981	.2946	.2912	.2877	.2843	.2810	.2776
0.6	.2743	.2709	.2676	.2644	.2611	.2579	.2546	.2514	.2483	.2451
0.7	.2420	.2389	.2358	.2327	.2297	.2266	.2236	.2207	.2177	.2148
0.8	.2119	.2090	.2061	.2033	.2005	.1977	.1949	.1922	.1894	.1867
0.9	.1841	.1814	.1788	.1762	.1736	.1711	.1685	.1660	.1635	.1611
1.0	.1587	.1563	.1539	.1515	.1492	.1469	.1446	.1423	.1401	.1379
1.1	.1357	.1335	.1314	.1292	.1271	.1251	.1230	.1210	.1190	.1170
1.2	.1151	.1131	.1112	.1094	.1075	.1057	.1038	.1020	.1003	.0985
1.3	.0968	.0951	.0934	.0918	.0901	.0885	.0869	.0853	.0838	.0823
1.4	.0808	.0793	.0778	.0764	.0749	.0735	.0721	.0708	.0694	.0681
1.5	.0668	.0655	.0643	.0630	.0618	.0606	.0594	.0582	.0571	.0559
1.6	.0548	.0537	.0526	.0516	.0505	.0495	.0485	.0475	.0465	.0455
1.7	.0446	.0436	.0427	.0418	.0409	.0401	.0392	.0384	.0375	.0367
1.8	.0359	.0351	.0344	.0336	.0329	.0322	.0314	.0307	.0301	.0294
1.9	.0287	.0281	.0274	.0268	.0262	.0256	.0250	.0244	.0239	.0233
2.0	.0228	.0222	.0217	.0212	.0207	.0202	.0197	.0192	.0188	.0183
2.1	.0179	.0174	.0170	.0166	.0162	.0158	.0154	.0150	.0146	.0143
2.2	.0139	.0136	.0132	.0129	.0125	.0122	.0119	.0116	.0113	.0110
2.3	.0107	.0104	.0102	.0099	.0096	.0094	.0091	.0089	.0087	.0084
2.4	.0082	.0080	.0078	.0075	.0073	.0071	.0069	.0068	.0066	.0064
2.5	.0062	.0060	.0059	.0057	.0055	.0054	.0052	.0051	.0049	.0048
2.6	.0047	.0045	.0044	.0043	.0041	.0040	.0039	.0038	.0037	.0036
2.7	.0035	.0034	.0033	.0032	.0031	.0030	.0029	.0028	.0027	.0026
2.8	.0026	.0025	.0024	.0023	.0023	.0022	.0021	.0021	.0020	.0019
2.9	.0019	.0018	.0018	.0017	.0016	.0016	.0015	.0015	.0014	.0014
3.0	.0013	.0013	.0013	.0012	.0012	.0011	.0011	.0011	.0010	.0010

α	.20	.10	.05	.02	.01	.002	.001	.0001	.00001
$z_{\frac{\alpha}{2}}$	1.282	1.645	1.960	2.326	2.576	3.090	3.291	3.891	4.417

表 A－2　t 分布表

$$\alpha = P(|T| \geq t_{\frac{\alpha}{2}}) = 1 - \int_{-t_{\frac{\alpha}{2}}}^{t_{\frac{\alpha}{2}}} f(t)\,dt$$

m (自由度) \ α	0.50	0.40	0.30	0.20	0.10	0.05	0.02	0.01	0.001
1	1.000	1.376	1.963	3.078	6.314	12.706	31.821	63.657	636.619
2	0.816	1.061	1.386	1.886	2.920	4.303	6.965	9.925	31.598
3	0.765	0.978	1.250	1.638	2.353	3.182	4.541	5.841	12.924
4	0.741	0.941	1.190	1.533	2.132	2.776	3.747	4.604	8.610
5	0.727	0.920	1.156	1.476	2.015	2.571	3.365	4.032	6.869
6	0.718	0.906	1.134	1.440	1.943	2.447	3.143	3.707	5.959
7	0.711	0.896	1.119	1.415	1.895	2.365	2.998	3.499	5.408
8	0.706	0.889	1.108	1.397	1.860	2.306	2.896	3.355	5.041
9	0.703	0.883	1.100	1.383	1.833	2.262	2.821	3.250	4.781
10	0.700	0.879	1.093	1.372	1.812	2.228	2.764	3.169	4.587
11	0.697	0.876	1.088	1.363	1.796	2.201	2.718	3.106	4.437
12	0.695	0.873	1.083	1.356	1.782	2.179	2.681	3.055	4.318
13	0.694	0.870	1.079	1.350	1.771	2.160	2.650	3.012	4.221
14	0.692	0.868	1.076	1.345	1.761	2.145	2.624	2.977	4.140
15	0.691	0.866	1.074	1.341	1.753	2.131	2.602	2.947	4.073
16	0.690	0.865	1.071	1.337	1.746	2.120	2.583	2.921	4.015
17	0.689	0.863	1.069	1.333	1.740	2.110	2.567	2.898	3.965
18	0.688	0.862	1.067	1.330	1.734	2.101	2.552	2.878	3.922
19	0.688	0.861	1.066	1.328	1.729	2.093	2.539	2.861	3.883
20	0.687	0.860	1.064	1.325	1.725	2.086	2.528	2.845	3.850
21	0.686	0.859	1.063	1.323	1.721	2.080	2.518	2.831	3.819
22	0.686	0.858	1.061	1.321	1.717	2.074	2.508	2.819	3.792
23	0.685	0.858	1.060	1.319	1.714	2.069	2.500	2.807	3.768
24	0.685	0.857	1.059	1.318	1.711	2.064	2.492	2.797	3.745
25	0.684	0.856	1.058	1.316	1.708	2.060	2.485	2.787	3.725
26	0.684	0.856	1.058	1.315	1.706	2.056	2.479	2.779	3.707
27	0.684	0.855	1.057	1.314	1.703	2.052	2.473	2.771	3.690
28	0.683	0.855	1.056	1.313	1.701	2.048	2.467	2.763	3.674
29	0.683	0.854	1.055	1.311	1.699	2.045	2.462	2.756	3.659
30	0.683	0.854	1.055	1.310	1.697	2.042	2.457	2.750	3.646
40	0.681	0.851	1.050	1.303	1.684	2.021	2.423	2.704	3.551
60	0.679	0.848	1.045	1.296	1.671	2.000	2.390	2.660	3.460
120	0.677	0.845	1.041	1.289	1.658	1.980	2.358	2.617	3.373
∞	0.674	0.842	1.036	1.282	1.645	1.960	2.326	2.576	3.291

表A-3　複利終価表　　　　　　　　$(1+r)^n$

年数 (n)	1%	2%	3%	4%	5%	6%	7%	8%	9%	10%	12%	15%	20%
1	1.010	1.020	1.030	1.040	1.050	1.060	1.070	1.080	1.090	1.100	1.120	1.150	1.200
2	1.020	1.040	1.061	1.082	1.103	1.124	1.145	1.166	1.188	1.210	1.254	1.323	1.440
3	1.030	1.061	1.093	1.125	1.158	1.191	1.225	1.260	1.295	1.331	1.405	1.521	1.728
4	1.041	1.082	1.126	1.170	1.216	1.262	1.311	1.360	1.412	1.464	1.574	1.749	2.074
5	1.051	1.104	1.159	1.217	1.276	1.338	1.403	1.469	1.539	1.611	1.762	2.011	2.488
6	1.062	1.126	1.194	1.265	1.340	1.419	1.501	1.587	1.677	1.772	1.974	2.313	2.986
7	1.072	1.149	1.230	1.316	1.407	1.504	1.606	1.714	1.828	1.949	2.211	2.660	3.583
8	1.083	1.172	1.267	1.369	1.477	1.594	1.718	1.851	1.993	2.144	2.476	3.059	4.300
9	1.094	1.195	1.305	1.423	1.551	1.689	1.838	1.999	2.172	2.358	2.773	3.518	5.160
10	1.105	1.219	1.344	1.480	1.629	1.791	1.967	2.159	2.367	2.594	3.106	4.046	6.192
11	1.116	1.243	1.384	1.539	1.710	1.898	2.105	2.332	2.580	2.853	3.479	4.652	7.430
12	1.127	1.268	1.426	1.601	1.796	2.012	2.252	2.518	2.813	3.138	3.896	5.350	8.916
13	1.138	1.294	1.469	1.665	1.886	2.133	2.410	2.720	3.066	3.452	4.363	6.153	10.699
14	1.149	1.319	1.513	1.732	1.980	2.261	2.579	2.937	3.342	3.797	4.887	7.076	12.839
15	1.161	1.346	1.558	1.801	2.079	2.397	2.759	3.172	3.642	4.177	5.474	8.137	15.407
16	1.173	1.373	1.605	1.873	2.183	2.540	2.952	3.426	3.970	4.595	6.130	9.358	18.488
17	1.184	1.400	1.653	1.948	2.292	2.693	3.159	3.700	4.328	5.054	6.866	10.761	22.186
18	1.196	1.428	1.702	2.026	2.407	2.854	3.380	3.996	4.717	5.560	7.690	12.375	26.623
19	1.208	1.457	1.754	2.107	2.527	3.026	3.617	4.316	5.142	6.116	8.613	14.232	31.948
20	1.220	1.486	1.806	2.191	2.653	3.207	3.870	4.661	5.604	6.727	9.646	16.367	38.338
25	1.282	1.641	2.094	2.666	3.386	4.292	5.427	6.848	8.623	10.835	17.000	32.919	95.396
30	1.348	1.811	2.427	3.243	4.322	5.743	7.612	10.063	13.268	17.449	29.960	66.212	237.376

<著者紹介>

滝川　好夫（たきがわ・よしお）

1953年　　　兵庫県に生れる
1978年　　　神戸大学大学院経済学研究科博士前期課程修了
1980～82年　アメリカ合衆国エール大学大学院
1993～94年　カナダブリティシュ・コロンビア大学客員研究員
現　在　神戸大学大学院経済学研究科教授
　　　　　（金融経済論，金融機構論，生活経済論）
主　著
『現代金融経済論の基本問題－貨幣・信用の作用と銀行の役割―』勁草書房，1997年。
『ミクロ経済学の要点整理』税務経理協会，1999年。
『マクロ経済学の要点整理』税務経理協会，1999年。
『金融論の要点整理』税務経理協会，1999年。
『経済学の要点整理』税務経理協会，2000年。
『経済学計算問題の楽々攻略法』税務経理協会，2000年。
『経済学の楽々問題演習』税務経理協会，2000年。
『金融マン＆ウーマンのための金融・経済のよくわかるブック』税務経理協会，2001年。
『数学・統計・資料解釈のテクニック』（税務経理協会）2001年。
『金融に強くなる日経新聞の読み方』ＰＨＰ研究所，2001年。
『新聞記事の要点がスラスラ読める「経済図表・用語」早わかり』ＰＨＰ研究所，2002年。
『入門　新しい金融論』日本評論社，2002年。
『ケインズなら日本経済をどう再生する』税務経理協会，2003年。
『EViews で計量経済学入門』共著，日本評論社，2004年。
『あえて「郵政民営化」に反対する』日本評論社，2004年。
『やさしい金融システム論』日本評論社，2004年。
『アピールできるレポート／論文はこう書く！』税務経理協会，2004年。
『超入門パソコンでレポートを書く』共著，日本評論社，2004年。

著者との契約により検印省略

平成17年4月1日 初版発行

ファイナンス論の楽々(らくらく)問題演習

著　者	滝　川　好　夫
発行者	大　坪　嘉　春
印刷所	税経印刷株式会社
製本所	株式会社　三森製本所

発行所　東京都新宿区下落合2丁目5番13号　株式会社　税務経理協会
郵便番号 161-0033　振替 00190-2-187408　電話(03)3953-3301(大代表)
FAX(03)3565-3391　(03)3953-3325(営業代表)
URL http://www.zeikei.co.jp/
乱丁・落丁の場合はお取替えいたします。

© 滝川好夫 2005　　　　　　　Printed in Japan

本書の内容の一部又は全部を無断で複写複製(コピー)することは，法律で認められた場合を除き，著者及び出版社の権利侵害となりますので，コピーの必要がある場合は，予め当社あて許諾を求めて下さい。

ISBN4-419-04523-X C2033